Rex Stout
Der Fluch der bösen Tat

Serie Piper
Band 5548

Zu diesem Buch

Den Mörder vom Sessel aus zu überführen, mit dem einzigen Hilfsmittel seines messerscharf geschliffenen Verstandes, gelingt Nero Wolfe in den hier versammelten Erzählungen »Wolfe kommt auf den Hund«, »Ein Zeuge verstummt« und »Das Fenster für den Tod«. Archie Goodwin, Gehilfe Wolfes und ironischer Chronist aller Fälle, leistet die Beinarbeit in den Straßen von New York und Albany, immer haarscharf an den Ermittlungen der Polizei vorbei und nicht immer auf der Höhe der Gedanken des Meisters. Wie ist es möglich, daß ein Mann mitten im Hitzekessel der City an Unterkühlung stirbt? Wer von den ehrenwerten Abgesandten der Privatdetektivzunft profitiert vom Schweigen des meuchlings mit der eigenen Krawatte erdrosselten Zeugen? Was treibt den Hundeleinenmörder? Während Archie – und mit ihm der Leser – bis zum Schluß im dunkeln tappt, ist Wolfe durch geniale Verknüpfung meist unscheinbarer Details und Beobachtungen längst auf die richtige Antwort gekommen.

Daß Kriminalfälle wie Denksportaufgaben gelöst werden und die Jagd nach dem Mörder bei aller Dramatik ihren unterhaltenden Charakter nicht verliert, ist Stouts Verdienst, dessen Hauptperson sich beim Denken ebensowenig ablenken läßt wie beim Genuß des berühmten Hummersalats à la Nero Wolfe.

Rex Stout, geboren 1886 in Noblesville/Indiana, gestorben 1975 in Danbury/Connecticut. Soll, bevor er freier Schriftsteller wurde, etwa dreißig Berufe ausgeübt haben. Verfaßte zunächst psychologische Romane, wandte sich ab 1934 dem Kriminalroman zu. Im Mittelpunkt seiner über fünfzig Kriminalromane steht zumeist der weltbekannt gewordene, Orchideen züchtende Privatdetektiv Nero Wolfe, ein dickleibiger Gourmet.

Rex Stout

Der Fluch der bösen Tat

Drei Erzählungen

Aus dem Amerikanischen von
Margret Haas und Astrid Stange

Piper
München Zürich

SERIE PIPER
SPANNUNG
Herausgegeben von Friedrich Kur

Von Rex Stout liegt in der Serie Piper Spannung
außerdem vor:

Die Sünden der Väter (5525)

Die vorliegende Auswahl ist den folgenden auf deutsch im Scherz Verlag, Bern und München, erschienenen Erzählungsbänden von Rex Stout entnommen:
Wolfe kommt auf den Hund
(»Die like a Dog«; Viking Press, New York 1950),
aus: »Verwünschte Geschichten«, 1963;
Ein Zeuge verstummt
(»Too Many Detectives«; Viking Press, 1950),
aus: »Heikle Gäste«, 1964;
Das Fenster für den Tod
(»A Window for Death«; Viking Press 1957),
aus: »Tod in zwei Raten«, 1965.

ISBN 3-492-15548-0
Juni 1989
R. Piper GmbH & Co. KG, München
Lizenzausgabe mit Genehmigung des Scherz Verlags,
Bern und München

Umschlag: Federico Luci,
unter Verwendung einer Zeichnung von Beate Brömse
Foto Umschlagrückseite: Scherz Verlag
Gesamtherstellung: Clausen & Bosse, Leck
Printed in Germany

Wolfe kommt auf den Hund

Manchmal mache ich freiwillig Spaziergänge im Regen, obwohl ich Sonnenschein lieber habe, zumindest, wenn der Wind nicht so stark weht, daß er einem Staubwolken ins Gesicht jagt. Aber an diesem Mittwoch trieb mich eine besondere Veranlassung hinaus in das Geplätscher: Ich wollte, daß der Regenmantel durch und durch naß war, wenn ich ihn seinem Eigentümer ablieferte. Deswegen ging ich mit dem Mantel und meinem alten braunen Filzhut aus dem Haus und in Richtung Arbor Street, die etwa vier Kilometer von unserem Haus entfernt liegt.

Auf halbem Weg hörte es auf zu regnen, und mir war von dem Marsch so warm geworden, daß ich den Mantel auszog und ihn, mit der nassen Seite nach innen, über meinen Arm legte. Die Arbor Street war schmal und nur drei Blocks lang, und die alten, drei- bis vierstöckigen Backsteinhäuser zu beiden Seiten machten wahrhaftig keinen großartigen Eindruck. Nummer 29 mußte nach meiner Schätzung in der Mitte des ersten Blocks sein.

Ich erreichte das Haus auch, aber ich ging nicht hinein, denn ein unerwartetes Hindernis hielt mich davon ab: ein Polizeiauto stand mitten auf der Straße, und ein Uniformierter machte sich auf dem Gehsteig wichtig. Als ich mich der kleinen Gruppe Neugieriger näherte, hörte ich ihn fragen: »Wem gehört der Hund?« – und das bezog sich offensichtlich auf ein großes Tier mit nassem schwarzem Fell, das hinter ihm stand. Offenbar gab niemand Antwort; ich hätte es allerdings auch nicht gehört, denn meine Aufmerksamkeit wurde in diesem Augenblick abgelenkt. Ein weiterer Polizeiwagen kreuzte auf und hielt hinter dem ersten, ein Mann in Zivil stieg aus, bahnte sich den Weg durch die Menschengruppe, nickte dem Uniformierten kurz zu und ging auf das Haus zu, das die Nummer 29 trug.

Leider kannte ich den Mann, und das ist milde ausgedrückt. Ich will damit nicht sagen, daß ich beim Anblick von Sergeant Purley Stebbins vom Morddezernat Manhattan-West zu zittern beginne, aber seine Anwesenheit hier machte mir klar, daß sich eine Leiche in diesem Haus befinden mußte. Und wenn ich nun Einlaß begehrt und erklärt hätte, ich sei nur gekommen, um einen vertauschten Regenmantel zurückzubringen – na, ich konnte mir ausmalen, was dann geschehen würde. Mein promptes Erscheinen auf dem Schauplatz eines Mordes mußte Stebbins' niedrigste Instinkte wachrufen, und wahrscheinlich käme ich nicht einmal rechtzeitig zum Abendessen nach Hause; dabei wußte ich, daß es gegrillte Täubchen mit einer braunen Soße gab, die Fritz »Vénitienne« nennt und die zu seinen besten kulinarischen Schöpfungen gehört.

Stebbins verschwand im Haus, ohne mich zu sehen. Der Polizist war ein völlig Fremder. Als ich langsam hinter ihm vorbeigehen wollte, um zur nächsten Straßenkreuzung zu gelangen, maß er mich mit einem schiefen Blick und erkundigte sich: »Gehört der Hund Ihnen?«

Das Tier schnüffelte freundschaftlich an meinem Knie, und ich tätschelte seinen schwarzen Kopf. Ich verneinte die Frage des Polizisten und ging weiter. Bei der nächsten Kreuzung wandte ich mich nach rechts und hielt Ausschau nach einem Taxi. Da keines zu entdecken war, entschloß ich mich, meinen Ausflug zu Fuß zu beenden. Ein starker Wind blies von Westen, und die Straßen waren noch naß vom Regen.

Ich hatte schon ein hübsches Stück meines Weges zurückgelegt, ehe ich den Hund bemerkte. Als ich bei einem Fußgängerüberweg auf das grüne Licht wartete, fühlte ich etwas an meinem Knie – und da war der Hund. Automatisch streckte ich die Hand nach seinem Kopf aus, doch ich zog sie rasch wieder zurück. Das war eine dumme Geschichte! Ganz offensichtlich beehrte mich das

Tier mit seiner Freundschaft, und wenn ich jetzt weiterging, würde es mir folgen. Man kann aber in der Neunten Avenue einen Hund nicht mit Steinwürfen verjagen. Ich hätte natürlich ein Taxi besteigen und ihn so abschütteln können, aber das fand ich nicht anständig einem Wesen gegenüber, das mir so deutlich seine Bewunderung zeigte. Der Hund trug ein Halsband mit Marke, so daß sich gewiß feststellen ließ, wem er gehörte. Das Fundbüro befand sich ganz in der Nähe, es war daher wohl der einfachste und billigste Weg, ihn dorthin zu bringen. Als ich mich eben dazu entschlossen hatte, riß mir ein heftiger Windstoß den Hut vom Kopf, mitten auf die Straße hinaus.

Ich warf mich nicht in das Verkehrsgewühl. Aber der Hund! Er sauste wie ein Pfeil am Kühler eines Lastwagens vorbei, stoppte, um ein anderes Auto durchzulassen, sprang wieder los und geriet direkt unter einen weiteren Wagen – oder wenigstens schien es mir so –, und auf einmal sah ich ihn auf dem jenseitigen Bürgersteig. Er riß den Hut unter den Füßen eines Passanten fort, machte kehrt und kam wieder zurück. Diesmal brauchte ich nicht um sein Leben zu bangen, denn der Verkehr war durch eine rote Ampel aufgehalten. Wedelnd und mit hocherhobenem Kopf blieb er vor mir stehen und hielt mir meinen Hut entgegen. Ich nahm ihn in die Hand. Er war durch einige Pfützen gerollt, aber ich dachte, das Tier wäre sicherlich enttäuscht, wenn ich ihn nicht aufsetzen würde, und so setzte ich ihn auf. Natürlich erledigte das den Fall ein für allemal. Ich winkte ein Taxi herbei, stieg mit dem Hund ein und gab dem Fahrer die Adresse von Nero Wolfes Haus.

Eigentlich wollte ich meinen Hutretter mit in mein Zimmer nehmen, ihm eine Erfrischung anbieten und dann beim Fundbüro anrufen, man solle ihn abholen. Aber ich hätte es bedauert, die günstige Gelegenheit zu einem kleinen Zank mit Wolfe ungenützt vorübergehen zu lassen; darum hängte ich Hut und Mantel an den Garderobenständer im Flur und begab mich ins Büro.

»Wo, zum Teufel, haben Sie denn wieder gesteckt?« fragte Wolfe ärgerlich. »Wir wollten doch um sechs Uhr einige Listen durchgehen, und jetzt ist es bereits Viertel vor sieben.«

Er saß in seinem Monstersessel hinter dem Schreibtisch und las in einem Buch. Bei meinem Eintritt hatte er nicht einmal aufgesehen. Höflich entgegnete ich: »Ich wollte den verdammten Regenmantel zurückbringen. Aber ich konnte ihn nicht abliefern, weil –«

»Was ist das?« bellte er und glotzte meinen Gefährten an.

»Ein Hund.«

»Das sehe ich. Aber ich bin nicht in der Stimmung für Ihre Possen. Schaffen Sie ihn fort.«

»Jawohl, Sir, sofort. Ich kann ihn natürlich die meiste Zeit in meinem Zimmer halten, aber es läßt sich nicht vermeiden, daß er die Treppe hinunter und durch den Flur geht, wenn ich ihn ausführe. Er stellte mich auch vor gewisse Probleme. Sein Name ist nämlich Nero. Sie wissen ja wohl, daß dies schwarz bedeutet. Und selbstverständlich muß ich diesen Namen ändern. Ebony wäre ganz passend, oder Jett, vielleicht auch Tinty, doch das gefällt mir alles nicht so recht. Ich –«

»Pah, Narreteien!«

»Keineswegs, Sir. Ich fühle mich manchmal recht einsam hier, besonders während der vier Stunden, die Sie jeden Tag im Gewächshaus zubringen. Sie haben Ihre Orchideen, Fritz hat seine Schildkröte – weshalb sollte ich also keinen Hund haben? Ich weiß, daß sein Name geändert werden muß, obwohl er als Champion Nero Karbon von Possendorf eingetragen ist. Ich dachte –« Ich fuhr mit meinem Geschwätz nur fort, weil es nicht anders ging. Der ganze Witz der Sache war verpufft. Ich hatte einen Wutausbruch erwartet, der sogar darin hätte gipfeln können, daß Wolfe höchstpersönlich aufgestanden wäre und den Hund zum Zimmer hinausspediert hätte. Und jetzt saß er bloß da und starrte meinen Nero mit einem Blick an, wie er ihn noch nie an einen Menschen verschwendet hatte, selbst an mich nicht. Mir blieb gar nichts anderes übrig, als etwas gequält über den Nutzen eines Jagdhundes weiterzureden.

»Das ist kein Jagdhund«, unterbrach mich Wolfe schroff. »Es ist ein Labrador-Apportierhund.«

Bei Wolfe darf man sich nicht verblüffen lassen. Ich bin auch nie erstaunt über die besonderen Kenntnisse eines Kauzes wie ihm, der so viele Bücher verschlingt. »Jawohl, Sir«, stimmte ich daher ganz demütig zu. »Ich dachte nur, es würde sich für einen Detektiv besser machen, einen Jagdhund zu besitzen.«

»Labradorhunde haben eine breitere Schädelform als jede andere Hunderasse, weil die Gehirnmasse größer ist. Als kleiner Junge, in Montenegro, besaß ich einen braunen Bastard, der einen sehr schmalen Kopf hatte. Aber damals schien mir das kein Fehler. Heute wäre ich wahrscheinlich kritischer. Als Sie dieses Geschöpf hier einschmuggelten, Archie, haben Sie da auch bedacht, welche Umwälzungen das für unseren Haushalt mit sich bringen muß?« Der Schlag, den ich ihm zugedacht hatte, war auf mich zurückgefallen. Ich lernte eine ganz neue Seite dieses großen, dicken Genies kennen: Er würde sich tatsächlich über einen Hund freuen – vorausgesetzt, daß er die Verantwortung dafür auf mich abschieben konnte. Und was mich betrifft, nun, ich habe Hunde gern, und wenn ich mich einmal auf dem Land zur Ruhe setze, werde ich mir wahrscheinlich einen oder auch zwei anschaffen, aber niemals in der Stadt.

Ich zog mich also in eine Verteidigungsstellung zurück. »Nein, daran habe ich nicht gedacht«, bekannte ich. »Natürlich würde ich gern ein Haustier haben, aber ich kann mir ja schließlich genausogut einen Kanarienvogel oder ein Chamäleon anschaffen. Schön, ich werde also den Hund wieder wegbringen, es ist ja Ihr Haus.«

»Ich will nicht schuld sein an Ihrem Verzicht«, erklärte Wolfe steif. »Lieber ertrage ich die Anwesenheit dieses Tieres als Ihre ewigen Vorwürfe.«

»Denken wir nicht mehr daran!« Ich wedelte abwehrend mit der Hand. »Und ich verspreche Ihnen, daß ich nie ein Wort darüber verlieren werde.«

»Noch ein anderer Punkt«, beharrte er. »Ich will nicht, daß Sie Ihre Abmachungen annullieren.«

»Ich habe gar keine Abmachungen getroffen.«

»Wie kamen Sie denn zu dem Hund?«

Seufzend gab ich es auf. »Schön, Sie sollen alles wissen.«

Ich setzte mich an meinen Schreibtisch und begann. Nero der Vierbeiner legte sich zu meinen Füßen nieder. Ich erzählte die ganze Geschichte mit so vielen Einzelheiten, wie ich es bei einem wichtigen Fall tun würde. Als ich fertig war, wußte Wolfe natürlich, daß meine Einführung des Hundes als ständiger Hausgast nur eine Finte gewesen war. Normalerweise hätte er mir jetzt gründlich seine Meinung gesagt, aber diesmal vergaß er das vollkommen, und der Grund dafür war leicht ersichtlich. Der Gedanke, einen Hund im Haus zu haben, für den er mich haftbar machen konnte, hatte Wurzel geschlagen in ihm.

Nach einem Moment des Schweigens bemerkte er bloß: »Jett wäre ein recht passender Name für ihn.«

»Ja-a.« Ich drehte meinen Sessel und griff nach dem Telefonhörer. »Ich werde jetzt das Fundbüro anrufen und sagen, man soll ihn abholen.«

»Nein!« Das klang drängend.

»Weshalb denn nicht?«

»Weil ich einen besseren Ausweg weiß. Rufen Sie irgendeinen Bekannten von der Polizei an, geben Sie ihm die Nummer auf dem Halsband des Hundes und sagen Sie, man möchte feststellen, wem das Tier gehört. Dann können Sie mit dem Eigentümer direkt telefonieren.«

Es war ganz klar, daß er nur nach einer Verzögerung suchte. Er hoffte wohl, der Eigentümer sei tot oder im Gefängnis oder wolle seinen Hund gar nicht zurückhaben, und dann hätte Wolfe behaupten können, ich sei verantwortlich für das Tier, weil ich es in einem Taxi mitgenommen und hierhergebracht habe. Aber ich hatte keine Lust, mich weiter mit ihm zu streiten, und daher rief ich einen Sergeanten vom Revier an, der mir immer gern kleine Dienste erweist. Er notierte sich Neros Markennummer und meinte, es würde wohl nicht mehr möglich sein, mir am gleichen Tag noch Bescheid zu geben. Als ich den Hörer auflegte, kam Fritz ins Zimmer und verkündete, das Essen sei bereit.

Die Täubchen mit dieser Spezialsoße waren ein Hochgenuß, und auch die Ereignisse der nächsten Stunden waren bemerkenswert, aber dafür konnte ich mich nicht so begeistern. Das Tischgespräch wurde fast ausschließlich von Wolfe bestritten und drehte sich fast ausschließlich um Hunde, diesmal jedoch auf höherer Ebene, fern von gefühlsseligen Erinnerungen. Wolfe vertrat die Ansicht, die kleinen braunen afrikanischen Jagdhunde seien die erste Zucht auf Erden, da sie im Nilland bereits um fünftausend vor Christi Geburt bekannt waren, wohingegen man vom afghanischen Windhund nicht früher als etwa ums Jahr viertausend hörte. Mir bewies das nichts weiter, als daß er ein Buch darüber gelesen hatte, das ich nie bei ihm gesehen hatte.

Nero der Vierbeiner fraß in der Küche bei Fritz – mit glänzendem Erfolg. Wolfe hatte angeordnet, den Hund Jett zu nennen. Als Fritz mit dem Salat hereinkam, verkündete er, Jett habe fabelhafte Manieren und sei überhaupt ein Prachtbursche.

»Würden Sie ihn nicht trotzdem als große Plage empfinden, wenn er ständig hier wäre?« erkundigte sich Wolfe scheinheilig.

»Ganz im Gegenteil!« beteuerte Fritz. »Ich würde ihn mit Freude pflegen.«

Nach dem Essen hatte ich das deutliche Empfinden, diese neue Hundeliga müsse einen Dämpfer erhalten. Ich nahm daher Nero erst zu einem kleinen Spaziergang mit, dann brachte ich ihn in mein Zimmer hinauf. Selbst ich mußte zugeben, daß er sich tadellos benahm. Wenn ich wirklich in der Stadt einen Hund hätte halten wollen, dann unbedingt diesen. Ich befahl ihm, sich hinzulegen, und er gehorchte sofort. Als ich zur Tür ging, folgten mir seine gelbbraunen Augen und zeigten sehr deutlich, wie gern er mitkäme; aber er rührte sich nicht.

Wolfe und ich machten uns endlich an unsere Listen, das heißt Spezialofferten von Orchideenzüchtern aus der ganzen Welt. Es war ganz und gar nicht einfach, aus diesen Tausenden die paar herauszupicken, mit denen Wolfe vielleicht einen Versuch zu machen wünschte. Ich saß ihm an seinem Schreibtisch gegenüber, vor mir die ganze Kartei, und wir hatten kaum die Hälfte durchgeackert, als um halb elf die Hausglocke anschlug. Ich ging in den Flur, knipste die Frontbeleuchtung an und sah durch den Spion auf den Vorplatz hinaus. Dort stand ein lieber alter Bekannter: Inspektor Cramer vom Morddezernat.

Ich öffnete die Tür einen Spaltbreit und fragte höflich: »Was ist?«

»Ich muß mit Wolfe sprechen.«

»Es ist reichlich spät. Um was dreht es sich?«

»Um einen Hund.«

Wir haben eine feste Regel, wonach kein Besucher, und ganz besonders kein amtlicher Gesetzesvertreter, ohne vorherige Anmeldung Wolfes Büro betreten darf. Doch dies schien eine Ausnahme zu rechtfertigen, denn es war nicht abzusehen, wie Wolfe sich verhalten würde, wenn ich jetzt zu ihm ginge und erklärte, Inspektor Cramer wünsche ihn wegen des Hundes zu sprechen.

Ich überlegte mir die Sache zwei Sekunden lang, dann riß ich die Tür weit auf und lud den Inspektor herzlich ein, hereinzukommen.

»Genau gesagt«, erklärte Cramer mit der leutseligen Miene eines Mannes, der krumme Wege verabscheut, »ist es Goodwin, von dem ich einige Auskünfte brauche.«

Er saß in dem roten Ledersessel bei Wolfes Schreibtisch. Sein großes, rundes Gesicht war nicht röter als üblich, seine grauen Augen nicht kälter - er befand sich also im Normalzustand.

Wolfe fuhr mich an: »Warum bringen Sie ihn denn zu mir, noch dazu ohne ihn anzumelden?«

Cramer kam mir zu Hilfe. »Ich hatte nach Ihnen gefragt. Natürlich stecken Sie in der ganzen Sache mit drin. Und ich will jetzt wissen, was der Hund damit zu tun hat. Wo ist das Vieh, Goodwin?«

Dieser ebenfalls normale Ton brachte mich in Stimmung. Manchmal nennt Cramer mich Archie, da wir uns nun wirklich lange genug kennen, doch das sind Ausnahmefälle. Harmlos fragte ich: »Ein Hund?«

Seine Lippen preßten sich hart aufeinander. »Na schön, ich werde mich klarer ausdrücken. Sie haben heute im Revier angerufen und wollten wissen, wem der Hund mit einer bestimmten Markennummer gehört. Als der Sergeant herausfand, daß der Eigentümer ein Mann namens Philip Kampf ist, der heute nachmittag in der Arbor Street 29 ermordet wurde, benachrichtigte er die Mordkommission. Der Polizist, der vor dem Haus Wache stand, hatte uns gemeldet, der Hund sei mit einem Mann fortgegangen, der erklärt habe, das Tier gehöre nicht ihm. Nachdem wir nun erfuhren, daß Sie sich nach dem Besitzer erkundigten, zeigten wir dem Polizisten ein Bild von Ihnen, und er erkannte Sie sofort als den Mann, der den Hund mitgelockt hatte. Er wartet draußen in meinem Wagen. Soll ich ihn hereinholen?«

»Danke, kein Bedarf. Ich habe den Hund nicht gelockt.«

»So? Aber er folgte Ihnen.«

Ich zuckte bescheiden die Achseln. »Mädchen folgen mir, Hunde folgen mir, und manchmal sogar Ihre Spitzel. Dagegen kann ich nichts tun.«

»Hören Sie endlich mit der Komödie auf! Der Hund gehörte dem Opfer eines Mörders, und Sie haben ihn vom Tatort entfernt. Wo ist er?«

Wolfe mischte sich hastig ein. »Sie unterstellen Mr. Goodwin eine Handlung, die völlig aus der Luft gegriffen ist. Er hat den Hund nicht entfernt. Ich rate Ihnen, einen anderen Ton anzuschlagen, wenn Sie von uns irgendwelche Auskünfte wünschen.«

Seine Stimme klang nicht bösartig, sondern nur sehr

energisch. Ich warf ihm einen Seitenblick zu. Wahrscheinlich war er so gnädig gestimmt, weil er erfahren hatte, daß Jetts Besitzer tot war.

»Ich greife nichts aus der Luft« behauptete Cramer. »Ein Mann namens Richard Meegan, der in der Arbor Street 29 wohnt und während des Mordes im Haus war, hat ausgesagt, er sei heute vormittag bei Ihnen gewesen, um Ihnen einen Fall zu übertragen. Er behauptet allerdings, Sie hätten die Sache abgelehnt.« Cramer stieß das Kinn vor. »Nun gut! Ein Mann, der sich zur Zeit des Mordes auf der Szene befand, gibt zu, heute mit Ihnen gesprochen zu haben. Kaum eine halbe Stunde nach dem Verbrechen taucht Goodwin auf dem Schauplatz auf, und er lockt den Hund... na schön, sagen wir, der Hund des Opfers geht freiwillig mit ihm, bis hierher. Wie gefällt Ihnen das?« Er zog das Kinn wieder ein. »Sie wissen verdammt gut, daß Sie oder Goodwin die letzten Menschen sind, die ich in einem Umkreis von zehn Blocks um den Tatort eines Mordes sehen möchte, denn ich weiß aus Erfahrung, was ich davon zu erwarten habe. *Wenn* Sie aber dort auftauchen, will ich wissen, weshalb und wozu – und bei Gott, das werde ich auch erfahren! Wo steckt der Hund?«

Wolfe seufzte und schüttelte den Kopf. »Geben Sie es auf. Damit verlieren Sie nur Ihre Zeit«, erklärte er fast freundlich. »Was nun Mr. Meegan betrifft, so rief er uns heute früh an, um eine Verabredung zu treffen, und um elf Uhr war er dann hier. Unsere Unterhaltung war sehr kurz. Er wollte einen Mann beschatten lassen, aber den Namen oder nähere Gründe erfuhr ich nicht. Er erwähnte ziemlich erregt als erstes eine Frau, so daß ich annehmen mußte, es handle sich nur um eheliche Schwierigkeiten. Wie Sie ja wissen, rühre ich derartige Fälle nicht an, und daher unterbrach ich ihn. Ich betrachte es als eine Zumutung, diese Art Aufträge überhaupt nur anzuhören! Meine kurze Ablehnung machte ihn wütend, und er rannte davon. Im Flur riß er seinen Hut vom Ständer und nahm irrtümlicherweise Mr. Goodwins Regenmantel statt seinen eigenen. – Archie, fahren Sie fort.«

Cramer richtete seine Blicke auf mich, und ich gehorchte. »Ich bemerkte die Verwechslung der Mäntel erst am Nachmittag. Sein Mantel hatte wohl die gleiche Farbe, aber meiner war viel neuer. Bei seinem Anruf am Morgen hatte er mir Namen und Adresse angegeben. Ich versuchte daher zu telefonieren, aber er stand nicht im Telefonbuch, und das Amt teilte mir mit, er sei nicht als Kunde eingetragen. Daher machte ich mich selbst auf den Weg und nahm seinen Mantel mit. Vor dem Haus, das er als seine Anschrift genannt hatte, standen ein Streifenwagen, ein Polizist und eine Gruppe von Neugierigen. Als ich nähertrat, fuhr ein zweites Polizeiauto vor, Purley Stebbins stieg aus und ging ins Haus. Also beschloß ich, mich wieder zu verziehen. Ich hatte nicht die geringste Lust, mich einem Verhör zu stellen für eine Sache, die mich nichts anging. Ein Hund lungerte dort herum, er schnüffelte an mir, und ich strich ihm über den Kopf. Schön, ich gebe zu, daß ich das vielleicht nicht hätte tun sollen. Der Polizist erkundigte sich, ob der Hund mir gehöre. Ich verneinte das wahrheitsgemäß, wandte mich ab und machte mich wieder auf den Heimweg.«

»Haben Sie den Hund zu sich gerufen oder ihm sonstwie ein Zeichen gegeben?«

»Kein Gedanke! Ich war bereits in der Neunten Avenue, als ich überhaupt merkte, daß er mir gefolgt war. Ich habe ihn weder zu mir gelockt noch ihn verschleppt. Wollen Sie mir sagen, weshalb ich im Revier angerufen habe, um den Eigentümer festzustellen, wenn ich das Tier absichtlich mitgenommen hätte?«

»Bei Wolfe und Ihnen kann man so etwas nie wissen. Wo haben Sie den Hund?«

Ich platzte damit heraus, ehe Wolfe mir Einhalt gebieten konnte.

»Oben in meinem Zimmer.«

»Bringen Sie ihn her.«

»Meinetwegen.«

Ich hatte mich erhoben und war im Begriff, das Zimmer zu verlassen, als Wolfe mich scharf anrief: »Archie!«

Ich wandte mich um. »Ja, Sir?«

»Es eilt nicht so entsetzlich.« Seine nächsten Worte galten Cramer. »Das Tier scheint recht klug zu sein, aber ich bezweifle immerhin, daß es Ihnen auf Fragen antworten wird. Und ich will nicht, daß der Hund hier im Büro herumschnüffelt.«

Cramer grinste. »Ich auch nicht.«

»Warum soll er dann geholt werden?«

»Ich nehme ihn mit. Wir werden ein kleines Experiment mit ihm anstellen.«

Wolfe schürzte die Lippen. »Ich bezweifle sehr, daß sich das machen läßt. Setzen Sie sich wieder, Archie. Mr. Goodwin hat eine Verpflichtung übernommen und wird sich daran halten. Das Tier hat keinen Herrn mehr und demnach auch kein Heim. Wir müssen es hier unterbringen, bis Mr. Goodwin sich von seinem ferneren Wohlergehen überzeugen kann. Archie?«

Wären wir allein gewesen, hätte ich Wolfe meinen Standpunkt sehr deutlich gemacht. So aber blieb mir nichts übrig, als ihm beizupflichten. »Unbedingt«, sagte ich fest.

»Sehen Sie«, bemerkte Wolfe an Cramer gewandt. »Wir können leider Ihrem Wunsch nicht entsprechen.«

»Quatsch. Ich nehme den Hund mit.«

»Ach nein. Haben Sie eine schriftliche Vorladung? Wollen Sie ihn als Hauptzeugen einsperren?«

Cramer öffnete den Mund zu einer Entgegnung, aber er schloß ihn wieder. Er stützte seine Ellbogen auf die Armlehnen, faltete die Hände und beugte sich vor. »Passen Sie auf. Sie und Meegan sagen dasselbe, entweder weil es die Wahrheit ist oder weil sie es zusammen so vereinbart haben. Ich weiß nicht, wie es sich verhält, aber es wird sich noch zeigen. Jedenfalls nehme ich den Hund mit. Philip Kampf, der Mann, der ermordet wurde, wohnte in der Perry Street, nur ein paar Blocks von der Arbor Street entfernt. Er betrat das Haus Arbor Street 29 mit seinem Hund an der Leine ungefähr um zwanzig nach fünf heute nachmittag. Der Hausmeister Olsen wohnt im

Kellergeschoß und saß an seinem Fenster, als Kampf mit dem Hund ankam und ins Haus ging. Etwa zehn Minuten später sah er das Tier allein und ohne Leine wieder herauskommen. Gleich nach ihm verließ ein Mann das Haus. Dieser Mann war Victor Talento, ein Rechtsanwalt, der im Erdgeschoß wohnt. Talento erklärt, er sei zu einer Verabredung ausgegangen und habe das Tier im Hausflur gesehen. Er glaubte, es streune da herum, und jagte es fort. Das ist alles, was er zu sagen weiß. Auf jeden Fall bestätigte Olsen, Talento sei sofort weitergegangen, während der Hund auf dem Gehweg blieb und wartete.«

Cramer löste seine Finger wieder und lehnte sich zurück. »Zwanzig Minuten später, um zehn vor sechs, hörte Olsen, wie jemand seinen Namen rief, und ging die Hintertreppe empor zum Erdgeschoß. Dort befanden sich zwei Männer, ein Toter und ein Lebender. Der Lebende war Ross Chaffee, ein Kunstmaler, Inhaber der Studiowohnung im dritten Stock. Bei dem Toten handelte es sich um den Mann, der mit dem Hund ins Haus gekommen war. Man hatte ihn mit der Hundeleine erdrosselt. Sein Körper lag am Fuß der Treppe, die nach oben führt. Chaffee erklärt, er habe ihn dort gefunden, als er herunterkam. Mehr weiß auch er nicht. Er blieb bei dem Ermordeten, während Olsen hinunterging, um zu telefonieren. Der Streifenwagen erschien zwei Minuten vor sechs, Sergeant Stebbins um zehn Minuten nach sechs, Goodwin ebenfalls: genaue Zeitangabe.«

Wolfe knurrte bloß, und Cramer fuhr fort: »Ich kann Ihnen den Rest auch noch erzählen. Die Hundeleine steckte in der Tasche des Regenmantels, den der Tote anhatte. Unser Labor erklärt, damit sei er erdrosselt worden. Natürlich werden noch weitere Erhebungen angestellt. Alle vier Wohnungsinhaber waren zu Hause, als Kampf in der Arbor Street eintraf: Victor Talento, der Rechtsanwalt aus dem Erdgeschoß. Richard Meegan, dessen Auftrag Sie nicht annehmen wollten, wohnt im ersten Stock. Jerome Aland, ein Artist in einem Nachtlokal, im zweiten, und Ross Chaffee hat die Studiowohnung im dritten Stock inne. Aland behauptet, fest geschlafen zu haben, bis wir an seine Tür polterten und ihn herunterschleppten, damit er den Toten identifizierte. Meegan erklärt, nichts gesehen und gehört zu haben.«

Cramer rückte in seinem Sessel wieder vor. »Schön. Was also ist geschehen? Kampf ging ins Haus, um mit einem der vier Wohungsinhaber zu sprechen, und brachte seinen Hund mit. Möglich, daß er ihm im Hausflur die Leine abnahm und ihn dort ließ, was ich jedoch bezweifle. Wahrscheinlicher dürfte sein, daß er das Tier bis zu einer der Wohnungstüren mitnahm; aber es hatte geregnet, und der Hund war so naß, daß der Mieter ihn nicht einlassen wollte. Deshalb ließ Kampf ihn draußen. Es besteht auch noch die weitere Möglichkeit, daß der Hund dabei war, als sein Herr ermordet wurde – aber über all das wissen wir erst mehr, wenn wir uns mit dem Hund abgeben können. Momentan beabsichtigen wir nur, ihn mitzunehmen, in dieses Haus zu führen und zu beobachten, zu welcher Tür er geht. Und zwar werden wir das jetzt gleich tun. Ich habe einen Mann im Wagen, der sich auf Hunde versteht.« Cramer erhob sich.

Wolfe schüttelte den Kopf. »Sie sind eigensinnig wie immer. Mr. Kampf wohnte, wie Sie sagen, in der Perry Street. Hat er dort eine Familie?«

»Nein, er war Junggeselle. So etwas wie ein Schriftsteller. Er brauchte sich seinen Lebensunterhalt nicht zu verdienen, er besaß genug Geld.«

»Demnach ist der Hund verwaist. Er befindet sich doch noch in Ihrem Zimmer, Archie?«

»Jawohl, Sir.« Ich stand auf und wandte mich zur Tür, doch Wolfe hielt mich wiederum zurück.

»Einen Augenblick. Sie gehen jetzt hinauf und schließen sich ein, bis ich Sie rufe.«

Was sollte ich anderes tun? Entweder mußte ich gehorchen oder sofort meine Stellung kündigen, und das mache ich nur, wenn wir allein sind. Außerdem hatte Wolfe wohl seine guten Gründe, den Hund nicht der Mordkommission zu überlassen. Cramer, der keine Vollmacht brauchte, um in unser Haus zu kommen, weil er sich bereits darin befand, hätte bestimmt keine Hemmungen gehabt, in mein Zimmer einzudringen und sich dort umzusehen. Ihn davon mit Gewalt abhalten zu wollen, wäre vergebliche Liebesmühe gewesen. Aber eine verschlossene Tür aufbrechen – das war ein anderer Fall. Allerdings schloß ich nicht ab, denn das hatte ich seit Jahren nicht getan und wußte gar nicht, in welchem Fach meiner Kommode der Schlüssel lag. Ich hielt es daher für das beste, auf dem Treppenabsatz stehenzubleiben und zu horchen. Wenn ich Cramer kommen hörte, würde ich die Tür schließen und mich dagegenstemmen. Nero, oder Jett – je nach dem Standpunkt, den man einnahm –, trottete zu mir heraus, aber ich schickte ihn wieder zurück, und er verschwand gehorsam. Von unten ließen sich Stimmen vernehmen, nicht besonders freundschaftlich, aber auch nicht laut genug, um die Worte zu verstehen. Nach kurzer Zeit vernahm ich Cramers schwere Schritte im Flur, dann schlug die Eingangstür hinter ihm zu.

Ich rief hinunter: »Alles klar?«

»Nein«, rief Wolfe zurück. »Warten Sie, bis ich die Kette vorgelegt habe.« Und nach einem kurzen Moment: »In Ordnung.«

Ich klinkte meine Tür zu und ging die Treppe hinunter. Wolfe saß bereits wieder in seinem Mammutsessel hinter dem Schreibtisch. Als ich eintrat, fuhr er mich sogleich an: »Eine schöne Suppe haben Sie uns da eingebrockt! Sie schmuggeln einen Hund ins Haus, um mich zu ärgern – und wo stehen wir jetzt?«

Ohne Eile ging ich zu meinem Schreibtisch, setzte mich und begann gelassen: »Darum handelt es sich gar nicht mehr. Sie werden ja doch nie zugeben, daß Sie die Sache selbst verkorkst haben, also reden wir nicht mehr davon. Wenn Sie mich aber fragen, wie es jetzt weitergeht – also, das ist einfach. Ich könnte sagen, ich liefere den Hund persönlich bei der Mordkommission ab, aber auch das hat sich erledigt. Erstens haben Sie erklärt, der Hund sei verwaist, was übrigens in meinen Ohren scheußlich klingt, und es dürfte daher leicht sein, ihn zu adoptieren. Zweitens haben Sie Cramer gegenüber einen entschiedenen Standpunkt eingenommen, von dem Sie selbstverständlich nicht abgehen werden. Wenn wir uns hier verbarrikadieren, sollte es wenigstens möglich sein, das Tier für seine notwendigen Verrichtungen durch die Hintertür auszuführen. Was aber geschieht, wenn die heilige Hermandad morgen mit einer schriftlichen Vollmacht auftaucht?«

Wolfe lehnte sich zurück und schloß die Augen. Ich sah auf meine Uhr: zwei Minuten nach elf. Es war sechs Minuten nach elf, als Wolfe die Augen wieder öffnete.

»Nach Mr. Cramers Aussagen bezweifle ich, daß dieser Fall unüberwindbare Schwierigkeiten bietet.«

Dazu hatte ich nichts zu bemerken.

»Wenn wir die Sache rasch betreiben«, fuhr er fort, »dann dürfte die endgültige Auslieferung des Hundes an Sie leicht zu bewerkstelligen sein. Aber bis jetzt hatte ich immer angenommen, meine Abneigung, einen Polizisten nach Belieben in diesem Hause herumschnüffeln zu lassen, werde von Ihnen geteilt.«

»Wird sie auch – in gewissen Grenzen.«

»Das ist eine unklare Formulierung, und Sie werden mir gestatten, darüber meine eigene Ansicht zu haben. Der einfachste Weg, diese Angelegenheit zu einem Ende zu bringen, ist der, den Mörder des Mr. Kampf zu finden. Das dürfte kein großes Problem sein, andernfalls können wir immer noch anders disponieren. Eine sofortige Untersuchung ist notwendig, und glücklicherweise haben wir einen guten Vorwand dafür. Sie können in das Haus gehen, um Ihren Regenmantel zu verlangen und den von Mr. Meegan zurückzugeben, und dann handeln Sie, wie es die Gelegenheit ergibt. Das beste wäre natürlich, den Mann herzubringen, aber Sie wissen, da ich mich in solchen Dingen völlig auf Ihre Umsicht und Ihren Unternehmungsgeist verlasse.«

»Schönen Dank«, bemerkte ich bitter. »Sie meinen, jetzt gleich.«

»Ja.«

»Möglicherweise quetschen sie diesen Meegan noch immer im Präsidium aus.«

»Sie werden ihn kaum über Nacht dortbehalten. Aber am frühen Morgen wird er wohl wieder hinzitiert werden.«

»Zuerst muß ich den Hund ausführen.«

»Das kann Fritz besorgen.«

»Hol's der Teufel!« Ich stand auf. »Kein Klient, kein Honorar, kein Nichts außer einem Hund mit einem breiten Schädel wegen der größeren Gehirnmasse.« Ich ging zur Tür, drehte mich dort noch einmal um und wiederholte laut und deutlich: »Der Teufel soll's holen!« Dann riß ich meinen Hut und Meegans Mantel vom Haken und machte mich davon.

Es regnete nicht mehr, und auch der Wind hatte sich gelegt. Nachdem ich mein Taxi an der Ecke der Arbor Street fortgeschickt hatte, ging ich zu Fuß bis zur Nummer 29, den Regenmantel über den Arm gehängt. Im Erdgeschoß brannte noch Licht, aber das ganze übrige Haus war dunkel. Ich ging die Stufen zum Vorplatz hinauf und studierte die Schilder neben den Briefkästen. Von unten herauf lauteten sie: Talento, Meegan, Aland und Chaffee. Ich drückte auf den Klingelknopf bei Meegan und wartete. Nichts geschah. Dann versuchte ich den Türgriff zu drehen, doch auch das war erfolglos. Ein nochmaliges, längeres Klingeln, ein weiteres vergebliches Warten. Nichts zu machen.

Langsam ging ich die Stufen wieder hinunter und sah zwei Pärchen, die auf dem Gehweg standen und mich anstarrten. Sie wechselten ein paar Worte miteinander, fanden aber doch, daß ihnen mein Zurückstarren nicht behagte, und so verzogen sie sich. Eine Weile überlegte ich, ob es nicht am zweckmäßigsten wäre, bei dem Rechtsanwalt Victor Talento im Erdgeschoß zu läuten, der noch Licht hatte. Aber dann hielt ich es doch für klüger, noch eine Weile auf Meegan zu warten, mit dem ich es ja schließlich zu tun hatte. Ich bummelte ein paar Schritte weiter die Straße hinunter und lehnte mich an einen Hydranten.

Ich stand noch nicht lange da, als im Erdgeschoß das Licht ausging. Etwas später öffnete sich die Haustür, und ein Mann trat heraus. Er wandte sich in meine Richtung, sah mich aber nur flüchtig an, während er an mir vorbeiging. Da ich es für unwahrscheinlich hielt, daß man einen Bewohner dieses Hauses während der Nacht ohne Beschattung herumlaufen ließ, blickte ich mich verstohlen um. Und richtig, als der Mann sich etwa dreißig Schritte entfernt hatte, löste sich aus einer Einfahrt ein Schatten und ging ihm nach. Mißbilligend schüttelte ich den Kopf. Ich hätte an seiner Stelle gewartet, bis der Verfolgte noch zehn Schritte weiter gewesen wäre. Saul Panzer hätte es nicht unter zwanzig getan, aber Saul ist auch der beste Spürhund, den es gibt.

Während ich das billige Schauspiel betrachtete, kam mir ein Gedanke. Meegan mochte noch stundenlang im Hauptquartier zurückgehalten werden, oder er lag bereits im Bett und schlief fest. Hier aber bot sich mir wenigstens die Gelegenheit, etwas zu unternehmen. Ich machte daher lange Schritte, um mein Wild einzuholen, das eben um eine Ecke bog. Den Verfolger, der auf der anderen Straßenseite ging, hatte ich bald erreicht, aber er interessierte mich nicht weiter. Mir schien, mein Mann beschleunigte seinen Schritt, und so tat ich dasselbe. Bei der nächsten Straßenkreuzung war ich neben ihm. Er hatte sich umgeblickt, als er meine Schritte hörte, war aber ununterbrochen weitergegangen. Sobald ich auf gleicher Höhe mit ihm war, sprach ich ihn an. »Sie sind Victor Talento?«

»Kein Kommentar«, bemerkte er, ohne stehenzubleiben.

»Danke für das Kompliment«, sagte ich, »aber ich bin kein Reporter. Meine Name ist Archie Goodwin, und ich arbeite für Nero Wolfe. Wenn Sie eine Sekunde warten, können Sie meinen Ausweis sehen.«

»Ich bin nicht daran interessiert.«

»Mir auch recht. Wenn Sie nur ausgingen, um frische Luft zu schnappen, braucht Sie auch meine Mitteilung nicht zu interessieren. Andernfalls könnte sie wichtig für Sie sein. Bitte machen Sie kein Geschrei, und sehen Sie sich nicht um, aber Sie haben einen Burschen vom Morddezernat auf den Fersen. Er geht auf der anderen Straßenseite etwa zwanzig Meter hinter Ihnen her. Drehen Sie den Kopf nicht, sonst merkt er, daß Sie Bescheid wissen.«

»Ja«, gab er zu, ohne den Schritt zu verlangsamen, »das ist nicht uninteressant. Sind Sie Pfadfinder, und ist das Ihre gute Tat für diesen Tag?«

»Nein. Ich spiele den Rutengänger für Mr. Wolfe. Er stellt zu Übungszwecken Nachforschungen nach einem Mörder an, und ich halte für ihn die Augen offen. Ich dachte, wenn ich Ihnen einen Wink gäbe, würden Sie mir vielleicht auch einen Gefallen tun. Falls Sie wirklich nur einen Spaziergang machen, ist die Sache erledigt, und ich kann mich nur bei Ihnen entschuldigen. Haben Sie jedoch etwas vor, das nicht unbedingt bekannt werden soll, dann könnten Sie vielleicht den Rat eines Fachmanns brauchen. In dieser Gegend und um diese Nachtzeit ist es nicht so einfach, einen Verfolger abzuschütteln, und ich würde Ihnen gern dabei behilflich sein.«

Er überlegte sich das eine Weile, während wir nebeneinander hergingen, dann sagte er: »Sie sprachen vorhin von Ausweispapieren.«

»Ja. Wir können hier unter der Laterne stehenbleiben. Unser Mann da drüben wird sich bestimmt in sicherer Entfernung halten.«

Wir machten halt. Ich zog meine Brieftasche heraus und zeigte ihm meinen Detektivausweis und meinen Führerschein. Er besah sich beides gründlich, denn er war ja Rechtsanwalt. Endlich konnte ich meine Papiere wieder einstecken.

»Ich war mir natürlich klar darüber, daß ich möglicherweise beobachtet würde«, begann er. »Und ich hatte mir auch vorgenommen, meine Vorsichtsmaßnahmen zu treffen. Doch vielleicht ist die Sache nicht so einfach, wie ich annahm. Ich habe keine Übung in solchen Manövern. Wer hat Wolfe den Auftrag erteilt?«

»Das weiß ich nicht. Er behauptet, er tue es nur zu seiner eigenen Befriedigung.«

»Schön, nehmen wir an, daß es sich so verhält.« Er sah mich beim Licht der Straßenlaterne genauer an, und ich tat dasselbe. Er war etwas kleiner als ich, sicher ein paar Jahre älter, und um die Mitte herum bereits ziemlich rundlich. Seine Haut schien dunkel, die Augen waren braun, die Nase bog sich in einem Haken nach unten. Ich drängte ihn nicht. Er hatte ein Problem, nicht ich. Mochte er sich entschließen, wie er wollte – ich hatte Zeit.

»Ich habe eine Verabredung«, erklärte er schließlich.

Ich wartete.

»Eine Frau hat mich angerufen«, fuhr er fort, »und ich versprach, sie zu treffen. Ich befürchtete, mein Telefon werde überwacht.«

»Das bezweifle ich. So rasch arbeiten die Leute nicht.«

»Sie mögen recht haben. Die Frau hat nichts zu tun mit dem Mord, sowenig wie ich. Aber natürlich scheint augenblicklich alles, was ich tue, und jeder, den ich treffe, verdächtig. Ich möchte die Frau keinesfalls etwa Unannehmlichkeiten aussetzen, und wer weiß, ob es mir gelingt, diesen Mann abzuschütteln.«

Ich grinste ihn an. »Und mich.«

»Sie meinen damit, daß Sie mir nachgehen würden?«

»Nur so zur Übung. Ich möchte auch gerne sehen, wie Sie sich aus der Affäre ziehen.«

Er blieb sehr ernst. »Ich sehe, Sie verdienen Ihren Ruf, Goodwin. Sie würden aber nur unnötig Zeit verlieren, denn diese Frau hat, wie gesagt, nicht das geringste mit dem Mord zu tun. Immerhin war es eine Dummheit von mir, ihr dieses Treffen vorzuschlagen. Es ist besser, ich gehe nicht hin, obwohl ich schon in ein paar Minuten am Ziel wäre. Würden Sie mir wohl den Weg abnehmen und ihr sagen, ich könnte nicht kommen, aber ich würde mich morgen mit ihr in Verbindung setzen?«

»Wenn es weiter nichts ist, kann ich das besorgen. Aber ich deutete vorhin schon an, daß ich auf eine kleine Gegenleistung hoffte. Wollen Sie Nero Wolfe anrufen?«

Er überlegte kurz. »Doch nicht jetzt mitten in der Nacht?«

»Für Wolfe ist das die günstigste Zeit.«

»Nein, ich habe für heute genug.«

»Dann morgen vormittag um elf Uhr?«

»Ja, das kann ich machen.«

»Gut.« Ich gab ihm unsere Adresse. »Falls Sie die Nummer vergessen sollten – wir stehen im Telefonbuch. Wo muß ich nun hingehen?«

Er zog eine ganz nette Rolle Banknoten aus der Tasche und streckte mir einen Zwanziger hin. »Da Sie als mein Vertreter auftreten, haben Sie auch Anrecht auf ein Honorar.«

Ich grinste ihn wieder an. »Das ist eine prächtige Einstellung, wenn man bedenkt, daß Sie Rechtsanwalt sind. Aber ich arbeite nicht als Ihr Vertreter, ich tue Ihnen nur einen kleinen Gefallen und erwarte von Ihnen das gleiche. Wo soll also das Stelldichein stattfinden?«

Er steckte das Geld wieder ein. »Wie Sie wollen. Die Frau heißt Jewel Jones, und sie wartet um Mitternacht an der südöstlichen Ecke von Christopher und Grove Street.« Er warf einen Blick auf seine Uhr. »Sie ist mittelgroß, schlank, hat dunkles Haar und dunkle Augen. Sieht ausgesprochen gut aus. Erklären Sie ihr bitte, weshalb ich nicht komme, und sagen Sie, ich würde morgen von mir hören lassen.«

»Geht in Ordnung. Sie machen jetzt am besten einen Spaziergang in der entgegengesetzten Richtung, um den Aufpasser zu beschäftigen. Und drehen Sie sich auf keinen Fall um.«

Er wollte mir zum Zeichen seiner Wertschätzung die Hand geben, aber ein Händedruck wäre genauso unklug gewesen wie die Annahme des Geldes. Es war ja immerhin möglich, daß Wolfe ihn im Verlauf des nächsten Tages als Mörder entlarven würde. Daher tat ich so, als sähe ich seine Hand nicht. Er ging nach rechts, und ich ging nach links, ganz gemächlich, ohne mich ein einziges Mal umzusehen. Natürlich mußte ich mich vergewissern, ob der Spürhund nicht etwa einen Geistesblitz gehabt und zwei und zwei zusammengezählt hatte. Doch ich verschob das, bis ich die Christopher Street erreichte. Sobald ich dort um die Ecke gebogen war, drückte ich mich in den nächsten Hauseingang, schielte zurück und zählte langsam bis hundert. Einige Passanten kamen vorbei, ein Pärchen und ein sehr eiliger Bursche, aber kein Detektiv. Ich ging bis zur Grove Street, überquerte die Fahrbahn und sah mich um. Keine wartende Frau weit und breit. Ich bummelte ein Stück weiter, drehte um, kehrte wieder zurück, und beim fünften Mal, zwölf Minuten nach zwölf, hielt ein Taxi an der Ecke. Eine Frau stieg aus, und der Wagen fuhr davon.

Ich ging näher heran. Das Licht hätte besser sein können, aber die Frau schien der Beschreibung ungefähr zu entsprechen. Ich blieb stehen und fragte: »Miss Jones?« Erschrocken fuhr sie herum, und ich sagte: »Nachricht von Victor.«

Sie trat einen Schritt zurück, um mich besser betrachten zu können. »Wer sind Sie?« Ihr Atem ging schneller.

»Victor schickt mich mit einer Nachricht, aber ich muß zuerst sicher sein, daß ich mit der richtigen Person spreche. Ich habe die Hälfte von Ihrem und die Hälfte von seinem Namen genannt. Nun ist die Reihe an Ihnen, das zu vervollständigen.«

»Wer sind Sie?« fragte sie noch einmal.

Ich schüttelte den Kopf. »Zuerst die Namen, oder Sie erhalten die Mitteilung nicht.«

»Wo ist er?«

»Nichts zu machen. Ich zähle bis zehn, und dann gehe ich. Eins, zwei, drei, vier –«

»Mein Name ist Jewel Jones, und er heißt Victor Talento.«

»Braves Mädchen. Jetzt werde ich Ihnen alles erzählen.«

Das tat ich denn auch. Damit sie die Lage richtig übersah, begann ich mit dem Hydranten in der Arbor Street und erzählte, was dann weiter geschah. Natürlich mußte ich ihr auch meinen Namen und Beruf sagen. Bis ich fertig war, hatten sich tiefe Falten auf ihrer Stirn gebildet.

»Oh, verdammt«, bemerkte sie inbrünstig. Sie legte die Hand auf meinen Arm und zog mich vorwärts. »Kommen Sie mit mir, bis wir ein Taxi finden.«

Ich rührte mich nicht vom Fleck. »Das werde ich sehr gern tun, und zwar auf meine Kosten. Wir fahren jetzt zu Nero Wolfe.«

»Wir?« Sie zog ihre Hand zurück. »Sind Sie verrückt?«

»Zehn zu eins, daß ich es nicht bin. Überlegen Sie einmal vernünftig. Sie wollten sich mit Talento an einer Straßenecke treffen – ein Beweis, daß Sie guten Grund hatten, sich heute abend nicht zusammen sehen zu lassen. Die Sache muß sehr dringend gewesen sein. Sie hat vielleicht nichts mit dem Mord an Philip Kampf zu tun, aber es könnte sich auch anders verhalten, und das muß besprochen werden. Ich will nicht den Schiedsrichter spielen. Ich kann Sie zum Morddezernat bringen, wo Sie mit einem Mann namens Purley Stebbins zu tun bekämen. Oder ich nehme Sie mit zu Nero Wolfe. Ich persönlich würde Mr. Wolfe vorziehen. Aber wählen Sie selbst.«

Sie schaltete schnell. Während ich sprach, hatten ihre Augen sekundenlang wie Dolche geblitzt, doch dann wurden sie sanft und flehend. Wieder ergriff sie meinen Arm, diesmal mit beiden Händen. »Oh, ich möchte alles mit Ihnen besprechen«, bettelte sie in einem Ton, der Eisberge zum Schmelzen gebracht hätte. »Dazu bin ich gern bereit. Lassen Sie uns irgendwohin gehen.«

Ich erhob keinerlei Einwände, und wir setzten uns in Bewegung. Zärtlich hatte sie ihre Hand unter meinen Arm geschoben. Wir waren noch nicht weit gegangen, als sich ein Taxi näherte. Ich winkte dem Fahrer, wir stiegen ein, und ich gab das Ziel an: »Neun-achtzehn West Fünfunddreißigste.« Er sauste los.

»Was bedeutet diese Adresse?« fragte Miss Jones.

Ich erklärte ihr, das sei das Haus von Nero Wolfe. Das

arme Mädchen wußte nicht, was tun. Sie konnte mich mit Schimpfnamen bedenken, doch was half ihr das? Daß auch toben und schreien zwecklos wäre, sah sie wohl ein. Sie verlegte sich also darauf, mich einzuwickeln, und wenn sie genügend Zeit dafür gehabt hätte, sagen wir vier oder fünf Stunden, wäre es ihr möglicherweise sogar gelungen, denn sie besaß unbestreitbar das Zeug dazu. Sie versuchte gar nicht, mich zu beschwatzen oder zu argumentieren; sie lehnte sich bloß an mich und flüsterte, ich sei ein Mann, dem sie alles sagen könne, denn ich würde ihr glauben und sie verstehen. Und danach sei sie bereit, überall hinzugehen, wo ich es nur wünsche, denn sie sei sicher, ich würde daraus keinen Vorteil ziehen...

Aber sie hatte nicht genug Zeit. Der Wagen fuhr vor unserem Haus vor, und ich hatte bereits das Geld bereit. Ich stieg aus, reichte ihr die Hand und führte sie die sieben Stufen zur Haustür empor. Innerlich mußte ich sie dafür loben, daß sie keinen Atemzug für Protest verschwendete. Mein Schlüssel nützte mir nichts, weil die Kette vorgelegt war; daher drückte ich auf den Klingelknopf. Gleich darauf wurde die Lampe über unseren Köpfen hell, und Fritz öffnete die Tür. »Ist Mr. Wolfe noch auf?« fragte ich.

»Im Büro«, gab Fritz lakonisch zurück und warf gleichzeitig einen Blick auf Miss Jones – den Blick, den er immer für weibliche Eindringlinge bereithält. Tief in seinem Innern lebte die ständige Furcht, einmal könnte so ein Geschöpf Wolfe umgarnen und ins Unglück stürzen. Ich beauftragte ihn, die Dame ins Vorderzimmer zu führen, hängte Hut und Mantel an den Garderobenständer und begab mich ins Büro.

Wolfe saß an seinem Schreibtisch und las, und mitten im Zimmer, auf dem schönsten Teppich, lag zusammengerollt der Hund. Das Tier begrüßte mich durch ein leichtes Heben des Kopfes, während seine Rute den Teppich klopfte. Wolfes Gruß bestand nur aus einem Knurren.

»Ich habe Ihnen Gesellschaft gebracht«, erklärte ich. »Aber ehe ich die Dame hereinführe –«

»Dame?« unterbrach er. »Die Bewohner des Hauses an der Arbor Street sind alle Männer. Ich hätte mir eigentlich denken können, daß Sie eine Frau aufgabeln würden.«

»Ich kann sie ja wieder fortschicken, wenn Sie nicht mir ihr reden wollen. Lassen Sie mich erzählen, wie ich an sie geraten bin.« Ich gab Wolfe einen kurzen Bericht, der jedoch alles Wesentliche enthielt, dann schloß ich: »Ich hätte sie auch woandershin schaffen und mich selbst mit ihr befassen können, aber das wäre gefährlich gewesen. Während der kurzen Taxifahrt von sechs Minuten hatte sie mich schon so weit, daß ich – hm – brüderliche Gefühle für sie empfand. Wollen Sie mit ihr sprechen oder nicht?«

»Ach, zum Teufel mit Ihnen!« Seine Augen senkten sich lange genug auf das Buch, um einen Abschnitt fertigzulesen; dann klappte er es zu. »Meinetwegen, bringen Sie sie herein.«

Ich ging zu der Verbindungstür zum Vorderzimmer, öffnete sie weit und sagte: »Bitte, kommen Sie herein, Miss Jones.« Sie ließ sich nicht lange bitten. Im Vorbeigehen schenkte sie mir ein rätselhaftes Lächeln, das mir direkt ins Herz gedrungen wäre, hätte sich nicht gleichzeitig ein seltsamer Zwischenfall ereignet. Der Hund sprang auf und lief freudig bellend auf sie zu, blieb dicht vor ihr stehen und hob den Kopf, um sich streicheln zu lassen. Dabei wedelte er so heftig, daß sein Schwanz einen verschommenen Halbkreis bildete.

»Erstaunlich«, meinte Wolfe dazu, doch dann fuhr er äußerst höflich fort: »Erfreut, Sie kennenzulernen, Miss Jones. Mein Name ist Wolfe. Und wie heißt der Hund?«

Ich muß gestehen, daß sie sich tapfer hielt. Die Anwesenheit des Hundes war eine völlige Überraschung für sie, aber ohne das geringste Zeichen von Unsicherheit tätschelte sie ihm den Kopf, sah sich um, entdeckte den roten Sessel und setzte sich.

»Eine komische Frage!« lächelte sie. »Sie verlangen von mir den Namen Ihres Hundes?«

»Pfui!« Wolfe war degoutiert. »Ich weiß nicht, welche Haltung Sie einzunehmen gedachten, aber nach dem, was Mr. Goodwin mir erzählte, vermutete ich, daß Sie mir weismachen wollten, Ihre Verabredung mit Mr. Talento sei rein persönlicher Natur gewesen und habe mit dem Mord an Mr. Kampf nichts zu tun gehabt, außerdem kennten Sie Mr. Kampf gar nicht oder nur ganz flüchtig. Jetzt hat der Hund das zunichte gemacht. Offenbar kennt er Sie sehr gut, und er gehörte Mr. Kampf. Also kennen Sie Mr. Kampf sehr gut. Wenn Sie versuchen, das zu leugnen, werden Mr. Goodwin und andere erprobte Männer Ihre ganze Vergangenheit und Ihr gegenwärtiges Leben ans Licht zerren, und das wird äußerst unangenehm sein, ob Sie nun in diese Mordsache verstrickt sind oder nicht. Also: Wie heißt der Hund?«

Sie blickte mich an. Talentos Bemerkung über ihr »ausgesprochen gutes« Aussehen wurde ihr nur zum Teil gerecht. Sie war zweifellos hübsch, aber es war vor allem ein gewisses Etwas in ihren Augen, das den besonderen Zauber ausmachte. Es lag sogar jetzt darin, obwohl sie doch bestimmt alle ihre Kräfte darauf konzentrieren mußte, einen Entschluß zu fassen. Aber das dauerte nur ein paar Sekunden. »Sein Name ist Burschi«, erklärte sie.

Der Hund zu ihren Füßen hob den Kopf und wedelte wieder.

»Du liebe Güte«, murmelte Wolfe. »Und nichts weiter?«

»Meines Wissens nicht.«

»Sie selbst heißen Jewel Jones?«

»Ja. Ich bin Sängerin in einem Nachtlokal, dem Flamingo, aber zur Zeit arbeite ich nicht.« Sie machte eine kleine, flehende Handbewegung; aber diesmal war es Wolfe, der ihr zu widerstehen hatte, nicht ich. »Glauben Sie mir doch, Mr. Wolfe, ich weiß wirklich nicht das geringste über diesen gräßlichen Mord. Wenn mir etwas darüber bekannt wäre, würde ich es Ihnen ohne Scheu sagen, denn Sie sind bestimmt ein Mensch, der alles versteht und mir nicht unnötig weh tun möchte.«

Das war dasselbe, wenn auch nicht wörtlich, was sie mir vor kurzem aufgetischt hatte.

»Ich versuche immer, alles zu verstehen«, antwortete Wolfe trocken. »Waren Sie mit Mr. Kampf eng befreundet?«

»Ja, so kann man es wohl nennen.« Sie lächelte ihm zu. »Eine Weile wenigstens, aber während der letzten zwei Monate nicht mehr.«

»Den Hund haben Sie natürlich in seiner Wohnung in der Perry Street kennengelernt?«

»Ja. Ich war fast ein Jahr lang recht häufig dort.«

»Hatten Sie Streit mit Mr. Kampf?«

»Keineswegs. Wir kamen bloß nicht mehr zusammen. Ich hatte andere... Ich war sehr beschäftigt.«

»Wann sahen Sie ihn zum letztenmal?«

»Sie meinen – intim?«

»Nein, ganz allgemein.«

»Vor etwa zwei Wochen, im Flamingo. Er kam gelegentlich hin und plauderte mit mir.«

»Ohne jeglichen Streit?«

»Wir hatten keinen Grund dazu.«

»Sie ahnen nicht, wer ihn umbrachte, oder weshalb man das tat?«

»Ganz bestimmt nicht.«

Wolfe lehnte sich zurück. »Kennen Sie auch Victor Talento intimer?«

»Nein, wenn Sie darunter verstehen... Wir sind natürlich gute Freunde. Ich habe früher dort gewohnt.«

»Mit Mr. Talento?«

»Nicht *mit* ihm.« Sie schien ziemlich entrüstet. »Ich lebe nie mit einem Mann zusammen. Ich hatte die Wohnung im ersten Stock.«

»In der Arbor Street neunundzwanzig?«

»Ja.«

»Wie lange? Und wann?«

»Fast ein Jahr. Ich zog aus vor – ja, vor ungefähr drei Monaten. Jetzt habe ich ein kleines Apartment in der Neunundvierzigsten Straße.«

»Dann kennen Sie also auch die anderen Hausbewohner? Mr. Meegan, Mr. Chaffee und Mr. Aland?«

»Ich kenne Ross Chaffee und Jerry Aland, aber keinen Meegan. Wer ist das?«

»Ein Mieter im Haus Arbor Street neunundzwanzig. Erster Stock.«

Sie nickte verstehend. »Ach, natürlich, das ist meine alte Wohnung. Ich hoffe, man hat den verflixten Tisch repariert. Das wacklige Ding war einer der Gründe, warum ich auszog. Ich hasse möblierte Wohnungen, Sie auch?«

Wolfe verzog das Gesicht. »Im allgemeinen schon. Daraus schließe ich, daß Sie jetzt eigene Möbel haben. Von Mr. Kampf gestiftet?«

Sie kicherte amüsiert, und ihre Augen tanzten. »Ich merke, daß Sie Philip Kampf nicht kannten, sonst kämen Sie nicht auf solche Gedanken.«

»Von wem denn? Von Mr. Chaffee? Oder Mr. Aland?«

»Weder noch!« Ernsthaft fuhr sie fort: »Wissen Sie, Mr. Wolfe, die Sachen sind mir von einem sehr guten Freund geschenkt worden, und damit wollen wir es gut sein lassen. Archie sagte mir, was Sie interessiere, sei dieser Mord, und ich bin sicher, Sie wollen nicht alles mögliche mit hineinziehen, nur um mich und einen Freund von mir zu kränken. Also denken wir lieber nicht mehr an diese Möbel.«

Wolfe ließ es dabei bewenden und ging zu einem anderen Thema über. »Weshalb haben Sie sich mit Mr. Talento mitten in der Nacht an einer Straßenecke verabredet?«

Sie nickte. »Ja, diese Frage habe ich erwartet. Ich weiß gar nicht, was ich Ihnen darauf antworten soll – ich meine, es wäre schrecklich, wenn Sie mich für eine dumme Gans hielten, und das werden Sie wohl tun, wenn ich Ihnen sage, wie es war. Als ich im Radio von Phils Ermordung hörte, rief ich Vic an. Ich wußte, daß er noch in diesem Haus wohnt, und hoffte, von ihm Näheres zu erfahren.«

»Sie sprachen also bereits am Telefon mit ihm?«

»Sicher, aber er wollte sich am Apparat nicht äußern.«

»Das erklärt immer noch nicht die Straßenecke.«

Diesmal lachte sie laut heraus. »Aber Mr. Wolfe. *Sie* sind doch gewiß nicht dumm! Sie haben doch nach der Herkunft meiner Möbel gefragt, nicht wahr? Nun, ein Mädchen in meiner Lage kann es sich nicht leisten, in einem Lokal mit einem Mann wie Vic Talento gesehen zu werden.«

»Was ist mit ihm?«

Sie machte eine vage Handbewegung. »Ach, er macht eben immer seine kleinen Annäherungsversuche.«

Die Uhr hatte längst eins geschlagen, als Wolfe das Mädchen endlich gehen ließ. Aber er war mit all seinen Fragen nicht weitergekommen; es war ihm nicht gelungen, sie zu überrumpeln oder in die Enge zu treiben. Sie war seit zwei Monaten nicht mehr in der Arbor Street gewesen. Sie hatte Chaffee, Aland und Talento seit Wochen nicht gesehen und selbstverständlich auch nicht Meegan, von dem sie überhaupt noch nie gehört hatte. Sie hatte nicht die leiseste Ahnung, wer Kampf umgebracht haben könnte.

Der einzige Erfolg, den Wolfe für die aufgewendete Stunde buchen konnte, war Jewels Aussage, daß ihres Wissens kein Mensch ein Anrecht auf den Hund Burschi besaß. Falls Erben vorhanden waren, so wußte sie nicht, wo sich diese befanden.

Als sie sich erhob, stand auch der Hund auf. Sie tätschelte ihm den Kopf, und er begleitete uns bis zur Tür. Ich brachte Jewel bis zur Zehnten Avenue, setzte sie dort in ein Taxi und kehrte wieder zurück. In der Küche versorgte ich mich mit einem Glas Milch und begab mich damit ins Büro. Wolfe, der ein Bierglas in der Hand hatte, machte nicht einmal ein finsteres Gesicht, als ich eintrat. Er ist meistens friedlich gestimmt, wenn er Bier trinkt.

»Wo ist Burschi?« erkundigte ich mich.

»Nein!« sagte er mit Nachdruck.

Ich gab klein bei. »Na schön, also Jett. Wo ist er?«

»Unten, im Zimmer von Fritz. Dort wird er auch in Zukunft schlafen. Sie haben ihn nicht gern.«

»Das ist nicht wahr, aber mir soll's recht sein. Es bedeutet, daß Sie die Schuld nicht mir aufhalsen können, wenn Ihnen irgend etwas an dem Tier nicht paßt, und das freut mich ungemein.« Ich nippte an meiner Milch. »Übrigens wird das morgen schon bedeutungslos werden, wenn die Mordkommission mit einer Verfügung erscheint und ihn mitnimmt.«

»Sie erscheint nicht.«

»Ich wette zehn zu eins, daß Stebbins noch vor dem Mittagessen aufkreuzt.«

Er nickte. »Das war auch meine Schätzung. Daher habe ich während Ihrer Abwesenheit mit Mr. Cramer telefoniert. Ich habe ihm einen Vergleich vorgeschlagen, und mir scheint, er befürchtet, der Hund werde morgen früh nicht mehr in seinem Bezirk sein, wenn er meinen Vorschlag ablehnt. Obwohl ich kein Wort davon gesagt habe. Aber es mag sich vielleicht so angehört haben.«

»Hm. Sie sollten etwas vorsichtiger sein.«

»Wir haben also eine Abmachung getroffen. Sie werden sich morgen vormittag um neun mit dem Hund in der Arbor Street neunundzwanzig einfinden. Während des ganzen Theaters, das sich die Polizei in den Kopf gesetzt hat, bleiben Sie dabei und lassen das Tier nicht aus den Augen. Spätestens um zwölf Uhr kommen Sie mit ihm hierher zurück. Die nächsten vierundzwanzig Stunden läßt uns die Polizei dann in Ruhe. Vielleicht haben Sie das Glück, dort im Haus auf jemanden zu stoßen, der etwas aufgeschlossener ist als diese Lady von der Straßenecke. Wenn Sie morgen, ehe Sie weggehen, bei mir hereinschauen wollen, kann ich Ihnen vielleicht einen Rat geben.«

»Mir paßt Ihre Ausdrucksweise nicht«, erklärte ich mannhaft. »Wenn Sie das arme Mädchen schon so bezeichnen, dann lächeln Sie wenigstens.«

Der Morgen war schön und klar. Den Regenmantel von Meegan ließ ich zu Hause, denn diesmal brauchte ich keinen Vorwand, und ich bezweifelte auch, daß sich eine passende Gelegenheit für einen Austausch bieten würde.

Die Gesetzesvertreter warteten bereits auf mich. Der Hundefachmann erwies sich als ein stämmiger älterer Bursche mit Brille. Ehe er den Hund anfaßte, erkundigte er sich nach seinem Namen, und ich gab ihm Burschi an.

»Ein blödsinniger Name«, bemerkte er. »Und übrigens auch eine blödsinnige Leine, die Sie da haben.«

»Einverstanden. Seine richtige Leine trug der Ermordete um den Hals, und ich nehme daher an, daß sie noch im Labor ist.« Ich reichte ihm das Ende des Stricks. »Falls er Sie beißt, kann ich nichts dafür.«

»Er wird mich nicht beißen. Was, Burschi?« Er stellte sich vor den Hund und bemühte sich, mit ihm Freundschaft zu schließen. Sergeant Purley Stebbins brummte dicht an meinem Ohr: »*Sie* hätte er beißen sollen, als Sie ihn entführten.«

Ich wandte mich um. Stebbins ist etwas größer als ich und bedeutend kräftiger. »Sie verwechseln das«, erklärte ich. »Ich werde höchstens von Frauen gebissen. Aber ich habe mich schon oft gefragt, was *Sie* beißt, wenn Sie so schlechter Laune sind.«

Wir tauschten weitere Liebenswürdigkeiten aus, während Loftus, der Hundefachmann, sich bei Burschi beliebt machte. Es dauerte nicht lange, bis er behauptete, jetzt sei er so weit, und es könne losgehen. Doch dann furchte er die Stirn und meinte: »Vielleicht wäre es besser, wenn ich ihn auch im Haus an der Leine halte, denn Kampf hat es wahrscheinlich auch so gemacht. Oder nicht? Sie sollten mir etwas mehr über die ganze Sache erzählen. Was wissen wir eigentlich?«

»Ehrlich gesagt«, knurrte Purley, »verdammt wenig. Aber wenn ich mir alles zusammenreime, was wir aufgepickt haben, dann sieht die Geschichte so aus: Als Kampf mit seinem Hund herkam, regnete es, und der Hund war tropfnaß. Er ließ ihn daher unten im Hausflur, nahm ihm die Leine ab und hatte sie in der Hand, als er zu einer der Wohnungstüren ging. Der Mieter ließ ihn ein, und sie sprachen eine Weile miteinander. Dann warf ihn der Mann zu Boden, wahrscheinlich von hinten, und benutzte die Hundeleine, um ihn fertigzumachen. Als er tot war, stopfte er die Leine in die Tasche des Regenmantels. Es gehörte schon eine Portion Nerven und Muskelkraft dazu, die Leiche die Treppen hinunter bis ins Erdgeschoß zu schleppen, aber es blieb ihm nichts anderes übrig. Kampf durfte nicht in seiner Wohnung entdeckt werden, und jeder der vier Mieter hätte im Notfall das Kunststück fertiggebracht. Natürlich war der Hund bereits draußen auf dem Gehsteig. Während Kampf in einer der Wohnungen ermordet wurde, kam Talento in den Hausflur, sah das Tier und jagte es hinaus.«

»In diesem Fall«, unterbrach Loftus, »ist dieser Talento aus der Sache heraus.«

»Nein, keiner steht außer Verdacht. Falls es Talento war, ging er, nachdem er Kampf getötet hatte, in den Flur, brachte den Hund vor die Haustür, kehrte zu seiner Wohnung zurück, zog den Toten heraus und legte ihn am Fuß der Treppe nieder. Dann verließ er das Haus, wobei er den Hund von der Tür weg auf den Bürgersteig scheuchte. Sie sind hier der Hundeexperte – ist irgend etwas an meiner Annahme falsch?«

»Nicht unbedingt. Es hängt ganz von dem Hund ab und davon, wie nah er seinem Herrn war. Es gab ja überhaupt kein Blut.«

»So sehe ich also die Sache. Wenn Sie es komplett haben wollen, können Sie den Rest des Tages mit den Rapporten der anderen Fachleute und den Aussagen der Mieter verbringen.«

»Für heute ist mein Bedarf gedeckt. Wollen Sie zuerst hineingehen?«

»Ja. Kommen Sie, Goodwin.«

Purley wandte sich der Tür zu, aber ich winkte ab. »Ich bleibe bei dem Hund.«

»In Gottes Namen. Dann halten Sie sich aber hinter Loftus.«

Im gleichen Moment jedoch änderte ich meinen Entschluß. Es könnte ganz interessant sein, das Experiment zu beobachten, und hinter Loftus würde ich jedenfalls nicht viel zu sehen bekommen. Daher trat ich gleichzeitig mit Stebbins ins Haus. Ein Mann vom Morddezernat schloß hinter uns die Tür, während wir uns in die hinterste Ecke begaben. Nach einer Minute öffnete der Polizist wieder, um Loftus und den Hund einzulassen. Zwei Schritte, dann blieb Loftus stehen, mit ihm auch Burschi. Niemand sprach ein Wort. Die Leine hing lose herab, der Hund blickte zu seinem Führer auf. Dieser beugte sich nieder, löste den Riemen vom Halsband und hielt ihn Burschi vor die Schnauze, um ihm zu zeigen, daß er frei war. Burschi setzte sich sogleich in Bewegung, kam zu mir herüber und blieb schwanzwedelnd vor mir stehen.

»Verrückt!« sagte Stebbins ärgerlich.

»Sie wissen, was ich eigentlich erwartete«, erklärte Loftus. »Ich dachte natürlich niemals, er würde uns zeigen, wo Kampf ihn gestern zurückgelassen hatte, sondern ich war der Meinung, er würde zum Fuß der Treppe gehen, wo der Tote gefunden wurde, und von dort aus die Spur zu der Wohnung verfolgen, aus der Kampf herausgeschleppt wurde. Fassen Sie ihn am Halsband, Goodwin, und bringen Sie ihn zur Treppe.«

Ich tat, wie er mir sagte. Burschi kam ohne weiteres mit, aber er zeigte nicht das geringste Interesse für die Stelle. Wir standen alle da und beobachteten ihn. Endlich öffnete er die Schnauze weit zu einem Gähnen.

»Prächtig«, polterte Stebbins. »Ich kann nur sagen, prächtig! Fahren Sie nur so fort.«

Loftus kam herüber und befestigte die Leine wieder am Halsband. Dann führte er Burschi zur Wohungstür des Erdgeschosses und klopfte. Im Handumdrehen wurde geöffnet, und Victor Talento erschien in einem schreiend bunten Hausmantel. »Hallo, Burschi«, sagte er und beugte sich nieder, um den Hund zu streicheln.

»Hölle und Teufel!« brach Stebbins los. »Ich habe Ihnen doch erklärt, Sie dürfen nicht reden!«

Talento richtete sich auf. »Stimmt, das haben Sie getan.« Sein Ton klang entschuldigend. »Tut mir leid, ich hab's vergessen. Wollen Sie es noch einmal versuchen?«

»Nein. Das genügt mir.«

Talento drehte sich um und schloß die Tür hinter sich.

»Sie müssen bedenken«, erläuterte Loftus, »daß ein Labradorhund keinem Menschen an die Kehle springen würde. Das liegt nicht in dieser Rasse. Das höchste, was Sie erwarten können, wäre irgendeine Bewegung oder vielleicht ein leises Knurren.«

»Und was habe ich davon?« brummte Purley. »Lohnt es sich überhaupt, weiterzumachen?«

»Bestimmt. Sie gehen wohl besser voraus.«

Stebbins steuerte auf mich zu, ich machte ihm Platz und folgte ihm dann die Treppe hinauf. Der obere Flur war ziemlich schmal und schlecht beleuchtet. Wir drückten uns an die Mauer, der Wohungstür gegenüber, um Loftus und Burschi genügend Platz zu lassen. Die beiden kamen herauf, und Loftus klopfte. Zehn Sekunden vergingen, ehe wir Schritte hörten und sich die Tür öffnete. Dort stand der Kerl, der am Vortag aus Wolfes Büro gerannt war und meinen Mantel mitgehen ließ. Er war in Hemdsärmeln und ungekämmt.

»Dies ist Sergeant Loftus, Mr. Meegan«, stellte Stebbins vor. »Sehen Sie sich den Hund an. Ist er Ihnen bekannt? Streicheln Sie ihn.«

Meegan schnaubte: »Streicheln Sie ihn doch selbst. Und machen Sie, daß Sie weiterkommen.«

»Haben Sie den Hund schon einmal gesehen?«

»Nein.«

»Danke. Kommen Sie, Loftus.«

Als wir die Treppe weiter emporstiegen, wurde die Tür wütend zugeknallt. Purley Stebbins fragte über die Schulter zurück: »Na?«

»Er mochte ihn nicht«, gab Loftus zurück. »Aber das will nichts besagen. Es gibt viele Menschen, denen ein Hund kein Vertrauen entgegenbringt.«

Der Flur im zweiten Stock sah genauso aus wie der andere. Wiederum postierten Purley und ich uns im Hintergrund, während Loftus mit dem Hund ankam und an die Tür klopfte. Doch nichts geschah. Er klopfte noch einmal, bedeutend energischer. Diesmal ging die Tür einen Fingerbreit auf, und eine quiekende Stimme ertönte. »Haben Sie den Hund mitgebracht?«

»Ja, er steht direkt vor der Tür«, antwortete Loftus.

»Sind Sie auch da, Sergeant?«

»Ganz in Ihrer Nähe«, meldete sich Purley.

»Ich sagte Ihnen doch, daß dieser Hund mich nicht leiden kann. Auf einer Gesellschaft bei Phil Kampf ist mir einmal... Das habe ich Ihnen ja erzählt. Ich wollte ihm wirklich nichts tun, aber er glaubte es eben. Was haben Sie vor? Wollen Sie mich reinlegen?«

»Öffnen Sie die Tür, der Hund ist an der Leine.«

»Nein, ich will nicht! Ich sagte Ihnen gleich, ich tue es nicht!«

Purley griff ein. Sein gestreckter Arm fuhr über Loftus' Schulter und seine Hand drückte die Tür nach innen. Einen Augenblick schien sie nicht nachgeben zu wollen, doch dann flog sie plötzlich auf. Eng an den Rahmen gedrückt, stand dort ein mageres Knochengestell in einem rot-grün gestreiften Pyjama. Burschi stieß ein leises Knurren aus und krümmte ein wenig den Rücken. »Wir machen nur die Runde, Mr. Aland«, erklärte Purley, »und da können wir Sie nicht auslassen. Aber jetzt dürfen Sie wieder ins Bett gehen und weiterschlafen. Was das Reinlegen betrifft –«

Er blieb mitten im Satz stecken, denn die Tür schlug zu.

»Sie haben mir nichts davon gesagt, daß Aland sich bereits eine Ausrede zurechtgelegt hatte«, beschwerte sich Loftus.

»Nein, ich dachte, wir können es abwarten. Nun noch der letzte der Brüder.« Purley wandte sich der Treppe zu.

Der oberste Flur wirkte viel persönlicher als die anderen, obwohl er auch nicht größer war. Ein sauberer hellbrauner Läufer bedeckte den Boden, die Wände waren im gleichen Farbton gestrichen und mit ein paar kleinen Bildern geschmückt.

Wir blieben wieder im Hintergrund. Auf Loftus' Klopfen hin näherten sich sogleich Schritte, und die Tür öffnete sich weit. Der Maler Ross Chaffee steckte in einem alten braunen Arbeitskittel. Er war bei weitem der ansehnlichste der Mieter, groß und kräftig gebaut, mit einer dunklen Künstlermähne und Gesichtszügen, die er mit Vergnügen im Spiegel betrachten durfte.

Ich hatte reichlich Zeit, sie ebenfalls zu genießen, während er ganz gelassen dastand und uns freundlich anlächelte. Er war der einzige, der Purleys Instruktionen befolgte und sich schweigend verhielt. Auch Burschi stand ganz gelassen da. Als Purley endlich überzeugt war, daß kein Blutvergießen stattfinden würde, erkundigte er sich: »Sie kennen den Hund, Mr. Chaffee?«

»Gewiß. Es ist ein schönes Tier.«

»Streicheln Sie ihn.«

»Mit Vergnügen.« Freundlich beugte er sich nieder. »Armer Burschi! Weißt du, daß dein Herr nie wieder zu dir kommt?« Er kraulte den schwarzen Kopf hinter den Ohren. Nach einer Weile richtete er sich wieder auf und fragte: »Sonst noch etwas? Ich bin nämlich bei der Arbeit, möchte das günstige Morgenlicht ausnützen.«

»Das ist alles. Besten Dank.« Purley wandte sich zum Gehen; ich ließ Loftus und Burschi den Vortritt, ehe ich mich anschloß. Während des ganzen Abstiegs wurde kein Wort gesprochen.

Als wir den Hausflur im Erdgeschoß erreichten, öffnete sich Talentos Tür, er kam heraus und sagte: »Der Staatsanwalt wünscht mich zu sprechen. Man hat mich eben angerufen. Brauchen Sie mich nicht mehr?«

»Nein«, brummte Purley. »Wir können Sie übrigens im Wagen mitnehmen.«

Talento sagte, das wäre nett, und er werde in einer Minute fertig sein. Purley wies Loftus an, mir den Hund zu übergeben, und ich bekam die Leine in die Hand gedrückt.

Bereitwillig erklärte ich: »Ich kann Ihnen gern einen ausführlichen Bericht über das Verhalten des Hundes zusammenstellen. Das dauert etwa eine Woche.«

»Scheren Sie sich zum Teufel«, schnauzte Purley, »und nehmen Sie den verdammten Köter mit.«

Ich zog ab. Der Morgen war unverändert schön. Die Anwesenheit von zwei Polizeiwagen vor dem Haus, in dem sich ein Mord ereignet hatte, zog die Neugierigen an; Burschi und ich wurden mit Blicken aufs Korn genommen, als wir herauskamen. Aber wir kümmerten uns beide nicht darum. Gemächlich schlenderten wir davon, ich blieb sogar ein paarmal stehen, wenn Burschi Lust zeigte, etwas näher zu beschnüffeln. Beim vierten oder fünften derartigen Halt sah ich, wie das Quartett das Haus Nummer 29 verließ. Stebbins und Talento setzten sich in den einen Wagen, Loftus und sein Kollege in den anderen, und gleich darauf fuhren sie los.

Ich nahm Burschi etwas kürzer und spazierte mit ihm westwärts, bis ein leeres Taxi erschien, das ich anhielt. Nachdem wir eingestiegen waren, zog ich eine Fünfdollarnote aus der Tasche und reichte sie dem Fahrer. »Ergebensten Dank«, sagte er. »Was ist das? Eine Anzahlung für den Wagen?«

»Sie werden es sich ehrlich verdienen, Bruderherz«, versicherte ich ihm. »Gibt es hier in der Nähe ein Plätzchen, wo Sie bis zu drei Stunden parken können?«

»Sicher. Aber keine drei Stunden für einen Fünfer.«

»Natürlich nicht.« Ich gab ihm eine zweite Fünfernote. »Ich glaube übrigens nicht, daß es so lange dauern wird.«

»Der nächste Parkplatz ist nur ein paar hundert Meter weit. Auf der Straße kann ich nicht stehenbleiben ohne Fahrgast, man wird mir keine Ruhe lassen.«

»Oh, Sie haben einen Fahrgast – meinen Hund. Es ist mir lieber, Sie warten am Straßenrand. Keine Sorge, der Hund ist sehr brav. Und wenn ich zurückkomme, werde ich mich erkenntlich zeigen. Sehen wir mal nach, ob wir nicht eine Lücke finden.«

Er löste die Bremse, und wir fuhren ab. In dieser Gegend gibt es verflixt wenig Straßenränder, an denen ein Wagen parken darf, ohne mit der Polizei in Konflikt zu kommen. Wir mußten um mehrere Ecken fahren, ehe wir in der Court Street einen leeren Platz fanden, zwei Blocks von der Arbor Street entfernt. Ich öffnete das Fenster eine Handbreit, stieg aus, sagte dem Fahrer, ich würde zurücksein, wenn er mich sähe, und marschierte auf kürzestem Weg zur Arbor Street 29.

Kein Polizeiwagen war mehr zu sehen und auch keine Menschenansammlung. Das war sehr befriedigend. Ich ging die Stufen hinauf, betätigte die Klingel beim Namen Meegan und legte die Hand auf den Türdrücker. Doch kein Summen ertönte. Auch ein zweites Läuten hatte keinen Erfolg. Ich versuchte es bei Aland, und das wirkte; nach kurzem Warten ging die Haustür auf. Ich stieg die zwei Treppen empor, ging zu seiner Wohnungstür und klopfte gebieterisch. Sogleich antwortete die quiekende Stimme: »Wer ist da?«

»Goodwin. Ich war vorhin schon hier, mit den anderen. Der Hund ist fort. Machen Sie auf.«

Die Tür bewegte sich ein paar Millimeter nach innen, und dann etwas weiter. Jerome Aland war immer noch in seinem prächtigen Pyjama. »Was ist denn jetzt schon wieder los?« krähte er. »Ich brauche meinen Schlaf.«

Ich dachte nicht daran, mich zu entschuldigen. »Ich wollte Ihnen vorhin ein paar Fragen stellen, aber der Hund komplizierte die Sache. Ich werde Sie nicht lange aufhalten.« Da er nicht höflich genug war, mir Platz zu machen, mußte ich ihn beiseite schieben, als ich eintrat. »Wo können wir uns unterhalten?«

Er schlich an mir vorbei in sein Wohnzimmer – und in diesem Moment verstand ich Jewel Jones' Abneigung gegen möblierte Wohnungen. Die Stühle waren unbequem, und der Rest war nicht besser. Aland setzte sich auf die Kante seines Stuhles und sagte: »Also gut, was gibt's?«

Die Lage war etwas kitzlig für mich. Da er annahm, ich gehöre zur Mordkommission, durfte ich nicht zuviel, aber auch nicht zuwenig wissen. Es war riskant, Jewel Jones' Namen zu erwähnen, denn ich war nicht sicher, ob die Polizei schon bis zu ihr vorgedrungen war. »Ich möchte nur ein paar Punkte nachprüfen«, meinte ich leichthin. »Seit wann hat Richard Meegan die Wohnung unter Ihnen gemietet?«

»Das habe ich Ihnen bereits ein dutzendmal vorgekaut!«

»Mir nicht. Ich sagte Ihnen ja, ich habe verschiedenes zu prüfen. Wie lange also?«

»Seit neun Tagen. Am Dienstag vor einer Woche zog er ein.«

»Wer wohnte vorher dort?«

»Niemand. Die Wohnung stand leer.«

»Leer? Schon seit Sie hier sind?«

»Nein. Ich habe doch erklärt, daß früher ein Mädchen dort wohnte, aber sie ist vor drei Monaten ausgezogen. Ihr Name ist Jewel Jones, und sie ist eine begabte Künstlerin. Sie war es, die mir die Stelle in dem Nachtlokal verschafft hat, wo ich jetzt arbeite.« Er mümmelte ärgerlich. »Ich weiß genau, was Sie wollen. Sie versuchen, mir einen Strick zu drehen, weil Sie hoffen, ich werde mich in meinen Aussagen verhaspeln. Und den Hund brachten Sie her, damit er mich anknurrt. Kann ich etwas dafür, daß ich Hunde nicht leiden mag?« Mit allen zehn Fingern fuhr er sich durch das Haar, wie es sich für einen Artisten gehört. »Umkommen wie ein Hund mußte er, ja, so starb Phil – wie ein Hund! Ich möchte diesen Anblick nicht noch einmal erleben.«

»Sie sagten, daß Sie und er gute Freunde waren«, tastete ich mich vor.

Er hob ruckartig den Kopf. »Nein. Habe ich das gesagt?«

»Sie deuteten es wenigstens an. Waren Sie es denn nicht?«

»Ich habe überhaupt keine Freunde.«

»Sie erwähnten gerade, daß die frühere Mieterin der Wohnung im ersten Stock Ihnen eine Stellung verschafft hat. Das ist doch sehr freundschaftlich gehandelt. Oder schuldete sie Ihnen etwas?«

»Nicht die Spur. Wieso wollen Sie das Mädchen in die Sache hineinziehen?«

»Ich doch nicht! Sie sprachen von ihr. Ich erkundigte mich bloß nach dem früheren Mieter dieser Wohnung. Warum? Würden Sie sie lieber heraushalten?«

»Ich brauche sie nicht herauszuhalten – sie hat gar nichts damit zu tun.«

Ich zuckte die Achseln. »Na ja, vielleicht nicht. Kannte sie Philip Kampf?«

»Gewiß kannte sie ihn.«

»Wie gut?«

»Woher soll ich das wissen? Wenn Phil noch lebte, könnten Sie ihn fragen. Ich bin nicht die richtige Person dazu.«

Ich lächelte ihn freundlich an. »Wissen Sie, Mr. Aland, diese ganze Geheimnistuerei macht mich bloß neugierig. Jemand aus diesem Haus hat Kampf umgebracht. Also stellen wir Fragen, und wenn wir merken, daß sich einer verkriecht, zerbrechen wir uns natürlich den Kopf, warum. Nun, Sie wollen über Kampf und das Mädchen nicht sprechen – überlegen Sie selbst, welche Schlüsse wir daraus ziehen können. Zum Beispiel wäre es denkbar, daß diese Jewel Jones zu Ihnen gehörte, und Kampf spannte sie Ihnen aus. Daraufhin brachten Sie ihn um, als er gestern ins Haus kam. Oder –«

»Sie hat nie zu mir gehört!«

»Macht nichts. Eine andere Möglichkeit: Sie fühlten sich ihr gegenüber tief verpflichtet, und Kampf hatte ihr einen schmutzigen Streich gespielt, vielleicht bedrohte er sie auch. Sie wollte ihn los sein, und Sie taten ihr den Gefallen. Natürlich könnte es auch einfach so sein, daß Kampf Sie selbst in der Zange hatte.«

Er hatte den Kopf zurückgeworfen, um mich von oben herab anzusehen. »Sie haben den falschen Beruf gewählt. Als Romanschreiber wären Sie besser.«

Ich hielt mich nur noch wenige Minuten bei ihm auf, denn es war kaum anzunehmen, daß ich noch mehr aus ihm herausholen konnte. Da ich ihn im Glauben gelassen hatte, ich sei ein Polizeibeamter, durfte ich ihn natürlich nicht auffordern, mit mir zu Wolfe zu kommen. Außerdem hatte ich noch zwei weitere Besuche vor, und ich wollte nicht riskieren, daß inzwischen das eine oder andere meiner Opfer zu einem amtlichen Verhör zitiert würde. Eines war sicher: Jerome Aland versuchte nicht, den Verdacht auf einen anderen Mieter zu schieben, um sich selbst reinzuwaschen. Er erklärte, keine Ahnung zu haben, wer den armen Phil ermordet haben könnte und aus welchem Grund das geschehen war. Als ich mich verabschiedete, stand er auf, aber er begleitete mich nicht zur Tür. Ich ging eine Treppe tiefer, klopfte bei Meegan an und wartete. Als ich eben meine Faust hob, um mich deutlicher bemerkbar zu machen, hörte ich Schritte. Die Tür flog auf. Meegan war immer noch in Hemdsärmeln und ungekämmt. »Was gibt's?«

»Noch ein paar Fragen«, erklärte ich fest, aber nicht übermäßig schroff. »Gestatten Sie?«

»Sie wissen verdammt gut, daß ich es nicht gestatte.«

»Klar. Mr. Talento wurde vorhin zum Staatsanwalt gerufen. Vielleicht kann ich Ihnen diesen Weg ersparen.«

Er trat beiseite, um mich einzulassen. Das Zimmer sah nicht viel anders aus als dasjenige von Aland; die Möbel waren zwar etwas neuer, aber keineswegs besser. Der Tisch wackelte – wahrscheinlich war es der, von dem Jewel Jones gehofft hatte, er sei inzwischen repariert worden.

Wir setzten uns beide, und er blickte mich stirnrunzelnd an. »Habe ich Sie nicht schon gesehen?« wollte er wissen.

»Gewiß. Wir waren mit dem Hund hier.«

»Ich meine vorher. Waren nicht Sie das, gestern im Büro von Nero Wolfe?«

»Stimmt.«

»Wie kommt das?«

Ich hob meine Brauen. »Sie verwechseln die Situation, Mr. Meegan. Ich bin hier, um Fragen zu stellen, nicht um Fragen zu beantworten. Im übrigen hatte ich beruflich mit Wolfe zu tun. Ich bin oft dort. Nun –«

»Wolfe ist ein dicker arroganter Trottel«, knurrte mein Gegenüber.

»Vielleicht haben Sie recht. Auf jeden Fall ist er wirklich arrogant. Jedenfalls, jetzt habe ich beruflich mit Ihnen zu tun.« Ich zog Notizblock und Bleistift hervor. »Sie sind vor neun Tagen hier eingezogen. Bitte erzählen Sie mir genau, wie es dazu kam, daß Sie gerade diese Wohnung wählten.«

Er glotzte mich an. »Das habe ich doch schon oft genug erzählt.«

»Ich weiß, aber auf diese Weise müssen wir eben vorgehen. Ich denke nicht etwa, daß Ihre Aussagen sich widersprechen werden, aber vielleicht haben Sie doch die eine oder andere Kleinigkeit ausgelassen, die wichtig sein könnte. Nehmen Sie einfach an, ich wüßte von nichts. Fangen Sie an!«

»Ach du meine Güte«, stöhnte er und preßte die Lippen zusammen. Im Normalzustand mochte er ein recht gutaussehender Mann sein, mit seinem blonden Haar, den grauen Augen und dem schmalen, kantigen Gesicht. Aber die langen Nachtstunden beim Staatsanwalt und der Mordabteilung hatten ihre Spuren hinterlassen. Die Augen waren rot und geschwollen. Er hob den Kopf. »Ich bin Fotograf – in Pittsburg. Vor zwei Jahren habe ich ein Mädchen namens Margaret Ryan geheiratet. Nach sieben Monaten verließ sie mich wieder. Ich wußte nicht, ob allein oder mit einem Kerl – sie war einfach fort, verschwunden aus Pittsburg. Wenigstens konnte ich sie dort nicht ausfindig machen, und auch ihre Familie sah und hörte nichts mehr von ihr. Fünf Monate später, also vor einem Jahr, traf ich einen Geschäftsmann, den ich kenne und für den ich gelegentlich arbeite. Er sagte mir, er habe meine Frau in New York gesehen. Sie war in irgendeinem Theater mit einem Mann. Er sprach sie an, aber sie behauptete, er müsse sich in der Person irren. Doch er war seiner Sache ganz sicher. Daher fuhr ich nach New York und suchte eine Woche lang vergeblich nach ihr. Die Polizei ließ ich aus dem Spiel, weil ich nichts mit ihr zu tun haben wollte. Ihnen wird dieser Grund nicht genügen, aber ich kann Ihnen keinen anderen angeben.«

»Ich werde das auslassen«, sagte ich.

»Vor vierzehn Tagen besuchte ich eine Gemäldeausstellung im Institut in Pittsburg. Dort hing ein großes Ölbild, es war betitelt: ›Drei junge Stuten auf der Weide‹, aber es stellte ein Interieur dar, ein Zimmer mit drei Frauen. Die eine lag auf einem Sofa, die beiden anderen kauerten auf einem Teppich am Boden. Alle drei aßen Äpfel – und die auf dem Sofa war meine Frau. Ich erkannte sie schon auf den ersten Blick, und nachdem ich das Bild länger studiert hatte, war ich ganz sicher. Es war absolut kein Zweifel möglich.«

»Das bestreiten wir nicht«, erklärte ich ihm. »Was taten Sie daraufhin?«

»Die Signatur des Malers sah aus wie Chapple, aber im Katalog fand ich den richtigen Namen: Ross Chaffee. Ich ging ins Büro des Instituts und erkundigte mich nach ihm. Die Sekretärin meinte, er wohne in New York, aber mehr wußte sie auch nicht. Ich hatte einige Aufträge in Arbeit, die erledigt werden mußten, und es vergingen ein paar Tage, dann kam ich wieder nach New York. Es war nicht schwer, Ross Chaffee ausfindig zu machen, denn er stand im Telefonbuch. Ich suchte ihn in seinem Atelier auf – hier im Haus. Zuerst sagte ich ihm, ich bräuchte ein Modell für eine besondere Aufnahme, und die Frau auf seinem Bild sei genau das richtige. Als er mir aber kurzerhand erklärte, er schätze die Fotografie als Kunstersatz gar nicht und habe daher keine Lust, Modelle dafür zu vermitteln, sagte ich ihm die Wahrheit. Von diesem Moment an benahm er sich ganz anders. Er zeigte Verständnis und versicherte mir, daß er mir sehr gern helfen würde, wenn er es könnte. Aber er habe das Bild vor mehr als einem Jahr gemalt, und er verwende so viele verschiedene Modelle, daß er nicht mehr wisse, um welches es sich dabei handle.« Meegan hielt inne, und ich sah von meinem Notizblock auf. Streitsüchtig sagte er: »Ich möchte wiederholen, daß mir das von Anfang an unglaubwürdig vorkam.«

»Fahren Sie nur fort – Sie dürfen diese Tatsache ruhig wiederholen.«

»Ich sage es Ihnen, es *war* unglaubwürdig. Ein Fotograf mag Hunderte von Modellen in einem Jahr haben und sie auch wieder vergessen – aber nicht ein Maler. Und nicht bei einem solchen Gemälde. Ich deutete ihm das auch an, ich wurde sogar etwas taktlos, aber dann entschuldigte ich mich wieder. Er versprach mir, sich die Sache noch einmal zu überlegen, und schlug vor, ich solle ihn am nächsten Tag anrufen. Statt dessen ging ich wieder zu ihm, aber er behauptete, er könne sich beim besten Willen nicht erinnern, und er bezweifle, daß ihm der Name jemals wieder einfallen werde. Diesmal beherrschte ich mich besser. Ich hatte am Haus einen Anschlagzettel gesehen, daß hier eine möblierte Wohnung zu vermieten sei, und als ich Chaffee verließ, suchte ich den Hausmeister auf und ließ mich als Mieter eintragen. Ich ging ins Hotel zurück, um mein Gepäck zu holen, und dann zog ich hier ein. Ich wußte ganz genau, daß meine Frau für das Bild Modell gestanden hatte, und war überzeugt, sie durch Chaffee zu finden. Deshalb wünschte ich, in seiner Nähe zu sein und auch die Leute zu sehen, die ihn besuchen kamen.«

Auch ich hatte einen Wunsch, aber ich wagte nicht, ihn auszusprechen. Als Fotograf besaß Meegan sicherlich Bilder von seiner Frau, und die hätte ich nur zu gern gesehen. Doch es lag auf der Hand, daß er diese Aufnahmen entweder bereits der Polizei ausgehändigt oder aber behauptet hatte, keine zu besitzen. Daher erkundigte ich mich bloß: »Und – haben Sie Fortschritte gemacht?«

»Nicht der Rede wert. Ich versuchte, mich mit Chaffee auf freundschaftlichen Fuß zu stellen, aber das gelang nicht so recht. Ich lernte auch die beiden anderen Mieter, Talento und Aland, kennen, aber auch das half mir nicht weiter. Schließlich beschloß ich, mich fremder Hilfe zu bedienen, und suchte deshalb Nero Wolfe auf. Sie waren selbst dort, Sie wissen, was dabei herauskam – dieser dicke Trottel!«

Ich nickte. »Er hat die seelische Wassersucht. Was sollte er für Sie unternehmen?«

»Das habe ich Ihnen doch erzählt.«

»Tun Sie es noch mal.«

»Er sollte Chaffees Telefon anzapfen und seine Gespräche abhören.«

»Das ist ungesetzlich«, erklärte ich streng.

»Na schön, ich habe es ja auch nicht gesagt.«

Ich wandte ein Blatt in meinem Notizbuch um. »Gehen wir noch einmal zurück. Haben Sie während dieser neun Tage hier außer den übrigen Mietern noch andere Leute kennengelernt? Ich meine, von Chaffees Bekannten oder Freunden?«

»Nur die zwei, die ich schon erwähnte. Ein junges Mädchen, das ihm Modell stand – den Namen habe ich vergessen. Und ein Mann, von dem Chaffee sagte, er kaufe seine Bilder. Sein Name ist Braunstein.«

»Sie haben Philip Kampf nicht genannt.«

Meegan lehnte sich vor und schmetterte die Faust auf den Tisch. »Jawohl, und dabei bleibt's auch. Ich habe nie etwas von ihm gehört oder gesehen.«

»Was würden Sie dazu sagen, wenn ich erklärte, Sie seien mit ihm gesehen worden?»

»Sie sind ein dreckiger Lügner! Das würde ich dazu sagen.« Die entzündeten Augen schienen noch röter zu werden. »Ich habe weiß Gott schon genug Sorgen, und jetzt kommen Sie an und fragen mich über einen Mord aus – an einem Mann, den ich überhaupt nicht kannte! Und dann schleppen Sie noch einen Hund her und verlangen, ich soll ihn streicheln!«

»Das ist Ihr Pech, Mr. Meegan. Sie sind nicht der erste, der ohne es zu wollen in eine Mordaffäre hineinstolpert.« Ich schloß mein Notizbuch und steckte es ein. »Und es wäre besser für Sie, wenn Sie einen Weg aus Ihren Schwierigkeiten fänden, ohne fremde Telefone anzuzapfen.« Ich stand auf. »Bleiben Sie zu Hause, bitte. Es wäre denkbar, daß Sie doch noch vom Staatsanwalt verlangt werden.« Er begleitete mich zur Tür. Ich hätte gern noch weitere Einzelheiten über seine Erfolge beziehungsweise Mißerfolge mit Ross Chaffee gehört und auch über seine

Verbindung mit den beiden anderen Mietern; aber es schien mir wichtiger, mit dem Maler selbst zu sprechen, ehe ich unterbrochen wurde. Während ich die Treppen hinaufstieg, warf ich einen Blick auf meine Uhr. Es war achtundzwanzig Minuten nach zehn.

»Ich weiß, es ist zwecklos, sich über diese ständigen Unterbrechungen meiner Arbeit zu beklagen – unter den besonderen Umständen«, meinte Ross Chaffee liebenswürdig.

Das oberste Stockwerk glich den anderen in keiner Weise. Ich weiß nicht, wie die Wohnräume aussahen, das Atelier jedenfalls war groß und luftig, nicht so mies wie das übrige Haus. Große und kleine Skulpturen standen herum; auf einem langen Holzgestell lehnten Stapel aufgezogener Malerleinwand in allen Größen. Die Wände waren mit einfachem grauem Stoff bespannt, ohne irgendwelche Dekorationen. Auf zwei Staffeleien sah ich angefangene Gemälde, an denen der Künstler anscheinend gerade arbeitete. Zum Sitzen gab es einfache Stühle, zwei Polstersessel und einen riesigen, fast quadratischen Diwan, und nachdem ich mich in dem einen Sessel niedergelassen hatte, zog Chaffee einen der Stühle heran und setzte sich mir gegenüber. »Ich möchte Sie nur bitten, es nicht unnötig in die Länge zu ziehen«, schloß er etwas lahm.

Das versprach ich ihm. »Es gibt da ein paar Punkte, die uns etwas stutzig machen«, sagte ich. »Natürlich kann es bloßer Zufall sein, daß Richard Meegan gerade jetzt nach New York kam, um seine Frau zu suchen, daß er hier mit Ihnen sprach und sich dann in dem Haus einmietete, in dem neun Tage später Kampf ermordet wurde. Aber solche Zufälle müssen eben genauer untersucht werden. Ehrlich gesagt, Mr. Chaffee, es gibt Leute – und ich gehöre auch dazu –, denen es nicht einleuchten will, daß Sie vergessen haben, wer Ihnen zu einem bedeutenden Gemälde Modell saß. Ich kenne Ihre Erklärung dafür, aber sie ist wirklich schwer zu glauben.«

»Mein bester Freund«, lächelte Chaffee, »dann nehmen Sie also an, ich lüge?«

»Das habe ich nicht gesagt.«

»Aber Sie denken es.« Er zuckte die Achseln. »Warum, meinen Sie, sollte ich lügen? Welche dunkle Absicht verfolge ich damit?«

»Ich wüßte es auch nicht. Sie sagten ja Meegan ausdrücklich, Sie seien bereit, ihm zu helfen.«

»Ja, das sagte ich wohl. Er war richtig lästig, die reinste Klette.«

»Er hängte sich also sozusagen an Sie?«

»Ständig.«

»Haben Sie denn nichts unternommen, um ihn loszuwerden?«

»Ich habe bereits erklärt, was ich tat, und habe meine Aussage auch unterschrieben. Beizufügen wüßte ich nichts. Ich bemühte mich, mein Gedächtnis aufzufrischen. Einer Ihrer Kollegen meinte, ich hätte ja nach Pittsburg fahren und das Bild nochmals ansehen können. Er wollte wohl besonders witzig sein.«

Ein Funke von Ärger glomm in seinen dunklen Augen auf, die so klar und frisch waren, als hätte er mindestens acht Stunden unbeschwert geschlafen. Aber das Zeichen warnte mich. Wenn ihm Zweifel daran kamen, ob ich seine Aussage gelesen hatte, dann könnte er vielleicht unliebsame Fragen stellen.

Ich blickte ihn ernsthaft an. »Diese Sache ist höchst peinlich für alle Beteiligten, Mr. Chaffee. Und sie wird immer schlimmer werden, bis wir den Mörder gefunden haben. In diesem Hause wohnen vier Männer, die sicher verschiedenes voneinander wissen – und sogar gewisse Dinge im Zusammenhang mit Philip Kampf, über die sie nicht sprechen wollen. Ich bin überzeugt, ein Mann wie Sie würde keinen Schmutz aufwühlen nur um des Vergnügens willen, aber bedenken Sie eines: jeder Schmutz, der mit dieser Angelegenheit zusammenhängt, kommt früher oder später doch ans Licht. Und wenn Sie etwas wissen und es für sich behalten, dann sind Sie törichter, als Sie aussehen.«

»Das war ja direkt ein Vortrag.« Er lächelte wieder.

»Danke. Nun sind Sie an der Reihe.«

»Ich bin nicht so redegewandt wie Sie.« Er schüttelte den Kopf. »Nein, ich glaube wirklich nicht, daß ich Ihnen helfen könnte. Ich will nicht behaupten, daß mir Schmutz ein Fremdwort wäre, das wäre lächerlich. Aber in diesem Zusammenhang weiß ich tatsächlich nichts. Sie kennen meine Meinung über Philip Kampf, den ich recht gut kannte. In gewisser Hinsicht war er bewundernswert, aber er besaß auch sein gerüttelt Maß an Fehlern. Ungefähr dasselbe würde ich von Talento sagen. Aland kenne ich nur flüchtig, und über Meegan weiß ich nicht mehr als Sie. Ich habe nicht die leiseste Ahnung, weshalb einer von ihnen Kampf hätte umbringen wollen. Wenn Sie erwarten –«

Das Telefon klingelte. Chaffee ging zu dem kleinen Tisch neben dem Diwan und hob den Hörer ab. Er sagte ein paarmal »ja« in den Apparat, dann einige Worte und dann: »Aber einer Ihrer Leute ist gerade bei mir... Ich weiß seinen Namen nicht, habe nicht danach gefragt... Mag sein... Gut, dann Leonhard Street hundertfünfundfünfzig... Ja, ich gehe in ein paar Minuten aus dem Haus.«

Er legte auf und wandte sich nach mir um. Aber ich war schneller als er. »Man zitiert Sie also zum Staatsanwalt. Erzählen Sie den Leuten nicht, daß ich es gesagt habe, aber man würde dort einen Mordfall lieber hängenlassen, bis die Hölle gefriert, als daß man zugäbe, daß die Polizeimannschaft ihn aufknackt! Wenn sie mein Name interessiert, wissen sie, wo er zu erfahren ist.«

Ich marschierte zur Tür, öffnete sie, und weg war ich. Immer noch stand kein Polizeiwagen vor dem Haus. Ich bog links in die Court Street ein, und nachdem ich die beiden Häuserblocks hinter mir hatte, war ich sehr erleichtert, mein Taxi am gleichen Ort zu finden – mit seinem Fahrgast, der auf dem Polster saß und aufmerksam die Umgebung betrachtete. Wenn der Chauffeur sich davongemacht und den Hund verschachert hätte, oder wenn Stebbins vorbeigekommen und sich als Straßenräuber betätigt hätte – nicht auszudenken! Ich hätte es nicht gewagt, nach Hause zurückzukehren. Burschi schien sehr zufrieden, mich wiederzusehen, wozu er auch allen Grund hatte. Während der Fahrt zur Fünfunddreißigsten Straße durfte ich als Stützpfeiler für seinen Rücken herhalten. Das Taxameter zeigte nur etwas über sechs Dollar, aber ich ließ dem Fahrer die ganzen zehn Dollar, die ich ihm als Vorschuß gegeben hatte. Wenn Wolfe mich nur deshalb in einen Mordfall hetzte, weil er plötzlich in einen Hund vernarrt war, dann sollte es ihn auch etwas kosten.

Als ich die Bürotür aufmachte, beobachtete ich, daß Jett ohne die geringste Scheu oder Unsicherheit zu Wolfe hinübertrabte und sich neben seinem Sessel niederließ – ein klarer Beweis, daß sich Wolfe während meiner Abwesenheit am Vorabend an ihn herangemacht hatte, ihn wahrscheinlich gefüttert und möglicherweise sogar getätschelt hatte. Mir fielen verschiedene Bemerkungen dazu ein, aber ich unterließ sie lieber. Ich würde nachher noch genug Zeit und Worte verschwenden müssen, wenn ich Wolfe auseinandersetzte, daß ich ohne eigene Schuld die Rolle eines Polizeibeamten gespielt hatte und daß es nicht mein Fehler war, wenn mordverdächtige Subjekte mich für einen Polizisten hielten.

Wolfe stellte sein leeres Bierglas ab und fragte: »Nun?«

Ich erzählte. Die Lage erforderte einen genauen und eingehenden Bericht, und den lieferte ich, während Wolfe mit geschlossenen Augen in seinem Sessel saß. Als ich geendet hatte, stellte er keine Fragen. Statt dessen öffnete er die Augen, reckte sich und begann: »Rufen Sie –«

Ich unterbrach ihn rasch. »Augenblick, bitte! Nach einem Morgen anstrengender Arbeit möchte ich wenigstens die Genugtuung haben, den Vorschlag selbst auszusprechen. Ich habe längst daran gedacht. Wie heißt das Institut in Pittsburg, wo diese Gemäldeausstellungen durchgeführt werden?«

»Hm. Das ist ein Vorstoß ins Blaue.«

»Ich weiß, aber es kostet nur einen Dollar. Vorhin habe ich bereits einen Zehner für das Taxi gezahlt. Wie lautet der Name?«

»Pittsburger Kunstinstitut.«

Ich drehte mich auf meinem Stuhl herum, griff nach dem Telefon und verlangte das Amt. Das Kunstinstitut war sehr rasch am Apparat, aber dort schaltete man von einer Stelle zur andern, und es dauerte eine geschlagene Viertelstunde, bis ich die verlangte Auskunft hatte.

Ich legte den Hörer auf und wandte mich wieder Wolfe zu. »Die Ausstellung ist seit acht Tagen geschlossen«, erläuterte ich. »Dem Himmel sei Dank, daß ich nicht nach Pittsburg muß. Das Gemälde war von Mr. Herrmann Braunstein in New York zur Verfügung gestellt worden. Man hat es ihm vor vier Tagen per Eilpaket wieder zugesandt. Seine Adresse wollten sie mir nicht geben.«

»Das Telefonbuch.«

Ich hatte es bereits aufgeschlagen und blätterte darin. »Aha, hier wären wir ja: Geschäftsadresse Broadstreet, Wohnung Park Avenue. Es gibt nur einen einzigen Hermann Braunstein.«

»Rufen Sie ihn an.«

Ich schüttelte den Kopf. »Wer weiß, wann ich den erwische. Das dauert vielleicht den ganzen Tag. Besser, ich gehe direkt zu seiner Wohnung. Das Bild wird sich wahrscheinlich dort befinden, und wenn ich es nicht zu sehen bekomme, können Sie mich entlassen. Ich denke sowieso daran, meine Stelle aufzugeben.«

Er hatte natürlich Bedenken, weil die Idee von mir stammte, aber schließlich stimmte er zu. Nachdem ich mir die Sache überlegt hatte, holte ich die Kamera samt Zubehör aus dem Schrankfach unter den Bücherregalen, schlang den Lederriemen über die Schulter und erklärte Wolfe, ich ginge jetzt und käme nicht wieder, bis ich das Gemälde gesehen hätte. Vor dem Weggehen rief ich noch bei Talento an, um ihm zu sagen, er brauche sich mit seinem Besuch bei Wolfe nicht zu beeilen, aber er nahm nicht ab. Entweder saß er immer noch beim Staatsanwalt fest, oder er war eben unterwegs zu uns, und das schadete auch nichts, denn während meiner Abwesenheit war ja Jett da, um Wolfe zu beschützen.

Ein Taxi brachte mich zu einem der palastartigen Bienenstöcke in der Park Avenue, und ich versuchte am Pförtner vorbeizukommen, ohne ihm einen Blick zu schenken. Der Trick mißglückte, denn er rief mich an. Ich erklärte geschäftsmäßig: »Braunstein, Aufnahmen machen, ich bin schon zu spät«, und setzte ungeschoren meinen Weg fort bis in den Fahrstuhl, der zum Glück mit offener Tür unten stand. Beim Eintreten sagte ich kurz: »Braunstein bitte«, worauf der Fahrstuhlführer die Tür schloß und auf einen Knopf drückte. Im zwölften Stock hielten wir an, und ich stieg aus. Rechts war eine Tür und links auch eine. Ich ging aufs Geratewohl nach rechts, bei jedem Schritt gewärtig, von dem Fahrstuhlmann berichtigt zu werden, der müßig vor seinem Kasten stehenblieb. Das Ganze erwies sich als kindisch einfach. Auf mein Klingeln öffnete mir ein weiblicher Dragoner mit Häubchen und Schürze, und als ich erzählte, ich sei gekommen, um eine Aufnahme zu machen, durfte ich eintreten und warten. Nach einigen Minuten kam eine elegante, weißhaarige Dame durch eine hohe Tür geschritten und fragte mich nach meinen Wünschen. Ich bat um Verzeihung, falls ich störte, und sagte, ich wäre sehr dankbar, wenn sie mir gestatten würde, eine Aufnahme von einem Gemälde zu machen, das als Leihgabe von Mr. Braunstein kürzlich im Pittsburger Kunstinstitut ausgestellt gewesen sei. Es trage den Titel *Drei junge Stuten auf der Weide*. Ein Pittsburger Kunde von mir habe das Bild gesehen und es sehr bewundert. Aber als er zurückkam und für seine Sammlung eine Aufnahme davon machen wollte, sei es bereits zu spät gewesen.

Die Dame verlangte ein paar Angaben, wie meinen Namen, meine Adresse und den Namen meines Kunden, die ich ihr gern aus dem Gedächtnis hersagte, und dann geleitete sie mich in einen Raum, in dem unser ganzes Haus gut und leicht Platz gehabt hätte. Es wäre ein Vergnügen gewesen, und auch sehr lehrreich, die Teppiche, die Möbel und andere Sehenswürdigkeiten, besonders das Dutzend Bilder an den Wänden, näher zu betrachten, aber dazu blieb mir keine Zeit. Die Dame lotste mich quer durch den ganzen Saal, deutete auf eine Wand und bemerkte: »Das ist es.« Dann ließ sie sich in einen Sessel sinken.

Es war ein feines Bild. Ich hatte halbwegs erwartet, die jungen Stuten würden keine Kleider tragen, aber sie waren vollständig angezogen. Nach ein paar passenden Bemerkungen machte ich mich mit Kamera und Blitzlicht an die Arbeit. Die Dame blieb sitzen und sah mir zu. Ich machte vier Aufnahmen von verschiedenen Gesichtswinkeln aus und hoffte, dabei recht professionell zu wirken. Schließlich packte ich meine Sachen wieder ein, bedankte mich herzlich im Namen meines Kunden, versprach, ein paar Abzüge zu senden, und verabschiedete mich. Das war meine ganze Leistung.

Wieder auf der Straße, suchte ich eine Telefonzelle und wählte unsere Nummer.

Wolfes Stimme bellte: »Ja? Wen wünschen Sie?«

Ich habe ihm mindestens hundertmal gesagt, daß sei keine Art, einen Anruf zu beantworten; aber er ist viel zu dickköpfig, um sich zu ändern.

»Ich wünsche Sie, Mr. Wolfe. Ich habe das Bild gesehen, und ich hätte nie gedacht, daß dieser Ross Chaffee so etwas fertigbrächte. Es hat Farbe und Leben, das Blut scheint unter der warmen Haut zu pulsieren. Die Schatten sind transparent, in einem harmonisch –«

»Halten Sie den Mund! Ja oder nein?«

»Ja. Sie haben Mrs. Meegan bereits kennengelernt. Möchten Sie noch einmal mit ihr sprechen?«

»Bringen Sie sie her!«

Ich brauchte nicht im Telefonbuch nach der Adresse zu suchen, denn das hatte ich bereits getan. Ich verließ die Zelle und winkte mir ein Taxi heran.

Bei dem Haus in der Neunundvierzigsten Straße gab es keine Probleme mit Türhütern. Das alte Backsteingebäude war hellgelb gestrichen, modernisiert und vor allem mit einem Selbstbedienungsaufzug ausgestattet, was ich freilich nicht wußte, bis ich davor stand. Und dorthin zu gelangen war nicht ganz leicht. Es bot natürlich keine Schwierigkeiten, den Knopf unter dem Schildchen Jewel Jones zu drücken und den Hörer des Haustelefons ans Ohr zu nehmen, aber dann wurde die Sache komplizierter.

Eine Stimme ertönte: »Ja?«

»Sind Sie es, Miss Jones?«

»Ja. Wer ist da?«

»Archie Goodwin. Ich möchte Sie sprechen – diesmal keine Nachricht von Victor Talento.«

»Was wollen Sie denn?«

»Lassen Sie mich ein, dann werden Sie es gleich hören.«

»Nein. Um was handelt es sich?«

»Eine sehr persönliche Angelegenheit. Aber wenn Sie nicht mit mir reden wollen, werde ich Richard Meegan herholen, und Sie unterhalten sich vielleicht mit ihm.«

Ich hörte, wie sie nach Luft schnappte, und erst nach einer Pause kam ihre Stimme wieder. »Was soll das? Ich habe Ihnen doch gesagt, daß ich keinen Meegan kenne.«

»Sie wissen das Neueste noch nicht. Ich habe soeben ein Bild gesehen, das *Drei junge Stuten auf der Weide* heißt. Machen Sie auf.« Kleine Pause, dann wurde die Verbindung unterbrochen. Ich hängte den Hörer an seinen Platz, wartete auf den Summton und drückte die Haustür auf. Mit besagtem Aufzug fuhr ich zum fünften Stock, und dort wartete bereits Miss Jones in einem blauen Hauskleid auf der Schwelle ihrer offenen Wohnungstür. Sie öffnete den Mund, um etwas zu sagen, aber ich unterbrach sie schroff.

»Es hat keinen Sinn, lange Geschichten zu erzählen«, erklärte ich. »Letzte Nacht ließ ich Ihnen die Wahl zwischen Sergeant Stebbins und Mr. Wolfe. Heute heißt es: entweder Mr. Wolfe oder Meegan. Ich nehme an, Sie werden Mr. Wolfe vorziehen, denn er ist ein Mensch, der alles versteht, wie Sie gestern selbst betonten. Ich warte hier, bis Sie sich umgezogen haben, aber versuchen Sie nicht, mit jemandem zu telefonieren, denn Sie wissen ja gar nicht, woran Sie sind, ehe Sie mit Mr. Wolfe gesprochen haben. Im übrigen werden wahrscheinlich alle Telefongespräche mit der Arbor Street 29 abgehört. Ziehen Sie kein rotes Kleid an, Mr. Wolfe mag diese Farbe nicht, aber Gelb hat er gern.«

Sie trat ganz nahe an mich heran und legte mir eine Hand auf den Arm. »Archie, wo haben Sie das Bild gesehen?«

»Das erzähle ich Ihnen unterwegs. Los, machen Sie sich fertig.«

Sie drückte meinen Arm liebevoll. »Sie brauchen nicht hier draußen zu warten. Kommen Sie herein und setzen Sie sich.« Ein neuerlicher sanfter Druck. »Kommen Sie!«

Ich tätschelte ihre Hand, um nicht unhöflich zu scheinen. »Es tut mir leid«, sagte ich, »aber ich habe Angst vor jungen Stuten. Ich bin einmal von einer gebissen worden.«

»Nennen Sie mich nicht Mrs. Meegan!« schrie Jewel Jones.

Wolfes Laune war nicht besser als ihre. Sie war allerdings hoffnungslos in die Enge getrieben und sah keinen Ausweg, aber dafür hatte Wolfe sein Mittagessen auf einen unbestimmten Zeitpunkt verschieben müssen.

»Ich wollte nur klarstellen, daß Ihre Identität keinem Zweifel unterliegt«, sagte er mürrisch. »Rechtlich sind Sie Mrs. Meegan. Und nachdem wir dies festgestellt haben, bin ich bereit, Sie mit jedem beliebigen Namen anzusprechen. Miss Jones, zum Beispiel?«

»Ja.« Sie saß auf der äußersten Kante des roten Ledersessels und sah aus, als wollte sie jede Sekunde aufspringen und davonrennen.

»Schön.« Wolfe betrachtete sie. »Sie können sich vorstellen, Madam, daß wir jedes Wort von Ihnen sehr skeptisch aufnehmen werden. Sie sind eine hervorragende Lügnerin. Ihre nebensächliche Behauptung gestern, daß Sie keinen Mr. Meegan kennen, war ein Meisterstück. Nun weiter. Wann hat Ihnen Mr. Chaffee erzählt, Ihr Mann sei in New York und suche nach Ihnen?«

»Ich habe nicht gesagt, daß Mr. Chaffee mir das erzählte.«

»Jemand hat es aber getan. Wer und wann?«

Sie blieb bei ihrem Leugnen. »Woher wollen Sie wissen, daß ich es erfahren habe?«

Er fuchtelte mit dem Zeigefinger. »Vergessen Sie bitte nicht, Miss Jones, in welcher Situation Sie sich befinden. Kein Mensch wird jemals glauben, daß Mr. Chaffee den Namen seines Modells zu diesem Bild vergessen hat. Selbst die Polizei glaubt nicht daran, und die weiß noch gar nichts von Ihnen und davon, daß Sie ein Jahr lang in diesem Haus wohnten und Mr. Chaffee immer noch gelegentlich sehen. Und wenn Ihr Ehemann herkam und Mr. Chaffee nach dem Namen seines Modells fragte, und Mr. Chaffee ein schlechtes Namensgedächtnis vorschützte, und Ihr Mann dort eine Wohnung mietete, was hieß, daß er zu bleiben gedachte – so ist es lächerlich, mir weiszumachen, daß Mr. Chaffee Ihnen nichts gesagt hat. Ich beneide Sie nicht um die Scherereien, die Sie mit der Polizei haben werden, wenn man dort erst von Ihnen erfährt.«

»Die Polizei muß ja nicht von mir erfahren, nicht wahr?«

»Pfui! Ich bin erstaunt, daß man Sie nicht schon geholt hat, obwohl erst achtzehn Stunden vergangen sind. Aber Sie werden das sehr bald erleben. Ich weiß, es ist kein Vergnügen für Sie, mir hier Rede und Antwort zu stehen, aber es wird Ihnen wie eines vorkommen, sobald Sie es mit der Polizei zu tun kriegen.«

Sie überlegte. Dann blickte sie Wolfe direkt in die Augen. »Wissen Sie, was das beste wäre?« sagte sie. »Seltsam, daß ich nicht schon längst daran gedacht habe. Sie sind doch ein Detektiv, Sie helfen Leuten, die in Schwierigkeiten sind – und ich bin ganz bestimmt in einer schwierigen Lage. Ich zahle Ihnen ein gutes Honorar, und Sie helfen mir. Eine Anzahlung könnte ich Ihnen jetzt gleich geben und den Rest später bringen.«

»Weder jetzt noch später, Miss Jones.« Wolfe war sehr kurz angebunden. »Wann hat Ihnen Mr. Chaffee erzählt, daß Ihr Mann aufgetaucht ist und nach Ihnen forscht?«

»Sie wollen mir gar nicht zuhören«, beklagte sie sich.

»Reden Sie vernünftig, und ich werde es tun. Wann?«

Sie rutschte etwas tiefer in den Sessel. »Sie kennen meinen Mann nicht. Er war schon vor unserer Heirat eifersüchtig, und nachher wurde es noch viel schlimmer. Damit quälte er mich so, daß ich es nicht mehr aushielt und ihn verließ. Ich wußte, wenn ich in Pittsburg bliebe, würde er mich finden und umbringen. Deshalb kam ich nach New York. Ein Freund von mir lebte hier – wirklich nur ein Freund. Ich erhielt Arbeit bei einer Modellagentur und verdiente genug, um davon leben zu können. Außerdem lernte ich viele Menschen kennen. Ross Chaffee war einer davon. Er wollte mich als Modell für ein Bild haben, und ich war einverstanden. Natürlich bezahlte er mich dafür, aber das war mir nicht so wichtig, denn zur gleichen Zeit lernte ich Phil Kampf kennen, und er verschaffte mir eine Stelle in einem Nachtlokal. Bald darauf bekam ich einen Schreck: Ein Mann aus Pittsburg sah mich im Theater und sprach mich als Mrs. Meegan an. Ich sagte ihm, er irre sich, ich sei noch nie in Pittsburg gewesen.«

»Das war vor einem Jahr«, murmelte Wolfe.

»Ja. Eine Weile war mir nicht ganz wohl in diesem Nachtlokal, weil so viele Menschen mich dort sahen, aber Monate vergingen, und nichts geschah. Und dann auf einmal dieser Schock. Ross Chaffee rief mich an und erzählte mir, mein Mann sei dagewesen und habe sich nach mir erkundigt. Ich flehte ihn an, um Gottes willen nichts von mir verlauten zu lassen, und er versprach es mir. Sie kennen meinen Mann nicht! Ich wußte genau, daß er mich nur suchte, um mich umzubringen.«

»Das haben Sie jetzt bereits zweimal behauptet. Hat er denn schon irgend jemanden umgebracht?«

»Ich sprach nicht von irgend jemand, ich sprach doch nur von mir, nicht wahr? Ich scheine auf Männer zu wirken, sie fliegen auf mich, ich kann gar nichts dagegen tun. Und Richard – oh, ich kenne ihn! Vor eineinhalb Jahren habe ich ihn verlassen, und er sucht mich immer noch. Das ist ganz seine Art. Als mir Ross berichtete, er sei hier, da war ich zu Tode erschrocken. Ich unterbrach sofort meine Arbeit in dem Nachtlokal, denn dort hätte er mich leicht einmal zufällig sehen können. Außer gestern abend habe ich meine Wohnung kaum mehr verlassen.«

»Gestern, ja, um Mr. Talento zu treffen«, nickte Wolfe. »Und was war der Grund dafür?«

»Das habe ich Ihnen bereits erklärt, Mr. Wolfe.«

»Allerdings, aber da waren Sie bloß Miss Jones – jetzt sind Sie außerdem auch Mrs. Meegan. Was war also der Grund?«

»Das ändert doch nicht das geringste. Ich hatte im Radio von Phils Ermordung gehört und wollte Näheres darüber wissen. Zuerst rief ich bei Ross Chaffee und bei Jerry Aland an, aber bei beiden bekam ich keine Antwort, und so versuchte ich es bei Vic Talento. Er wollte mir am Telefon nichts sagen, sondern schlug vor, daß wir uns treffen.«

»Wußten Mr. Aland und Mr. Talento über dieses Gemälde etwas?«

»Selbstverständlich.«

»Auch darüber, daß Mr. Meegan es gesehen und Sie erkannt hatte und daß er Sie jetzt in New York suchte?«

»Sie wußten alles. Ross mußte es Ihnen sagen, denn es wäre ja möglich gewesen, daß Richard sich bei ihnen nach dem Modell für dieses Bild erkundigt hätte. Beide haben versprochen, kein Wort darüber verlauten zu lassen. Es sind alles gute Freunde von mir.« Sie hielt inne und fingerte an ihrer Handtasche herum, die sie auf dem Schoß hatte. Dann warf sie einen Blick in ihre Börse, um gleich darauf ihre Augen zu Wolfe aufzuschlagen. »Ich kann Ihnen jetzt vierzig Dollar geben, nur als Anfang. Ich bin nicht knapp an Geld, ich habe nur Angst um mein Leben. Wirklich, ich fürchte mich... Sie hören mir ja nicht zu!«

Damit hatte sie recht. Mit gespitzten Lippen betrachtete er seinen Zeigefinger, der kleine Kreise auf der Schreibtischplatte zog. Auf ihren Vorwurf reagierte er gar nicht, doch nach einiger Zeit hob er den Kopf und sagte zu mir: »Holen Sie Mr. Chaffee ans Telefon.«

»Nein!« schrie sie. »Er soll nicht wissen –«

»Unsinn«, fuhr Wolfe sie an. »Bald wird jedermann Bescheid über alles wissen, also warum die Sache länger hinausziehen? Los, Archie, ich will mit ihm sprechen.«

Ich zog den Apparat heran und wählte die Nummer. Allerdings zweifelte ich daran, daß er von seiner Sitzung mit dem Staatsanwalt schon zurück war, aber sein »Hallo!« gab mir rasch darüber Gewißheit. Ich verstellte meine Stimme, damit er sie nicht erkennen konnte, denn mir lag nichts an einer Debatte mit ihm, ob und warum ich mich als Polizeibeamter ausgegeben hatte. Ich sagte nur kurz, Mr. Wolfe wünsche ihn zu sprechen.

Wolfe hob seinen Hörer ab. »Mr. Chaffee? Hier ist Nero Wolfe. Ich bin an der Aufklärung des Mordes an Philip Kampf interessiert und habe verschiedene Nachforschungen angestellt... Einen Moment, bitte, legen Sie nicht auf. Neben mir im Büro sitzt Mrs. Meegan alias Miss Jewel Jones... Lassen Sie mich bitte ausreden... Ich muß die Dame natürlich zurückhalten und die Polizei informieren, denn sie wird als Hauptzeugin in einem Mordverfahren benötigt werden. Aber bevor ich das tue, möchte ich eine persönliche Besprechung mit Ihnen und den anderen Hausbewohnern durchführen. Wollen Sie dafür sorgen, daß alle so rasch wie möglich zu mir kommen?... Nein, ich will am Telefon nicht deutlicher werden. Falls Mr. Meegan Schwierigkeiten machen sollte, dann sagen Sie ihm nur, seine Frau sei hier. Ich erwarte –«

Sie war mit einem Sprung bei ihm, der wirklich einer jungen Stute alle Ehre gemacht hätte, und riß ihm den Hörer aus der Hand. »Nein, Ross, sag ihm nichts! Laß ihn nicht herkommen! Sie –«

Mein eigener Sprung war auch ganz ordentlich. Ich sauste um Wolfes Schreibtisch herum, packte sie an den Schultern und riß sie zurück – mit einer solchen Energie, daß ich im roten Ledersessel landete und sie auf meinem Schoß sitzen hatte. Da sie noch keineswegs fertig war, schlang ich meine Arme um sie und hielt sie fest, worauf sie meine Schienbeine mit ihren Absätzen zu bearbeiten begann. Das tat sie so lange, bis Wolfe sein Gespräch mit Chaffee beendet hatte. Als er den Hörer niederlegte, fiel sie plötzlich zusammen und wurde ein weiches, warmes Bündel in meinen Armen.

Wolfe maß uns mit finsterem Gesicht. »Ein rührender Anblick«, schnaubte er.

Die Situation bot verschiedene Probleme. Das erste betraf das Mittagessen. Für Wolfe war es undenkbar, während des Essens Besuch im Haus zu haben, ohne diesen zum Mithalten aufzufordern; aber er setzte sich bestimmt nicht mit einer Frauensperson an den Tisch, die gerade auf ihn losgegangen war. Hier war die Lösung einfach. Jewel Jones und ich wurden im Eßzimmer bedient, und Wolfe speiste mit Fritz in der Küche. Meine Tischgenossin zeigte wenig Interesse für das Essen, dagegen ließ sie die Tür zum Flur kaum aus den Augen und lauschte auf jedes Geräusch, obwohl ich ihr versicherte, es würde dafür gesorgt werden, daß ihr Mann sie nicht in unserem Haus um die Ecke brachte.

Das zweite Problem wurde mir von drei Bewohnern der Arbor Street gestellt, sobald sie erkannten, wer ich war. Diese Sache erledigte ich allein. Als es um Viertel nach zwei klingelte und ich die Tür öffnete, sagte ich ihnen, es werde mir ein Vergnügen sein, meine gespaltene Persönlichkeit zu erklären – aber erst später, sofern sie dann noch Wert darauf legten. Zuerst jedoch müsse ich sie zu Wolfe führen. Victor Talento wollte bösartig werden und behauptete, ich hätte ihn verraten und betrogen, als er mir die Botschaft an Miss Jones anvertraute. Er forderte eine private Unterredung mit Mr. Wolfe, aber ich erklärte ihm schlicht, er solle mir den Buckel runterrutschen.

Das dritte Problem war etwas schwerer zu handhaben. Nach Miss Jones' Theorie wollte ihr Mann sie umbringen, sobald er ihrer ansichtig würde – mochte das stimmen oder nicht. Auf jeden Fall aber bestand die Möglichkeit, daß derjenige, der Kampf ermordet hatte, gewalttätig werden würde, wenn Wolfe ihn in die Enge trieb. Dagegen gab es ein gutes Mittel: Ich zeigte den vier Männern meinen Revolver und sagte ihnen, er sei geladen; dann beharrte ich darauf, sie von den Schultern bis zu den Knöcheln abzutasten, um sicher zu sein, daß keiner eine Waffe bei sich trug. Miss Jones ließ ich im Eßzimmer warten, bis alle im Büro Platz genommen hatten und Wolfe aus der Küche erschienen war. Als er sich hinter seinen Schreibtisch gesetzt hatte, holte ich die junge Frau herein. Meegan fuhr auf und wollte sich auf uns stürzen. Ich stieß ihn mit der vorgereckten Faust zurück und machte es so gründlich, daß ihm das Näherkommen verging. Jewel Jones hatte sich hinter mich geflüchtet. Talento und Aland standen sofort auf; sie fühlten sich wohl als Beschützer der jungen Stute. Meegan schrie etwas, und sie redeten auf ihn ein. Hinter der Gruppe her zog ich das Mädchen neben meinen Schreibtisch und schob ihr einen Stuhl zurecht. Ich setzte mich so, daß ich jedem, der zu ihr wollte, ein Bein stellen konnte. Talento und Aland hatten Meegan zwischen sich auf einen Stuhl genommen, und jetzt saß er dort und starrte seine Frau an.

»Wenn dieser Lärm endlich vorbei ist, möchte ich mich vergewissern, ob ich die Namen richtig gehört habe«, bemerkte Wolfe. Seine Augen streiften von links nach rechts. »Talento, Meegan, Aland, Chaffee. Stimmt das?«

Ich bestätigte es.

»Dann will ich beginnen.« Er warf einen Blick auf die Wanduhr. »Vor zwanzig Stunden wurde Philip Kampf in dem Haus ermordet, in dem die Herren wohnen. Alle Anzeichen deuten darauf hin, daß einer von Ihnen ihn getötet hat. Aber ich will nicht alle Einzelheiten noch mal wiederholen, die Sie schon des langen und breiten von den Herren der Mordkommission gehört haben. Ich bin nicht beauftragt worden, diesen Fall zu bearbeiten. Mein einziger Klient ist ein Hund, der ganz gegen meinen Willen hierherkam. Immerhin, es –«

Die Türklingel ertönte. Ich fragte mich eine Sekunde, ob ich die Kette vorgelegt hatte, aber ich war meiner Sache sicher. Durch die offene Tür sah ich Fritz zum Eingang gehen. Wolfe wollte eben weiterreden, doch das Geräusch von Stimmen draußen störte ihn: die Stimme von Fritz und eine andere. Wolfe schloß die Augen und kniff die Lippen zusammen. Die ganze Gesellschaft saß stumm da und sah ihn an.

Dann erschien Fritz unter der Tür und kündigte an: »Inspektor Cramer, Sir.«

Wolfes Augen öffneten sich. »Was will er?«

»Ich sagte ihm, Sie seien beschäftigt. Er erklärte, das wisse er. Ein Polizist sei den Herren bis hier gefolgt und habe ihn benachrichtigt. Er habe erwartet, daß Sie einen Trick mit dem Hund versuchten, und er wisse genau, was Sie jetzt vorhätten, aber er wünsche dabeizusein. Sergeant Stebbins ist mit ihm gekommen.«

Wolfe knurrte. »Archie, sagen Sie ihm... Nein, Sie bleiben lieber hier. Fritz, bringen Sie ihm bei, er dürfe hereinkommen, vorausgesetzt, daß er mir dreißig Minuten Zeit läßt, ohne sich einzumischen. Wenn er damit einverstanden ist, können Sie ihn hereinbringen.«

»Halt!« Ross Chaffee war aufgesprungen. »Sie versprachen mir, die Sache mit uns zu besprechen, ehe Sie der Polizei Mitteilung machen.«

»Ich habe der Polizei keine Mitteilung gemacht. Sie sind von selbst gekommen.«

»Sie haben sie herbestellt!«

»Nein. Ich hätte die Unterredung viel lieber allein mit Ihnen allen geführt, aber nachdem die Herren jetzt da sind, können sie ebensogut zuhören. Sagen Sie ihnen meine Bedingung, Fritz.«

»Jawohl, Sir.«

Fritz verschwand. Chaffee wollte noch mehr äußern, besann sich aber und setzte sich wieder. Talento flüsterte ihm etwas zu, und er schüttelte den Kopf. Jerry Aland, der gekämmt und angezogen bedeutend besser aussah, hielt seine Augen fest auf Wolfe gerichtet. Für Meegan war offensichtlich kein anderer Mensch im Zimmer als seine Frau.

Cramer und Stebbins marschierten herein, blieben nahe bei der Tür stehen und betrachteten die ganze Runde.

»Setzen Sie sich«, lud Wolfe sie ein. »Ihr Stammplatz ist frei, Mr. Cramer, wie Sie sehen.«

»Wo ist der Hund?« bellte Cramer.

»In der Küche. Und Sie sollten am besten Ihre vorgefaßte Meinung aufgeben. Wir verstehen uns doch richtig: Sie haben zugestimmt, eine halbe Stunde nichts anderes zu sein als ein stummer Zuschauer?«

»Ja, das habe ich gesagt.«

»Dann setzen Sie sich bitte. Immerhin will ich Ihnen eine kurze Aufklärung geben. Die Herren sind Ihnen ja bekannt, nicht aber die Dame. Ihr landläufiger Name ist Jewel Jones, der rechtliche lautet Mrs. Meegan.«

»Meegan?« Cramer starrte Wolfe an. »Das Modell aus Chaffees Gemälde? Meegans Frau?«

»Ganz richtig. Wollen Sie jetzt Platz nehmen?«

»Wo haben Sie die Frau aufgegabelt?«

»Das hat Zeit. Bitte jetzt keine Unterbrechungen und keine Fragen mehr. Verdammt noch mal, setzen Sie sich!«

Cramer ging zum roten Ledersessel und ließ sich hineinfallen. Purley Stebbins zog einen der gelben Stühle heran und setzte sich hinter die anderen, zwischen Chaffee und Aland.

Wolfe betrachtete das Quartett. »Ich war eben im Begriff, Ihnen zu erklären, daß etwas, was der Hund tat, mich auf die Spur des Mörders brachte. Doch vorher –«

»Was tat denn der Hund?« fuhr Cramer dazwischen.

»Das wissen Sie so genau wie ich«, bemerkte Wolfe kühl. »Mr. Goodwin hat Ihnen alles geschildert, nicht anders als mir. Wenn Sie mich noch einmal unterbrechen, können Sie die ganze Gesellschaft ins Präsidium mitnehmen und versuchen, die Sache selbst auszukochen. Nur der Hund bleibt hier.«

Er wandte sich wieder den vier Männern zu. »Zuerst also möchte ich noch zwei Dinge klarstellen. Über Ihren Schwindel Mr. Meegan gegenüber brauche ich mich nicht zu äußern. Sie alle waren mehr oder weniger intim mit Miss Jones befreundet und wollten Sie nicht einem Ehemann preisgeben, den sie verlassen hatte und vor dem sie sich fürchtete. Ich will sogar zugeben, daß Ihr Benehmen von einer Art Ritterlichkeit diktiert wurde. Als jedoch Mr. Kampf ermordet wurde und die Polizei auf dem Platz erschien, war es einfach idiotisch, sie aus der Sache heraushalten zu wollen. Mit tödlicher Sicherheit hätte die Polizei sie ausfindig gemacht. Ich geriet nur etwas früher auf ihre Spur, dank Mr. Goodwins bewundernswertem Eifer und seinem üblichen Glück.« Er schüttelte verächtlich den Kopf. »Genauso dumm war es von Ihnen, ohne weiteres anzunehmen, Mr. Goodwin sei ein Polizeibeamter, bloß weil er dem mißlungenen Experiment mit dem Hund beigewohnt hatte. Sie hätten natürlich seinen Ausweis verlangen müssen, denn keiner von Ihnen kannte ihn wirklich – mit Ausnahme von Mr. Talento, der aber nicht anwesend war. Selbst Mr. Meegan, der ihn doch bei mir gesehen hatte, erkundigte sich nicht näher. Ich erwähne das nur, um einer eventuellen Beschwerde zuvorzukommen, Mr. Goodwin habe sich als Polizeibeamter ausgegeben. Sie wissen genau, daß er das nicht tat. Er widersprach einfach Ihrer Annahme nicht.«

Er rutschte in seinem Sessel herum. »Nun etwas anderes. Gestern vormittag kam Mr. Meegan zu mir und wollte, daß ich eine Aufgabe für ihn übernehme. Schon seine ersten Worte machten mir klar, daß es sich um eine eheliche Angelegenheit handelte, und da ich mich mit derartigen Dingen prinzipiell nicht befasse, fertigte ich ihn ziemlich kurz ab. Er stürmte zornig hinaus, riß Hut und Regenmantel vom Haken und verschwand. Dabei hat er Mr. Goodwins Mantel erwischt statt seinen eigenen. Am späten Nachmittag ging Mr. Goodwin mit dem zurückgebliebenen Mantel in die Arbor Street, um ihn auszutauschen. Er traf vor dem Haus Nummer neunundzwanzig zwei Polizeiautos an, einen Polizisten, eine Ansammlung von Leuten und einen Hund. Er entschloß sich, sein Vorhaben zu verschieben und nach Hause zurückzukehren.

Im Vorbeigehen blieb er einen Moment stehen und streichelte den Hund. Erst als er sich etwa anderthalb Kilometer entfernt hatte, entdeckte er, daß ihm der Hund folgte. Er stieg in ein Taxi und brachte ihn hierher.«

Wolfe legte seine dicke Hand flach auf den Schreibtisch. »Weiter. Weshalb folgte der Hund Mr. Goodwin durch das ganze Verkehrsgewühl der Stadt? Mr. Cramers Ansicht, der Hund sei von ihm mitgelockt worden, ist blanker Unsinn. Mr. Goodwin dagegen bildete sich – wie viele Männer – ein, er besitze eine unwiderstehliche Anziehungskraft sowohl auf Hunde wie auf Frauen, und da spielt ihm seine Eitelkeit einen Streich, denn sonst wäre er auf die gleiche Lösung gekommen wie ich. Der Hund folgte nicht ihm, sondern dem Mantel. Jetzt fragen Sie sich natürlich, wie Mr. Kampfs Hund dazu kam, dem Mantel von Mr. Meegan nachzulaufen. Nun, das gleiche fragte ich mich auch, und ich fand keine Erklärung dafür. Da es sich aber unzweifelhaft um Mr. Kampfs Hund handelte, konnte eben logischerweise der Regenmantel nicht Mr. Meegan gehören. Die einzig mögliche Schlußfolgerung daraus war, daß der Mantel Mr. Kampfs Eigentum sein mußte.« Sein Blick heftete sich fest auf den Ehemann von Jewel Jones. »Mr. Meegan. Vor etwa zwei Stunden erzählte mir Mr. Goodwin, daß Sie behaupten, Mr. Kampf nie gekannt oder gesehen zu haben. Das war sehr aufschlußreich. Doch ehe ich nach Ihnen sandte, mußte ich mich zuerst vergewissern, ob die Frau, die Mr. Chaffee für sein Gemälde Modell gestanden hatte, tatsächlich Ihre Ehefrau war. Jetzt frage ich Sie direkt: Sind Sie jemals mit Mr. Kampf zusammengetroffen, als er noch lebte?«

Meegan gab den Blick fest zurück. »Nein.«

»Wollen Sie diese Aussage nicht noch einmal überlegen?«

»Nein.«

»Dann erklären Sie mir bitte, woher Sie seinen Regenmantel hatten.«

Keine Antwort. Meegans Kiefer verkrampften sich.

Schließlich murmelte er: »Ich hatte seinen Mantel nicht, oder wenn ja, dann wußte ich nichts davon.«

»Das ist keine Antwort. Ich warne Sie, Mr. Meegan, Sie stecken in einer schweren Klemme. Der Regenmantel, den Sie gestern in dieses Haus brachten und hier zurückließen, hängt draußen im Flur. Es kann leicht festgestellt werden, daß er Mr. Kampf gehörte und von ihm getragen wurde. Wie kamen Sie zu dem Mantel?«

Meegans Kiefer arbeiteten stärker. »Ich habe ihn niemals gehabt, wenn er wirklich Kampf gehörte. Sie versuchen nur einen schmutzigen Trick. Sie können nicht nachweisen, daß dies der Mantel ist, den ich hier zurückließ.«

Wolfes Stimme wurde schärfer. »Ich biete Ihnen eine letzte Gelegenheit. Haben Sie irgendeine Erklärung dafür, wie Kampfs Mantel in Ihren Besitz kam?«

»Nein, und ich brauche auch keine.«

Vielleicht war er nicht einmal hoffnungslos dumm. Wenn er nicht gemerkt hatte, daß er den falschen Mantel mitnahm – und wahrscheinlich hatte er es nicht gemerkt in seinem Gemütszustand –, dann mußte ihn dieser unverhoffte Schlag schwer erschüttert haben, und ihm blieb keine Zeit, darüber nachzudenken.

»Dann sind Sie erledigt.« Wolfe zuckte die Achseln. »Denn Ihr eigener Mantel muß sich ja irgendwo befinden, und ich kann mir denken, wo: nämlich im Labor der Polizei. Mr. Kampf trug einen Mantel, als Sie ihn ermordeten und seine Leiche die Treppe hinunterschleiften – und das erklärt, warum der Hund heute früh kein Interesse zeigte an der Stelle, wo der Körper seines Herrn gelegen hatte. Er war nicht mit seinem Mantel bekleidet gewesen, sondern mit Ihrem. Auch das kann bewiesen werden. Wenn Sie uns nicht erklären wollen, wie Sie zu Mr. Kampfs Mantel kamen, dann sagen Sie uns, wie er zu dem Ihrigen kam. Oder halten Sie das ebenfalls für einen Trick?«

Wolfe wies mit dem Zeigefinger auf Meegan. »Ich sehe das Aufblitzen in Ihren Augen, und ich erkenne auch, was es bedeutet. Aber Ihr Geist hinkt hintennach. Wenn Sie ihm nach dem Mord Ihren Mantel abnahmen und ihm den anzogen, den Sie für seinen eigenen hielten, dann sitzen Sie erst recht in der Falle. Denn dann ist es Mr. Goodwins Regenmantel, der sich jetzt im Labor befindet. Und das läßt sich am leichtesten feststellen. Wie wollen Sie *dafür* eine Erklärung finden? Die Sache sieht hoffnungslos für Sie aus, und –«

Meegan sprang auf, doch ehe er noch eine Bewegung auf Wolfe zu machen konnte, legten sich schon Stebbins' Hände schwer auf seine Schulter und drückten ihn auf den Stuhl zurück. Gleichzeitig ertönte eine neue Stimme.

»Ich sagte Ihnen ja, er würde mich töten! Ich weiß, daß er es tun wollte! Er brachte auch Phil um!«

Jewel Jones blickte nicht auf ihren Mann, der sich nicht rühren konnte, sondern auf Wolfe. Er fauchte sie an: »Woher wollen *Sie* das wissen?«

Sie schwankte, und ihre Augen hatten einen verstörten Ausdruck. In ein paar Minuten würde sie wohl einen hysterischen Anfall bekommen, und das schien sie zu ahnen, denn ihre Stimme überschlug sich. »Phil hat es mir gesagt – hat mir gesagt, er wisse, daß Richard hier nach mir suche. Er wußte auch, wie sehr ich mich vor ihm fürchtete, und er erklärte mir, er würde mich an meinen Mann verraten, wenn ich nicht wieder zu ihm zurückkehre. Ich glaubte nicht, daß er das wirklich tun würde – ich dachte, so gemein könne er doch nicht sein, und ich wollte ihm nichts versprechen. Aber gestern vormittag rief er mich an und erzählte mir, er habe Richard gesehen und durchblicken lassen, er wisse, wo das Modell für das Gemälde wohne, und er werde ihn am Nachmittag wieder treffen und ihm alles über mich erzählen, wenn ich ihm nicht das Versprechen gebe, das er von mir verlangte. Mir blieb nichts übrig, als ja zu sagen. Ich dachte, wenn ich das täte, würde ich wenigstens Zeit zum Überlegen gewinnen. Aber Phil muß trotzdem hingegangen sein und mit Richard gesprochen haben –«

»Wo haben sich die beiden am Vormittag gesehen?«

»In Phils Wohnung, wie er mir sagte. Und er lachte noch und meinte – und deshalb weiß ich, daß Richard ihn umgebracht hat –, mein Mann sei mit seinem Regenmantel fortgegangen, aber er werde ihm vorschlagen, er dürfe seinen Mantel behalten, wenn er ihm die Frau überlasse.« Sie schwankte immer stärker. »Und ich wette, das hat er wirklich zu Richard gesagt! Oh, das glich Phil! Ganz bestimmt erzählte er Richard, ich werde zu ihm zurückkehren, und er hielt das für ein gutes Geschäft – ein Regenmantel für eine Frau! Ja, so war Phil! Sie kannten ihn nicht –«

Sie kicherte. Das heißt, es begann mit einem Kichern, dann brach der Damm, und das Geschrei ging los. Wenn in diesem Büro eine Frau ihre Nerven verliert, muß ich mich im allgemeinen darum kümmern. Aber diesmal waren drei andere Burschen da, die das Geschäft für mich übernahmen, allen voran Ross Chaffee. Was Wolfe betrifft – er machte sich schleunigst aus dem Staub. Wenn es etwas auf der Welt gibt, das er nicht ertragen kann, dann ist es der hemmungslose Ausbruch einer Frau. Er stand auf und marschierte hinaus. Meegan war versorgt und aufgehoben, denn Cramer und Stebbins befaßten sich mit ihm.

Als sie mit ihm das Haus verließen, nahmen sie den Hund nicht mit. Und falls jemand die weitverbreitete Meinung vertreten sollte, daß ein Hund garantiert neurotisch wird, wenn man seinen Namen ändert, dann kann ich dazu nur den Kopf schütteln. Burschi hört jetzt auf den Namen Jett, als ob er nie etwas anderes gekannt hätte.

Mein Regenmantel aber blieb im Polizeilabor. Wolfe hatte das Aufblitzen in Meegans Augen richtig gedeutet. Kampf hatte Meegans Mantel angehabt, als er ermordet wurde, und diese Visitenkarte mußte natürlich verschwinden. Daher hatte Meegan, nachdem er Kampf erdrosselt hatte, ihm den Mantel ausgezogen und dessen eigenen übergestreift. Nur war es nicht Kampfs Mantel, sondern meiner. Als Zeuge der Anklage ging ich hin und identifizierte das Kleidungsstück, und das half den Geschworenen zu entscheiden, daß Meegan den elektrischen Stuhl verdiente. Später hätte ich mein Eigentum wohl wieder zurückfordern können, aber ich verspürte keine rechte Lust dazu. Mein neuer Mantel hat eine andere Farbe.

Ein Zeuge verstummt

I

Ich bin aus Prinzip gegen weibliche Detektive. Zwar ist es nicht immer und überall ein hartes Spiel, aber meistens doch, und es gibt keinen Platz für die freundlichen Gefühle und hübschen Regungen. Deshalb muß eine Detektivin eine gute, dicke Haut haben, und die zu streicheln wäre nicht mein Fall. Wenn sie sie nicht hat, ist sie geneigt, gerade dann, wenn Kaltblütigkeit und starke Nerven verlangt werden, schlappzumachen, und in dem Fall gehörte sie nicht zur Zunft.

Immerhin gibt es Gelegenheiten, wo man ein Prinzip auf Urlaub schicken sollte, und das damals war so eine. Von den sieben Privatdetektiven, die sich im Zimmer versammelt hatten, waren zwei Frauen, die in einer Ecke zusammenhockten. Theodolinda (Dol) Bonner, ungefähr in meinem Alter, mit echten langen schwarzen Wimpern, die einen geschwungenen Baldachin für ihre bernsteinfarbenen Augen bildeten, leitete ihre eigene Agentur seit mehreren Jahren als zugelassene Detektivin und hielt sich wacker. Sicher hatte sie ihr gutgeschnittenes und gutsitzendes braunes Tweedkostüm bei Bergdorf's gekauft und die Nerzjacke wahrscheinlich ebenfalls. Ich kannte sie schon von früher, aber den Namen ihrer Begleiterin, Sally Colt, wußte ich nur, weil die Mitglieder der kleinen Versammlung sich bei der Begrüßung auf Vorschlag von Jay Kerr hin vorgestellt hatten.

Ich stand auf, strebte auf die Ecke zu, wurde mit zwei Augenaufschlägen bedacht und sagte: »Miss Colt? Ich weiß nicht, ob Sie meinen Namen verstanden haben. Archie Goodwin.«

»Ja, natürlich«, versicherte sie. Ihre Haut sah nicht hartgesotten aus, auch ihre Stimme klang nicht so. Sie war im richtigen Alter, um meine jüngere Schwester zu sein, aber ich hatte keine sonderliche Verwendung für Schwestern. Ihr Wollkleid und ihr Kamelhaarmantel stammten nicht von Bergdorf's, aber mir waren Klamotten von Bergdorf's sowieso egal.

Ich sah auf meine Armbanduhr und schlug vor: »Es ist Viertel nach elf und nicht abzusehen, wie lange sie uns noch warten lassen. Ich habe unten einen Imbißstand gesehen, und ich will für die Gesellschaft Kaffee holen gehen, wenn Sie mir tragen helfen. Ist Ihnen nicht nach Kaffee zumute, Miss Bonner?«

Miss Colt schaute Miss Bonner, ihre Arbeitgeberin, an, und Miss Bonner nickte ihr zu und erklärte mir dann, daß es eine fabelhafte Idee sei. Ich drehte mich um, fragte mit erhobener Stimme, ob jemand Kaffee wünsche, und erhielt keine Absage. Sally Colt stand auf, und wir beide machten uns auf den Weg.

Mir war bestimmt nach Kaffee zumute. Außerdem hatte mir das Aussehen und Benehmen von Miss Colt den Eindruck vermittelt, daß es wohl einen kleinen Fehler in meiner Einstellung zu weiblichen Detektiven geben möchte, und ich wollte das überprüfen. Aber hauptsächlich brauchte ich eine Erholungspause von Nero Wolfes Anblick, den ich noch nie mit so säuerlichem Gesicht gesehen hatte. Die Tatsache, daß man ihn aufs äußerste gereizt hatte, machte ihn auch nicht anziehender. Es war eine sehr traurige Geschichte. Der Abhörskandal hatte die Aufmerksamkeit auf verschiedene Punkte des Berufsstands der Privatdetektive gelenkt, nämlich, daß 590 Detektive durch den Innenminister des Staates New York konzessioniert waren; daß von den 590 Detektiven 432 in New York City lebten; daß Bewerber für Lizenzen keine schriftlichen Prüfungen abzulegen brauchten und daß keine offiziellen Nachforschungen über ihre Vergangenheit durchgeführt wurden; daß das Ministerium keine Ahnung hatte, wie viele Detektive bei den konzessionierten Detektiven angestellt waren, da die Angestellten überhaupt keine Lizenz benötigten, und so weiter und so fort.

Deshalb beschloß der Innenminister, eine Untersuchung durchzuführen. Alle 590 Detektive wurden zu einer Befragung vorgeladen, die besonders über die Telefonabhör-Vorfälle, falls solche in Betracht kamen, und im allgemeinen über die ganze Organisation Aufklärung geben sollte. Wolfe und ich hatten beide eine Lizenz und wurden deshalb beide vorgeladen. Das war natürlich ärgerlich, aber da wir 588 Leidensgefährten hatten, hätte er seine Reaktion auf ein paar Dutzend Brummer und Knurrer beschränken können, wenn nicht zwei Dinge gewesen wären. Erstens wurde die Untersuchung teilweise in New York und teilweise in Albany abgehalten, und man hatte uns nach Albany geladen. Sein Gesuch, sie nach New York zu verlegen, war nicht beachtet worden. Zweitens hatte der einzige Abhörvorfall, bei dem er je seine Hand im Spiel gehabt hatte, wenig zu seinem Ruhm und verdammt wenig zu seinem Bankkonto beigetragen, und er wollte nicht daran erinnert werden.

Deshalb, als an jenem Wintermorgen um fünf Uhr Fritz ihm das Frühstück auf sein Zimmer gebracht hatte und ich mitgekommen war, um ihm zu berichten, daß das Wetter die Fahrt im Wagen gestattete und er sich nicht den Gefahren einer Bahnfahrt auszusetzen brauchte, war unser Boß in so tiefe Schwermut versunken, daß er nicht einmal knurrte. Auf der ganzen vierstündigen Fahrt nach Albany saß er im Fond der Limousine, wie üblich, damit er, falls es einen Zusammenstoß gab, nicht durch die Windschutzscheibe sauste, und äußerte keine zwanzig Worte; und als ich ihn auf die Vorzüge der neuen Schnellverkehrsstraße, die er vorher noch nicht gesehen hatte, aufmerksam machte, schloß er die Augen. Wir erreichten das Gebäude in Albany, das man uns angegeben hatte, um neun Uhr fünfundfünfzig, fünf Minuten vor der angegebenen Zeit, waren in ein Zimmer im dritten Stock geführt worden, und man hatte uns warten lassen. Dort hatte sich natürlich kein passender Stuhl für Wolfes massiven Wanst befunden. Er hatte einen Blick um sich geworfen, zu den bereits Anwesenden »Guten Morgen« gekrächzt, hatte sich einen Stuhl an der gegenüberliegenden Wand ausgesucht, sich dort niedergelassen und eineinviertel Stunden geschmollt.

Ich muß zugeben, daß den fünf andern auch nicht sehr festlich zumute war. Als Jay Kerr beschloß, die gesellige Stimmung zu heben, ließ er die Namen die Runde machen. Damit erschöpfte sich sein Versuch, obgleich wir alle Mitglieder des V.K.P.D.S.N.Y. – des Verbandes der Konzessionierten Privat-Detektive des Staates New York – waren; außer natürlich Sally Colt, die bloß eine angestellte Detektivin war. Jay Kerr, ein halb glatzköpfiges, rundliches Männchen mit randloser Brille, war offensichtlich bemüht, die Leute ein wenig zusammenzubringen, nachdem er so oft dazu beigetragen hatte, die Menschen auseinanderzubringen. Er und seine Boys hatten mehr Ehemänner im Auftrag ihrer Frauen und Ehefrauen im Auftrag von Ehemännern beschattet als jedes andere Unternehmen im Stadtgebiet. Harland Ide, lang aufgeschossen und dürr, mit ergrauten Schläfen, einer langen Hakennase, wie ein Bankier aufgezäumt, war ebenfalls in der Branche gut bekannt, aber mit einem Unterschied. Er war ein alter Hase vom Fach mit einem anspruchsvollen Ruf, und es wurde behauptet, daß er mehr als einmal vom FBI um Rat gefragt worden war, aber ich möchte nicht dafür einstehen. Über den dritten, Steve Amsel, war ich nicht im Bilde, da ich nur hier und dort ein paar zufällige Bemerkungen über ihn gehört hatte, als er vor einigen Jahren von Larry Bascom entlassen wurde, sich selbst eine Lizenz verschaffte und im Stadtzentrum ein Büro mietete. Bascom, der eine der besten Agenturen der Stadt unterhält, hatte irgend jemandem erzählt, daß Amsel kein einsamer Adler, sondern ein einsamer Habicht sei. Er war klein, dunkelhaarig und sehr gepflegt, mit flinken schwarzen Augen, die immer auf der Suche nach einem Landeplatz hin und her schossen; und er war wahrscheinlich nicht so jung, wie er aussah. Als Sally Colt und ich

Kaffee holen gingen, stand er auf, um uns seine Hilfe anzubieten, änderte aber dann seine Absicht.

Unten am Büfett, während wir auf den Kaffee warteten, empfahl ich Sally, die Ruhe zu bewahren. »Falls Sie und Ihre Chefin wegen eines Abhörstreiches festgenommen werden sollten, rufen Sie nur Mr. Wolfe an, er überträgt es mir, und ich biege es schon hin. Gratis. Kollegiale Höflichkeit.»

»Das ist aber nett.« Sie hielt den Kopf so geneigt, daß ich den besten Blickwinkel auf die Linie unterhalb ihres Ohres bis zum Kinn hatte, und die war beachtlich. Sie wollte zeigen, daß sie nicht nur ein anziehendes Mädchen war, sondern auch warmherzig und hilfsbereit. »Ich erwidere Ihr Angebot. Falls Sie und Ihr Chef geschnappt werden, rufen Sie Miss Bonner an. Meine Chefin ist noch besser als Ihr Chef.«

»Das ist der richtige Kampfgeist«, lobte ich. »Diensttreue oder Untergang. Sie bekommen noch eine Extrabelohnung. Ich nehme an, Ihre persönliche Spezialität liegt darin, das Individuum in einen Winkel der Peacock Alley zu lotsen und es ihm abzuschmeicheln. Falls Sie jemals den Wunsch haben, es bei mir zu versuchen, werde ich es wohlwollend in Erwägung ziehen, aber ich bin nicht leicht zu bezaubern.«

Sie hob ihren Kopf, um mir in die Augen zu sehen. Die ihren waren dunkelblau. »Sie mögen ein wenig abgebrüht sein«, sagte sie. »Es könnte eine ganze Stunde dauern, bis man Sie soweit hat.«

Der Kaffee kam, und wir wurden unterbrochen. Als wir den Fahrstuhl erreichten, hatte ich inzwischen eine Erwiderung parat – einen Bombentreffer –, aber wir waren nicht allein, und ich mußte ihn aufsparen, und im Zimmer mit unseren ganzen Kollegen konnte ich ihn auch nicht anbringen. Sie bediente Nero Wolfe zuerst, und ich bediente Dol Bonner. Nachdem die andern versorgt waren, gesellte ich mich zu den Damen in der Ecke; aber ich wollte Sally nicht vor ihrer Chefin herunterputzen, so erörterten wir lediglich, wie lange man uns wohl noch warten ließe. Das war bald geklärt – jedenfalls für mich. Mein Pappbecher war noch voll Kaffee, als ein Mann eintrat und verkündete, daß Nero Wolfe und Archie Goodwin gewünscht wurden. Wolfe seufzte tief auf, so daß alle es hörten, stellte seinen Pappbecher auf einen Stuhl, erhob sich und steuerte auf die Tür zu, und ich folgte ihm, während hinter uns Gemurmel einsetzte. Der Mann führte uns zwanzig Schritte den Korridor entlang, öffnete eine Tür, trat ein und winkte uns, ihm zu folgen. Das Personal des Innenministers hatte zweifelsohne Unterricht im Benehmen nötig.

Es war ein mittelgroßer Raum mit drei breiten Fenstern, alle schmutzig. In der Mitte stand ein ausladender Nußbaumtisch, von Stühlen umgeben, und an der Wand standen ein Schreibtisch, ein kleinerer Tisch und weitere Stühle. Der Mann, der an dem einen Ende des großen Tisches mit einem Stapel Akten zu seiner Rechten saß, wies uns Stühle zu seiner Linken an. Derjenige, der uns hergeführt hatte, schloß die Tür und setzte sich auf den nächsten Stuhl an der Wand. Der Mann am Tisch musterte uns, weder herzlich noch feindselig. »Ich denke, es gibt keinen Zweifel über Ihre Person«, sagte er zu Wolfe, womit er entweder meinte, daß dieser so berühmt war oder daß kein anderer so groß und fett sein konnte. Er warf einen Blick auf ein Aktenstück, das aufgeschlagen vor ihm lag. »Ich habe hier Ihre Erklärungen, die Ihre und die von Mr. Goodwin. Ich glaube, es geht schneller, wenn ich Sie zusammen vernehme. Ich bin Albert Hyatt, der Sonderbeauftragte des Innenministers für diese Untersuchung. Das Verfahren ist inoffiziell und wird es bleiben, falls nicht besondere Umstände auftauchen, die ein formelles Protokoll verlangen.«

Ich betrachtete ihn eingehend. So um die vierzig Jahre alt, war er glatt von oben bis unten – glatte gesunde Haut, glattes schwarzes Haar, glatte angenehme Stimme, glattes lebhaftes Benehmen und einen glatten grauen Gabardineanzug. Ich hatte mich natürlich über die beiden Abgeordneten, die die Untersuchung durchführten, genauestens erkundigt und hatte Wolfe berichtet, daß dieser Hyatt Teilhaber einer großen Anwaltsfirma war, die ihre Büros im Zentrum von New York hatte, daß er sich ziemlich viel mit Politik abgegeben hatte, daß er einen guten Ruf als Verteidiger hatte, was bedeutete, daß er Leute gern ausfragte, und daß er Junggeselle war.

Er warf wieder einen Blick in die Akte. »Im April vergangenen Jahres trafen Sie Vorkehrungen, um die Privatleitung von Otis Ross in seiner Wohnung in der Dreiundachtzigsten Straße in Manhattan, New York City, anzuzapfen. Ist das richtig?«

»Das habe ich dargelegt«, räumte Wolfe verdrießlich ein.

»Allerdings. Unter welchen Umständen kamen Sie dazu?«

Wolfe deutete auf die Akte. »Falls meine und Mr. Goodwins Erklärung vor Ihnen liegt, finden Sie dort alles.«

»Ja, das hier ist Ihre Erklärung, aber ich möchte es gern aus Ihrem Munde hören. Beantworten Sie bitte die Frage.«

Wolfe setzte zu einer Grimasse an, erkannte, daß es damit auch nicht besser würde, und unterdrückte sie. »Am fünften April suchte mich ein Mann in meinem Büro auf, gab seinen Namen als Otis Ross an und äußerte den Wunsch, seinen Privatanschluß abhören zu lassen. Ich erklärte ihm, daß ich mich niemals mit Eheschwierigkeiten befaßte. Er versicherte mir, daß es nichts mit Eheangelegenheiten zu tun habe, daß er Witwer sei und verschiedenen Geschäften und finanziellen Interessen nachgehe, die er von seiner Wohnung aus leite. Seit kurzem habe er seinen Sekretär im Verdacht, doppeltes Spiel zu treiben. Er sei häufiger ein bis zwei Tage unterwegs und wolle herausfinden, ob sein Argwohn gegen seinen Sekretär begründet sei, und zu diesem Zweck wolle er seine Telefongespräche abhören lassen.«

Wolfe preßte die Lippen zusammen. Er haßte es, an diese Geschichte erinnert zu werden, und erst recht, sie wiederzuerzählen. Eine Sekunde lang dachte ich, er wollte bockbeinig werden, aber er fuhr fort: »Ich wußte natürlich, daß es gesetzlich zulässig war, wenn ein Mann seinen eigenen Anschluß anzapfen ließ, aber ich lehnte den Auftrag aufgrund meiner mangelnden Erfahrung auf diesem Gebiet ab. Mr. Goodwin, der, wie immer, bei Besprechungen in meinem Büro dabei war, warf ein, daß er einen Mann kenne, der die technische Seite übernehmen könnte. Er machte seinen Einwurf aus zwei Gründen: erstens wegen der Ablenkung, die eine Neuheit wie ein Leitungsanzapfen ihm persönlich bieten würde, und zweitens hält er es für notwendig, mich anzutreiben, Honorare zu verdienen, wobei ich Aufträge annehmen soll, die ich lieber abweisen würde. Ich gestehe, daß er manchmal recht damit hat. Wollen Sie, daß er das jetzt bestätigt?«

Hyatt schüttelte den Kopf. »Wenn Sie fertig sind. Fahren Sie fort.«

»Sehr gut. Mr. Ross legte tausend Dollar in bar auf meinen Schreibtisch – zehn Hundertdollarscheine – als Vorschuß für die Auslagen. Er sagte, er könne nicht per Scheck zahlen, da sein Sekretär nicht erfahren solle, daß er mich beauftragt habe, und aus demselben Grunde sollten keine Berichte oder andere Schriftstücke an ihn geschickt werden. Er werde sie aus meinem Büro abholen oder andere Vereinbarungen treffen, sie zu erhalten. Ich sollte ihn auch nicht unter seiner Privatnummer anrufen, weil er argwöhnte, daß sein Sekretär sich gelegentlich für ihn selbst am Telefon ausgab. Deshalb wünschte er Berichte über alle Gespräche auf seiner Leitung, da, wenn man ihn selber am Apparat glaubte, es in Wirklichkeit sein Sekretär sein konnte.«

Wolfe kniff wieder die Lippen zusammen. Er mußte es förmlich aus sich herauspressen. »Natürlich war nicht nur meine Neugierde geweckt worden, sondern auch mein Verdacht. Es wäre zwecklos gewesen, ihn nach Ausweisen über seine Person zu bitten, da Ausweise gefälscht oder gestohlen sein können, deshalb sagte ich ihm, daß ich mich in gutem Glauben an seine Angaben verlassen müßte. Ich schlug vor, daß Mr. Goodwin ihn bei sich zu Hause aufsuchen sollte. Sie brauchen mir nicht zu sagen, wie sinnlos dieser Vorschlag war – ich habe es mir selbst gesagt. Er willigte sofort ein, denn so etwas hatte er natürlich erwartet. Er stellte nur die Bedingung, es auf eine Zeit zu legen, wenn sein Sekretär nicht im Hause sei, da er – das heißt, sein Sekretär – Mr. Goodwin möglicherweise erkennen könnte. Es wurde eine Vereinbarung getroffen. Um neun Uhr an jenem Abend ging Mr. Goodwin zu der Adresse in der Dreiundachtzigsten Straße und nach oben in Mr. Ross' Wohnung. Er nannte dem Dienstmädchen, das ihn einließ, einen Namen – ein Pseudonym, auf das man sich geeinigt hatte, und fragte nach Mr. Ross. Sie führte ihn ins Wohnzimmer, wo er meinen Klienten unter einer Lampe mit einem Buch antraf.«

Wolfe trommelte mit der Fingerspitze auf der Tischplatte. »Ich bezeichne ihn absichtlich als meinen Klienten, weil ich die Schmach verdient habe – verdammt – er *war* mein Klient! Nachdem Mr. Goodwin sich mit ihm zehn Minuten lang unterhalten hatte, kehrte er zurück und erstattete Bericht, und es wurde beschlossen, mit dem Unternehmen fortzufahren. Mr. Goodwin setzte sich am selben Abend mit einem Bekannten in Verbindung, und es wurden Vorkehrungen für den nächsten Morgen getroffen. Wollen Sie Einzelheiten darüber hören?«

»Nein, das können Sie übergehen.« Hyatt strich mit der Hand über sein weiches dunkles Haar. »Es steht in Goodwins Erklärung.«

»Ich weiß sowieso kaum etwas darüber. Die Leitung wurde angezapft, und Mr. Goodwin hatte sein neues Spielzeug. Er konnte ihm nicht viel Zeit widmen, da ich ihn mehr oder weniger fortgesetzt im Büro brauche, und die von dem Techniker gestellten Leute erledigten meistens das Abhören. Ich sah mir noch nicht einmal die Berichte an, die sich Mr. Ross täglich aus meinem Büro abholte – zu einer Zeit, wo ich oben zu tun hatte und ihn somit nicht sah. Am fünften Tag bat Mr. Goodwin ihn um weitere tausend Dollar und erhielt sie in bar. Mir blieb sehr wenig davon, nachdem ich die Kosten der Außer-Haus-Zapfstelle und deren Unterhalt bezahlt hatte. Sie wissen, was eine Außer-Haus-Zapfstelle ist?«

»Gewiß. Praktisch wird jedes ungesetzliche Mithören außer Haus durchgeführt.«

»Das kann sein.« Wolfe breitete die Hand aus. »Aber ich wußte nicht, daß sie ungesetzlich war, bis zum achten Tag des Unternehmens. Am dreizehnten April verbrachte Mr. Goodwin zwei Stunden an dem Ort, wo die Leitung angezapft wurde, und hörte Mr. Ross persönlich am andern Ende der Leitung bei einer langen Unterhaltung. Ob es wirklich Mr. Ross war oder der Sekretär, der seine Rolle spielte – auf jeden Fall hatte die Stimme so wenig Ähnlichkeit mit der unseres Klienten, daß sie Mr. Goodwins Interesse weckte. Aus den Berichten, die er gelesen und unserem Klienten weitergegeben hatte, hatte er eine Menge über Mr. Ross' Interessen und Betätigungen erfahren – zum Beispiel, daß er kürzlich vom Gouverneur zum Vorsitzenden des Wohltätigkeitsfonds-Untersuchungskomitees ernannt worden war. Goodwin machte sich auf zu einer Telefonzelle, rief Mr. Ross an, hörte dieselbe Stimme, erzählte ihm, daß er ein Zeitungsreporter von der *Gazette* sei, traf mit ihm eine Verabredung, begab sich zu der Adresse in der Dreiundachtzigsten Straße, sah ihn und sprach mit ihm. Er sah ebenfalls den Sekretär. Keiner von beiden war unser Klient. Ich war geblufft worden.«

Wolfe spuckte Gift und Galle. »Alles Bluff«, stieß er bitter hervor. »Mr. Goodwin kam nach Hause und erstattete mir Bericht, und wir betrachteten die Lage. Wir beschlossen zu warten, bis der Klient am Nachmittag wie gewöhnlich um halb sechs kam, um sich seinen täglichen Bericht abzuholen – obgleich wir natürlich die Anzapfstelle sofort auflösten. Wahrscheinlich bestand keine andere Möglichkeit, als ihn der Polizei mit einem vollständigen Rechenschaftsbericht über meine Albernheit zu übergeben, aber das konnte ich erst, wenn ich ihn in den Fingern hatte.«

Wolfe schluckte wieder. »Und er kam nicht. Ich weiß nicht, warum. Ob er irgendwie Wind davon bekommen hatte, daß wir die Anzapfstelle aufgegeben hatten oder daß Mr. Goodwin Mr. Ross aufgesucht hatte – aber Spekulationen sind nutzlos. Er erschien nicht. Er kam nie wieder. Einen Monat lang verbrachte Mr. Goodwin seine Zeit, für die ich zahle, damit, ihn ausfindig zu machen, ohne Erfolg. Mr. Goodwin ist ein höchst befähigter und erfindungsreicher Mann. Auch das Dienstmädchen, das ihn in die Wohnung gelassen hatte, konnte er nicht auftreiben. Als eine Woche ergebnislos verstrichen war, bat ich Mr. Ross, ihn aufsuchen zu dürfen. Das tat ich und erzählte ihm die ganze Geschichte. Er war natürlich sehr erregt, aber nach einer Aussprache gab er zu, daß es keinen Zweck hatte, die Behörden zu benachrichtigen, ehe ich den Schuldigen fand. Mr. Goodwin war bei mir, und zusammen gaben wir ihm eine erschöpfende Beschreibung unseres Klienten, aber er konnte ihn nicht identifizieren. Das Dienstmädchen war erst seit kurzem in seinem Dienst gewesen, war ohne Kündigung gegangen, und er wußte nichts über sie.«

Wolfe hielt inne, seufzte tief und stieß die Luft pfeifend aus. »Das ist es. Nach einem Monat konnte Mr. Goodwin nicht länger seine ganze Zeit darauf verwenden, da er andere Pflichten hatte, aber er hat jenen Klienten keineswegs vergessen, und ich auch nicht. Das werden wir nie.«

»Das kann ich mir vorstellen.« Hyatt lächelte. »Ich kann Ihnen ebensogut sagen, Mr. Wolfe, daß ich persönlich Ihrer Erzählung Glauben schenke.«

»Ja, Sir. Das können Sie auch.«

»Ich hoffe es. Aber natürlich wissen Sie um ihre Schwächen. Niemand außer Ihnen und Mr. Goodwin hat diesen Ihren Klienten je gesehen. Kein anderer weiß, was zwischen Ihnen geschehen war, und Sie können ihn nicht finden und nicht identifizieren. Offen gesagt, falls Sie wegen ungesetzlichen Abhörens innerhalb des Fernmeldewesens angezeigt würden und wenn der Staatsanwalt gegen Sie vorginge und Sie vor Gericht kämen, wäre es gut möglich, daß man sie verurteilt.«

Wolfes Brauen hoben sich um einen Millimeter. »Falls das eine Drohung ist, was schlagen Sie vor? Sollte es lediglich ein Vorwurf sein, so habe ich ihn verdient und mehr. Kanzeln Sie mich ab, wie Sie wollen.«

»Sie verdienen es«, stimmte Hyatt zu. Er lächelte wieder. »Ich würde es auch gern tun, aber ich will davon absehen. Ich glaube, ich habe eine Überraschung für Sie, und ich wollte nur Ihre Bekanntschaft machen, bevor ich sie Ihnen vorsetze.« Sein Blick glitt zu dem Mann an der Wand. »Corwin, drüben in Zimmer achtunddreißig sitzt ein Mann. Bringen Sie ihn her.«

Corwin stand auf, verschwand und ließ die Tür offen. Man hörte seine schweren Schritte im Korridor, das Öffnen einer Tür, dann wieder Schritte, sehr viel leiser, darauf eine kurze Stille und dann seine Stimme, die rief: »Mr. Hyatt! Kommen Sie!«

Es war mehr ein Kläffen als ein Rufen. Es klang, als ob ihm jemand die Kehle zudrückte. Als Hyatt aufsprang und auf die Tür zustrebte, setzte ich mich auch in Bewegung, folgte ihm ein paar Schritte den Korridor entlang bis zu einer offenen Tür und in das Zimmer. Ich stand knapp hinter ihm, als er neben Corwin am hinteren Ende eines Tisches stehenblieb, um auf einen Mann am Boden zu starren. Der Mann war nicht in der Verfassung, den Blick zu erwidern. Er lag auf dem Rücken, seine gestreckten Beine bildeten beinahe ein V, er war gut gekleidet, einschließlich einer Krawatte, nur lag die Krawatte nicht unter seinem Hemdkragen. Sie war eng um seinen Hals geknotet. Trotz seines purpurn angelaufenen Gesichts, seiner hervortretenden Augen und der herausgestreckten Zunge erkannte ich ihn sofort. Corwin und Hyatt, die ihn anstierten, wußten wahrscheinlich nichts von meiner Anwesenheit, und in einer Sekunde war ich verschwunden. Zurück im andern Zimmer, wo Wolfe finster blickend am Tisch saß, erklärte ich ihm: »Es ist bestimmt eine Überraschung. Unser Klient liegt dort auf dem Boden. Jemand hat ihm die Krawatte zu stramm gebunden, und er ist tot.«

2

Ich hatte natürlich gewußt, daß dieser Kerl einen Dolch mitten in Wolfes Selbstachtung gestoßen hatte, aber ich hatte keine Ahnung, wie tief er saß, bis zu jenem Augenblick. Offensichtlich hatten Wolfes Ohren, nachdem ich gesagt hatte, unser Klient befinde sich dort drinnen, den Dienst verweigert. Er hievte sich aus seinem Stuhl, machte einen Schritt auf die Tür zu, blieb stehen, drehte sich um und glotzte mich an. »Oh«, sagte er und kam wieder zu sich. »Tot?«

»Richtig. Erdrosselt.«

»Es würde keine Befriedigung sein, ihn tot zu sehen.« Er starrte auf die Tür, dann auf mich, setzte sich, legte seine Hände flach auf die Tischplatte und schloß die Augen. Nach einer Weile öffnete er sie. »Dieser verdammte Kerl«, murrte er. »Als er noch am Leben war, hat er mich hintergangen, und jetzt ist er tot und bringt mich in Gott weiß was für Schwierigkeiten. Wenn wir vielleicht gingen... aber nein. Ich kann nicht mehr denken vor Zorn.« Er erhob sich. »Kommen Sie.« Er startete in Richtung Tür.

Ich stellte mich vor ihn hin. »Nur keine Hast. Ich möchte auch nach Hause, aber Sie wissen verdammt gut, daß wir nicht kneifen können.«

»Das weiß ich in der Tat. Aber ich möchte mal einen Blick auf die Kollegen werfen. Kommen Sie.«

Ich trat zur Seite und überließ ihm die Führung den Korridor entlang und in das Zimmer, aus dem wir gekommen waren. Ich trat hinter ihm ein und schloß die Tür. Die zwei weiblichen Wesen saßen immer noch in ihrer Ecke, aber die drei Männer hatten sich zu einer Gruppe zusammengeschlossen, offensichtlich war das Eis gebrochen. Alle drehten sich nach uns um, und Jay Kerr rief aus: »Was, immer noch auf freiem Fuß? Wie ist er?«

Wolfe musterte sie alle. Ich ebenfalls. Bis jetzt gab es noch keinen besonderen Grund zu der Annahme, daß einer von ihnen die Krawatte unseres Klienten zusammengezogen hatte, aber der Klient hatte fraglos mit der Leitungsanzapferei etwas zu tun gehabt, und sie alle waren vorgeladen worden, um über diesen Punkt auszusagen. Deshalb musterten wir sie, Wolfe und ich. Keiner von ihnen zitterte oder wurde blaß oder leckte sich die Lippen oder bekam einen Anfall.

Wolfe hielt eine kleine Ansprache. »Ladies und Gentlemen, wir sind Mitglieder derselben Berufsorganisation, und daher könnten Sie von mir erwarten, jede Information über eine uns gemeinsam betreffende Angelegenheit mit Ihnen zu teilen. Aber ich habe gerade von einem Ereignis in diesem Gebäude heute morgen erfahren, das Mr. Goodwin und mir Unannehmlichkeiten und möglicherweise ernstliche Schwierigkeiten bereiten wird. Ich glaube nicht, daß einer von Ihnen darin verwickelt ist, aber es könnte so sein. Sind Sie es nicht, gewinnen Sie nichts, es jetzt von mir zu hören, also überlasse ich es andern, Ihnen davon zu berichten. Sie brauchen nicht lange zu warten. In der Zwischenzeit verstehen Sie bitte, daß ich Sie nicht beleidigen will, wenn ich Sie alle scharf ansehe. Ich bin lediglich an der Möglichkeit interessiert, daß einer von Ihnen in diesen Fall verwickelt ist. Falls Sie –«

»Was zum Teufel?« schnaubte Steve Amsel. Seine flinken schwarzen Augen leuchteten endlich auf. »Soll das ein Witz sein?«

»Es ist ein gutes Drehbuch und gefällt mir«, sagte Jay Kerr. »Machen Sie ruhig weiter.« Seine Stimme klang hoch und dünn, aber das war kein Zeichen dafür, daß er einen Mann erdrosselt hatte. Es war eben nur seine Stimme.

Harland Ide, der Bankiertyp, räusperte sich. »Wenn wir nicht in den Fall verwickelt sind«, bemerkte er trokken, »betrifft uns das Ganze nicht. Sie sagten, in diesem Gebäude, heute morgen? Was für ein Ereignis?«

Wolfe schüttelte den Kopf und starrte in die Runde.

Noch immer bekam keiner einen Anfall. Statt dessen unterhielten sie sich, und die allgemeine Stimmung drückte Erleichterung aus, daß man endlich etwas hatte, worüber man sich unterhalten konnte. Steve Amsel schlug vor, Dol Bonner und Sally Colt sollten Wolfe in die Zange nehmen und es ihm entreißen, aber die Damen lehnten höflich ab.

Wolfe stand immer noch aufrecht und betrachtete sie, als die Tür plötzlich aufgestoßen wurde und Albert Hyatt auftauchte. Als er Wolfe bemerkte, blieb er stehen und sagte: »Oh, hier sind Sie.« Eine Strähne seines glatten Haars hatte sich gelöst. Er sah mich an. »Sie auch. Sie kamen hinter mir herein und sahen ihn, nicht wahr?«

Ich bejahte es.

»Und verschwanden eiligst?«

»Gewiß. Sie hatten Mr. Wolfe eine Überraschung angekündigt, und ich wollte ihm sagen, um was es sich handelt.«

»Sie erkannten ihn?«

»Ja, der Klient, von dem Ihnen Mr. Wolfe berichtete.«

»Ich hätte es zu schätzen gewußt, ihn lebend gesehen zu haben«, warf Wolfe ein.

»Vielleicht. Natürlich haben Sie diesen Leuten davon erzählt?«

»Nein, Sir.«

»Das haben Sie nicht?«

»Nein.«

Hyatts Augen schweiften in die Runde. »Offensichtlich sind alle da. Jay Kerr?«

»Das bin ich«, gestand Kerr.

»Harland Ide?«

»Hier.«

»Steven Amsel?«

Amsel hob die Hand.

»Theodolinda Bonner?«

»Ich bin hier, und das seit mehr als zwei Stunden. Ich bin durchaus bereit –«

»Einen Augenblick, Miss Bonner. Sally Colt?«

»Hier.«

»In Ordnung. Das Verhör, das ich auf Anordnung des Innenministers durchführe, ist vorläufig aufgeschoben, aber Sie werden alle in diesem Zimmer bleiben. Man fand eine Leiche in einem Zimmer in diesem Stockwerk. Ein Mann, der wahrscheinlich ermordet wurde. Das ist natürlich Sache der Polizei, und man wird Sie sprechen wollen. Ich kann jetzt noch nicht sagen, wann das Verhör wieder aufgenommen wird, also betrachten Sie bitte Ihre Vorladungen für heute als aufgeschoben, aber nicht aufgehoben. Verlassen Sie bitte nicht das Zimmer, bis die Polizei kommt.« Er wandte sich zum Gehen. Eine Stimme hielt ihn auf.

»Wer ist der Ermordete?« Das war Harland Ide.

»Das wird Ihnen die Polizei sagen. Das ist nicht mein Amt, Gott sei Dank.«

»Mr. Hyatt.« Dol Bonners Stimme klang klar und frisch. Sie war aufgestanden. »Sie sind Mr. Hyatt?«

»Das bin ich.«

»Miss Colt und ich haben sehr zeitig gefrühstückt. Wir sind hungrig und wollen uns etwas zu essen besorgen.«

Verdammt mutig, dachte ich. Sie mußte wissen, daß sich ein Mörder angeblich nach vollbrachter Tat ausgehungert fühlt und eine große Mahlzeit braucht. Hyatt erklärte ihr, daß sie warten müsse, bis die Polizei komme, ignorierte einen Protest von Steve Amsel, ging und schloß die Tür hinter sich.

Sie sahen sich gegenseitig an. Ich war von ihnen enttäuscht. Bei verschiedenen Gelegenheiten war ich mit einer Anzahl Leuten wegen eines Mordes eingesperrt gewesen, aber dies war das erste Mal, daß es sich ausschließlich um Privatdetektive handelte, und man hätte annehmen können, daß sie ein wenig schneller als die meisten am Ball wären. Nein. Bei einer durchschnittlichen Gruppe hätte es vielleicht eine Minute gedauert, bis sie den Schock von Hyatts Ankündigung verdaut hatten und sich auf Wolfe und mich stürzten, und genausolange dauerte es auch bei ihnen. Steve Amsel begriff als erster. Er war ungefähr halb so groß wie Wolfe, und als er ihm gegenübertrat, mußte er seinen Kopf zurückwerfen, um mit seinen flinken schwarzen Augen in gerader Linie in Wolfes zielen zu können.

»Das war also das Ereignis. Mord.« Er sprach es so ähnlich wie »Moood« aus. »Okay. Wer war es?«

Jay Kerr schloß sich ihm an. »Ja, Goodwin erkannte ihn. Nennen Sie seinen Namen!«

Dol Bonner näherte sich erwartungsvoll mit Sally im Schlepptau. Harland Ide sagte: »Wenn ich richtig verstanden habe, Mr. Wolfe, so war er einer Ihrer Klienten?«

Sie kreisten Wolfe ein, und er trat einen Schritt zurück. »Ich kann Ihnen nicht sagen, wer er war«, sagte er, »denn ich weiß es nicht. Mr. Goodwin auch nicht. Wir kennen seinen Namen nicht.«

Sally Colt fing an zu kichern, schluckte es aber hinunter.

»Blödsinn«, stieß Steve Amsel angewidert aus. »Und Goodwin erkannte ihn? Ist dies ein Rätselspiel, das Sie sich ausgedacht haben?«

»Und er war Ihr Klient?« quiekte Jay Kerr.

»Also wirklich, Mr. Wolfe«, protestierte Dol Bonner, »machen Sie nicht eine Farce daraus? Sie, mit Ihrem Ruf? Erwarten Sie, daß wir Ihnen glauben, einen Mann als Klienten angenommen zu haben, ohne nach seinem Namen zu fragen?«

»Nein.« Wolfe kniff die Lippen zusammen. Dann entspannte er sich. »Ladies und Gentlemen, ich bin gezwungen, Sie um Nachsicht zu bitten. Der albernste Schnitzer, den ich je beging, hat mich heute hier getroffen, zu meinem tiefsten Kummer und wahrscheinlich zu meinem Verderben. Was wollen Sie mehr? Welche weitere Schmach? Mr. Goodwin erkannte ihn, er war mein Klient, ich kenne seinen Namen nicht, und weder vor noch nach meiner Arbeit für ihn wußte ich das geringste über ihn. Das ist alles.« Er marschierte zu einem Stuhl an der Wand, ließ sich nieder, stemmte seine Fäuste auf die Oberschenkel und schloß die Augen.

Ich trat zu ihm und senkte meine Stimme. »Irgendwelche Anordnungen?«

»Nein.« Seine Augen blieben geschlossen.

»Wie Sie wissen, ist Gil Tauber hier in Albany. Er kennt die Polypen bestimmt. Soll ich nach einem Telefon suchen und ihn in Alarmbereitschaft setzen, falls wir einige Auskünfte brauchen?«

»Nein.«

Offensichtlich war ihm nicht nach einem Schwätzchen zumute. Ich gesellte mich wieder zu meinen Kollegen und erklärte ihnen: »Wenn ihr über unsere Schande herziehen wollt, kümmert euch nicht um mich. Vielleicht äußert einer sogar etwas Nützliches.«

»Wo ist die Leiche?« fragte Steve Amsel.

»Zimmer achtunddreißig, den Korridor hinunter.«

»Wie wurde er getötet?«

»Mit seiner Krawatte um den Hals. Ich nehme an, er könnte es selbst getan haben, aber Sie wissen, wie das ist. Ich stimme dagegen. Und er kann zuerst mit einem schweren Messingaschenbecher betäubt worden sein. Es stand einer auf dem Boden.«

»Sie und Wolfe kamen heute morgen als letzte«, stellte Harland Ide fest. »Sahen Sie ihn auf dem Weg?«

Ich grinste ihn an. »Hören Sie«, wandte ich ein, »wir bekommen noch genug davon von der Polizei. Haben Sie ein Herz. Wir sind beide Mitglieder einer Berufsorganisation. Und *Sie* wollen mich in die Zange nehmen?«

»Nicht im geringsten«, erwiderte er steif. »Ich dachte nur, daß Sie ihn gesehen haben könnten und möglicherweise sogar mit ihm gesprochen haben – falls jenes Zimmer zwischen diesem und dem Fahrstuhl liegt und die Tür offenstand. Gewiß beabsichtige ich nicht –«

Er wurde unterbrochen. Die Tür öffnete sich, und ein Mann trat ein, ein hünenhafter, breitschultriger Gorilla mit zu wenigen Gesichtszügen, um die große runde Fläche seines Gesichts auszufüllen. Er schloß die Tür, zählte uns, zog sich dann einen Stuhl neben der Tür heran und setzte sich. Zu sagen wußte er offensichtlich nichts.

Wiederum enttäuschte mich jenes Grüppchen von Fachleuten. Sie wußten sehr gut, daß die Anwesenheit des Detektivs keinerlei Einfluß auf ihre Redefreiheit hatte, und was seine Verschwiegenheit anbelangte, so genügte ein Blick auf seine Visage, um zu wissen, daß ihm der geistige Mechanismus fehlte, um alles zu registrieren und wiederzuberichten, was er hörte, vorausgesetzt, daß er hören konnte. Aber sie hüllten sich in Schweigen, und das für eine gute halbe Stunde. Probeweise machte ich ein paar Versuche, eine Unterhaltung in Gang zu bringen, aber es war nichts zu machen. Die Damen hatten sich in ihre Ecke zurückgezogen, und ich versuchte es auch bei ihnen und erhielt den Eindruck, daß Sally bereit gewesen wäre, die Spannung durch einen kleinen Meinungsaustausch zu lockern, aber Dol Bonner war dagegen, und sie war die Chefin.

Ich hatte gerade auf meine Armbanduhr gesehen und festgestellt, daß es zehn Minuten nach eins war, als die Tür wieder geöffnet wurde. Diesmal waren es ihrer zwei. Der Mann vorneweg war ein Ungetüm von einsneunzig mit einem langen, schmalen Gesicht und ergrautem Haar. Er stapfte drei Schritte ins Zimmer, ließ seine Augen in die Runde schweifen und erklärte uns: »Ich bin Leon Groom, Chef der Kriminalpolizei der Stadt Albany.«

Er hielt inne, wahrscheinlich um den Beifall entgegenzunehmen, erhielt jedoch keinen. Sein Gesichtsausdruck war überheblich und der Ton seiner Stimme gleichfalls, was unter diesen Umständen nicht anders zu erwarten war. Nicht oft erhält ein Chef der Kriminalpolizei die Gelegenheit, sich an eine Zuhörerschaft zu wenden, die sich ausschließlich aus Privatdetektiven zusammensetzt, eine Brut, die er vollkommen ablehnt. Und nicht nur das, wir kamen alle aus der großen Stadt, was uns erst recht zu Nieten machte.

Er ergriff wieder das Wort. »Es wurde Ihnen gesagt, daß ein Mord in einem Zimmer auf diesem Stockwerk verübt worden ist, und man hält Sie für eine Untersuchung zurück. Nero Wolfe und Archie Goodwin kommen mit mir. Sofort. Die übrigen werden in Kürze vernommen und können dann die Leiche in Augenschein nehmen.« Er deutete mit dem Daumen auf seinen Begleiter. »Dieser Mann wird Sie fragen, was für Sandwiches Sie möchten, und die werden Ihnen dann gebracht. Auf Kosten der Stadt Albany. Sind Sie Theodolinda Bonner?«

»Ja.«

»Eine Polizistin kommt bald, für den Fall, daß es erforderlich ist, Sie alle zu durchsuchen.«

»Mit der entsprechenden Erlaubnis?« sagte Steve Amsel angriffslustig.

»Natürlich. Nero Wolfe? Kommen Sie, Sie und Archie Goodwin.«

Wolfe stand auf und steuerte auf die Tür los, und als er an mir vorbeiging, sagte er: »Kommen Sie, Archie.« Ich gehörte zu seinem Personal, und er duldete es nicht, daß mir andere Leute Befehle erteilten.

3

Im Korridor lungerten drei Männer herum, einer in Zivil, der äußerst gewichtig tat, und zwei in Uniform, die einen leeren Gemüsekorb in der Nähe der Tür von Zimmer 38 bewachten und gelangweilt dreinblickten. Im Zimmer selbst tummelten sich drei weitere – die Leute vom Erkennungsdienst, zwei mit Fingerabdruck-Ausrüstungen und einer mit einer Kamera. Sie bemühten sich, Grooms Gehabe nachzuahmen, ermahnten uns, nichts anzufassen, und geleiteten Wolfe um den Tisch zu der Leiche. Außer daß die Beine sich wieder in normaler Lage befanden und die Krawatte entfernt worden war, hatte sie sich kaum verändert. Wolfe sah stirnrunzelnd darauf nieder.

»Identifizieren Sie ihn?« fragte Groom.

»Nein«, erklärte Wolfe. »Ich weiß nicht, wer er ist. Ich erkenne ihn jedoch als den Mann, der mich im vergangenen April aufsuchte, sich als Otis Ross vorstellte und meine Dienste in Anspruch nahm. Später erfuhr ich, daß er nicht Otis Ross war – zumindest nicht der Otis Ross, für den er sich ausgab. Mr. Goodwin, der ihm nicht einmal, sondern neunmal begegnete, hat bereits erklärt, daß es sich um denselben Mann handelt.«

»Ich weiß. Sind Sie immer noch der Ansicht, Goodwin?«

»Nicht Ansicht.« Wenn Wolfe die Wahl seiner Worte beanstanden konnte, so stand mir das auch zu. »Überzeugung. Er ist jener Mann – oder war es.«

»Dann können wir ... ach, da fällt mir noch etwas ein.« Er drehte sich zum Tisch um, deutete auf einen Gegenstand und fragte einen der Spezialisten: »Sind Sie mit dem Aschenbecher fertig, Walsh?«

»Alles erledigt, Captain. Wir haben es.«

»Dann können Sie ein wenig behilflich sein, Goodwin, wenn es Ihnen nichts ausmacht. Nur ein Experiment. Nehmen Sie ihn, und halten Sie ihn so, als ob Sie damit einem Mann einen Schlag auf den Kopf versetzen wollten. Ganz ungezwungen, ohne viel nachzudenken.«

»Gewiß«, meinte ich bereitwillig und streckte meine Hand nach dem Aschenbecher aus. Ich ließ ihn in meiner Hand wippen und schätzte sein Gewicht auf mindestens ein Pfund, wahrscheinlich mehr. »Es gibt zwei Möglichkeiten, beide gleich gut. Entweder ihn am Rand fassen, so, das wäre das beste, wenn man Platz und Zeit für einen Schwung hat« – ich schwang ihn, um es zu zeigen –, »oder, mit einer großen Hand und langen Fingern wie den meinen, packen Sie ihn nur, wie hier, und Sie können entweder schwingen oder stoßen oder schlagen.« Ich führte ihnen einen gesunden Schlag vor, nahm dann den Aschenbecher in meine linke Hand, holte mit der rechten mein Taschentuch hervor und begann das Messing zu polieren.

»Ziemlich dürftig«, meinte Groom. »Ihre Narrenpritsche mag dort, wo Sie herkommen, Erfolg haben, aber hier in der Stadt Albany schätzen wir das nicht. Es bringt Ihnen nichts ein.«

»Was denn sonst?« fragte ich. »Was wollen Sie? Daß ich mich weigere, ihn zu berühren?« Ich stellte den Aschenbecher wieder auf den Tisch.

»Kommen Sie«, sagte er und setzte sich in Bewegung. Wir folgten ihm aus dem Zimmer und den Korridor bis fast zum Ende entlang, wo er eine Tür öffnete und beiseite trat, um uns den Vortritt zu lassen. Es war ein Eckzimmer, mit Fenstern nach zwei Seiten, und es wies eine Anzahl Teppiche auf. An einem Schreibtisch, mit einem der Fenster im Rücken, saß Albert Hyatt und telefonierte. Ein Mann mit Segelohren und einer Narbe auf der Backe kam zu uns und fragte Groom, wie er die Stühle wünsche. Selbstverständlich so, daß Wolfe und ich dem Fenster gegenübersaßen. Bis Hyatt mit seinem Gespräch fertig war, hatten wir uns niedergelassen, Wolfe und ich Seite an Seite und der Mann mit den Segelohren an einem Tischchen dicht daneben, mit einem Notizblock vor sich und gezücktem Federhalter.

Hyatt erhob sich und bot Groom an, am Schreibtisch Platz zu nehmen. Groom lehnte dankend ab und saß weiterhin auf seinem Stuhl neben dem Schreibtisch, wo er uns im Auge hatte. Er nahm sich Wolfe vor. »Mr. Hyatt hat mich Ihre Erklärung lesen lassen. Ihre Erklärung an den Innenminister betreffs der angezapften Leitung. Er hat mir auch erzählt, was Sie ihm heute morgen berichteten, lediglich eine teilweise Wiederholung aus Ihrer Erklärung. Möchten Sie sie jetzt ändern?«

»Nein, Sir.«

»Möchten Sie etwas hinzufügen?«

»Das kommt darauf an. Falls ich oder Mr. Goodwin unter Mordverdacht stehen, möchte ich etwas hinzufügen. Stehen wir unter Verdacht?«

»Sagen wir so: Sie werden nicht beschuldigt. Die Polizei hält Sie für ein Verhör zurück, um zu erfahren, ob Sie irgend etwas über den Mord an einem Mann wissen, mit dem Sie zugegebenermaßen in Verbindung gestanden haben und gegen den Sie einen Groll hegten. Den hegten sie doch?«

»Ja, in der Tat. Ich möchte noch eine weitere Erklärung abgeben.«

»Nur zu.«

»Ich wurde durch den Innenminister vorgeladen, bei dieser Adresse in Albany um zehn Uhr heute morgen zu erscheinen. Um sechs Uhr heute morgen verließ ich mein Haus in New York in meinem Wagen, und Mr. Goodwin chauffierte. Wir hielten unterwegs nur einmal an, um unseren mitgeführten Proviant zu essen und Kaffee zu trinken. Wir kamen hier kurz vor zehn an, betraten das Gebäude, wurden in Zimmer zweiundvierzig im dritten Stock gewiesen, begaben uns sofort dorthin, sprachen mit niemandem, und ich blieb im Zimmer, bis ich zu Mr. Hyatt geleitet wurde. Mr. Goodwin ging einmal kurz fort, um mit Miss Sally Colt Kaffee zu holen. Ich habe zu keiner Zeit diesen – wie soll ich dieses Geschöpf nennen?«

»Den Ermordeten?«

»Ja.«

»Nennen Sie ihn Ihren Klienten.«

»Das möchte ich nicht, in diesem Zusammenhang. Ich habe andere Klienten gehabt. Was den Mann betrifft, der mich im April aufsuchte, sich mir als Otis Ross vorstellte und mich mit einer Arbeit beauftragte, die ich in meiner Erklärung an den Innenminister beschrieb, so habe ich ihn seit dem dreizehnten April vorigen Jahres nicht mehr gesehen noch in irgendeiner Verbindung mit ihm gestanden oder irgend etwas über seinen Aufenthalt gewußt. Das nächste Mal hörte ich von ihm heute morgen, als Mr. Goodwin zusammen mit Mr. Hyatt das Zimmer verlassen hatte und beinahe augenblicklich zurückkehrte, um mir zu sagen, daß jener Mann tot in einem nahe gelegenen Zimmer lag. Das nächste Mal sah ich ihn vor einigen Minuten, als man mich in das Zimmer zu seiner Leiche führte. Ich hatte nicht gewußt, daß er sich im Gebäude aufhielt. Es ist dumm, nur Verneinungen aufzuzählen. Jedenfalls weiß ich rein gar nichts über seinen Tod und was er davor getan hat. Außer den Tatsachen, die in meiner Erklärung an den Innenminister festgehalten sind, habe ich keinerlei Kenntnisse, gleich welcher Art, die bei der Untersuchung dieses Mordfalls dienlich sein können.«

Wolfe dachte einen Augenblick lang nach. »Nun, Mr.

Groom. Ich glaube zwar nicht, daß irgendwelche Fragen viel Zweck haben, aber versuchen Sie es immerhin.«

»Ja, ich versuche es.« Groom fixierte mich, und ich dachte, jetzt sei ich an der Reihe, aber er wandte sich wieder an Wolfe. »Sie sagten, daß Sie heute morgen dieses Gebäude kurz vor zehn betraten. Um wieviel Uhr genau?«

»Ich trage keine Uhr. Aber als wir hereinkamen, bemerkte Mr. Goodwin, daß es fünf Minuten vor zehn sei. Er behauptet, seiner Uhr nie zu gestatten, mehr als dreißig Sekunden falsch zu gehen.«

»Wie spät war es, als Sie bei Zimmer zweiundvierzig anlangten?«

»Das weiß ich nicht. Aber ich schätze, wir brauchten vier Minuten bis zum Fahrstuhl, hinauf in das dritte Stockwerk und den Korridor entlang bis zu dem Zimmer. Das wäre dann eine Minute vor zehn Uhr.«

»Und wenn jetzt einer oder mehrere der andern behaupteten, Sie seien erst gegen Viertel nach zehn ins Zimmer gekommen?«

Wolfe beäugte ihn. »Mr. Groom. Diese Frage ist sinnlos, und das wissen Sie. Als Drohung ist sie kindisch. Als bloße Hypothese ist sie leichtfertig. Und wenn einer von ihnen so etwas behauptet, wissen Sie, wie viele Fragen das aufwerfen wird, einschließlich derjenigen über die Aufrichtigkeit des Betreffenden. Falls Sie Ihre Frage, so wie Sie sie stellten, beantwortet haben wollen, so ging entweder seine Uhr falsch, oder sein Gedächtnis versagte, oder er lügt.«

»Gewiß.« Augenscheinlich war Groom schwer zu verärgern. Er wechselte zu mir über. »Selbstverständlich bestätigen Sie alles, was Wolfe gesagt hat. Nicht wahr?«

»Selbstverständlich«, bejahte ich.

»Ja oder nein. Bestätigen Sie es?«

»Ja.«

»Einschließlich Ihrer Ankunftszeit in diesem Gebäude?«

»Ja. Fünf vor zehn.«

Er stand auf und trat zu mir. »Zeigen Sie mir Ihre Uhr.«

Ich drehte meinen Arm um, streifte die Manschette hoch, und er warf einen Blick auf die Uhr, sah dann auf seine eigene, dann wieder auf meine. »Schreiben Sie auf, ich stellte fest, daß Goodwins Uhr zwanzig Sekunden nachging«, sagte er zu dem Mann am Tisch und kehrte zu seinem Stuhl zurück.

»Sie wundern sich vielleicht«, sagte er, »warum ich Sie nicht getrennt vernehme. Aber das wäre Zeitverschwendung. Nach dem, was ich über Ihren Ruf und Ihre Personalien weiß und wie Sie arbeiten, rechnete ich mir aus, daß meine Chance, Sie in einen Widerspruch zu verwikkeln, falls Sie sich eine Geschichte ausgedacht hatten, zu gering wäre und es nicht die Mühe lohnte. Außerdem wollte Mr. Hyatt zum Lunch gehen, und ich wünschte, daß er dabei ist. Sie dürfen auch wissen, warum.« Er drehte sich um. »Wollen Sie ihnen sagen, was Sie mir erzählt haben, Mr. Hyatt?«

Hyatts Haarsträhne war wieder an ihrem Platz. Er beugte sich mit aufgestützten Ellenbogen vor. »Sie meinen über heute morgen?« fragte er Groom.

»Ja. Genau das.«

»Nun, ich kam früh hierher, ein wenig vor neun Uhr. Einer aus meinem Stab, Tom Frazer, war bereits da. Wir saßen hier zusammen an meinem Schreibtisch, sahen Papiere durch und bereiteten alles für die Leute vor, die heute erscheinen sollten, als mich das Mädchen aus der Zentrale anrief, weil mich ein Mann wegen einer, wie er sagte, dringenden und vertraulichen Angelegenheit sprechen mußte. Er wollte nicht sagen, worum es sich handelte. Er erklärte, sein Name sei Donahue, was mir nichts weiter sagte. Ich wollte nicht, daß er uns hier störte, deshalb ging ich vor die Tür, um ihn abzuwimmeln, und traf ihn auf einer Bank im Korridor an. Er wollte nicht dort sprechen, so führte ich ihn in das nächste leere Zimmer, Zimmer achtunddreißig. Er war ein Mann in mittleren Jahren, von ungefähr meiner Größe, hatte braunes Haar und Augen –«

»Sie haben ihn gesehen«, warf Groom ein.

»Oh.« Hyatt war bestürzt. »Das stimmt. Er nannte sich William A. Donahue, und er wollte mir einen Handel vorschlagen. Er wisse, wer heute vor mir erscheinen sollte und daß Nero Wolfe einer von ihnen sei und daß er kalte Füße bekommen habe und aus der Sache aussteigen wolle. Seine Bedingungen... Muß ich die ganze Unterredung wiederholen, Captain? Wir haben ungefähr zwanzig Minuten gesprochen.«

»Das Wesentliche. Die Hauptpunkte.«

»Es gab eigentlich nur einen Hauptpunkt. Er stotterte sich allerhand zurecht, aber das war der Kernpunkt der Sache: In Verbindung mit einer Spekulation, in die er verwickelt war – er machte keine näheren Angaben –, hatte er einige Leitungen abhören lassen, eine davon durch Nero Wolfe, wofür er Wolfe zweitausend Dollar gezahlt hatte. Als der Skandal ausbrach – er nannte es: die große Pleite – und Broady eingesperrt und angeklagt wurde, war er zu dem Schluß gekommen, daß der Boden in New York zu heiß für ihn sei, und hatte den Staat verlassen. Als er kürzlich erfuhr, daß diese Untersuchung im Namen des Innenministers durchgeführt wurde und alle Privatdetektive verhört werden sollten, war er beunruhigt, besonders wegen Nero Wolfe. Wolfe hatte die Abhörzapfstelle sofort aufgelöst, die er für ihn eingerichtet hatte. Sie hatten sich gestritten, und Wolfe hatte es ihm gehörig gegeben. Er wußte, wie durchtrieben Wolfe war, und nun, da er vorgeladen worden war – verwirre ich Sie mit den Pronomen?«

Er sah Wolfe an, deshalb erwiderte ihm dieser: »Nicht im geringsten. Fahren Sie fort.«

»...und nun, da Wolfe vorgeladen worden war, wußte er, daß er versuchen würde, sich so oder anders herauszuwinden, und daß er – Donahue – für etwas eingesperrt werden würde, das schlimmer als Beschaffung ungesetzlicher Abhörberichte war. Deshalb wollte er mit mir einen Handel abschließen. Falls ich meinen Einfluß beim Staatsanwalt geltend machen würde, mit ihm hinsichtlich der Abhöranklagen glimpflich umzugehen, würde er mir eine vollständige eidesstattliche Erklärung über diese Operation abgeben und würde es, falls gefordert, vor Gericht bezeugen. Ich fragte ihn, ob Wolfe gewußt habe, daß das Abhören ungesetzmäßig war, und er bejahte es. Ich fragte ihn, ob Donahue sein richtiger Name sei und ob er diesen Namen auch Wolfe genannt habe, und er bejahte das ebenfalls. Ich fragte ihn nach weiteren Einzelheiten über seine Person, aber er wollte mir nichts weiter sagen, bis – und falls – ich auf seinen Vorschlag einginge – außer, daß er in New York im Hotel Marbury gewohnt hatte. Ich erklärte ihm, daß ich nicht so ohne weiteres auf einen solchen Handel eingehen könne, ich brauche Bedenkzeit, und bat ihn, im Zimmer zu warten. Dort ließ ich ihn und kehrte in dieses Zimmer zurück, und –«

»Wie spät war es da?« fragte Groom.

»Es war halb zehn, ein oder zwei Minuten danach. Ich halte meine Uhr nicht so auf die Sekunde genau, wie Goodwin es tut, aber sie geht ziemlich richtig.« Er blickte auf sein Handgelenk. »Ich habe jetzt dreizehn Uhr zweiundvierzig.«

»Sie geht drei Minuten vor.«

»Dann war es ziemlich genau halb zehn, als ich in dieses Zimmer zurückkam.« Er wandte sich wieder Wolfe zu. »Ich mußte natürlich sehen, wieviel Zeit mir noch blieb. Das Verhör sollte um zehn Uhr beginnen. Ich hielt es für wichtig genug, um den Innenminister deswegen um Rat zu fragen. Deshalb rief ich sein Büro an, doch man sagte mir, daß er in New York auf einer Konferenz sei und sein Sekretär nicht wisse, wo man ihn um diese Zeit erreichen könnte. Ich rief das Büro des Staatsanwalts von New York an und erreichte seinen Stellvertreter Lamert, einen Freund von mir. Ich erklärte, daß ich unbedingt ein polizeiliches Führungszeugnis über einen William A. Donahue, der im Frühjahr im Hotel Marbury gewohnt hatte, brauche, und zwar so schnell wie möglich. Um Viertel nach zehn hatte ich noch keine Nachricht und versuchte den stellvertretenden Innenminister an den Apparat zu bekommen, aber dieser war nicht in seinem Büro. Ich erklärte Tom Frazer das Ganze, und –«

Groom unterbrach ihn. »Ich glaube, das reicht. Sie kehrten auch nicht in Zimmer achtunddreißig zurück, um mit Donahue zu sprechen?«

»Nein. Ich hatte ihm gesagt, daß es eine Stunde und länger dauern könnte, möglicherweise zwei. Als um elf Uhr noch immer kein Bericht aus New York vorlag – bis jetzt ist noch keiner eingetroffen –, entschied ich mich für eine Gegenüberstellung von Wolfe und Donahue, um zu sehen, was daraufhin geschehen würde, und ich ging in das Untersuchungszimmer und schickte nach Wolfe und Goodwin.« Hyatt sah auf seine Uhr. »Ich komme zu spät zu meiner Verabredung zum Lunch.«

»Ja, ich weiß.« Groom sah auf Wolfe. »Haben Sie irgendwelche Fragen an Mr. Hyatt?«

Wolfe hatte die Beine übereinandergeschlagen, wie gewöhnlich, wenn er auf einem Stuhl saß, der zu klein für ihn war und keine Armlehne hatte. Jetzt setzte er die Füße nebeneinander und stützte seine Handflächen auf die Knie. »Nur ein oder zwei Fragen. Sie werden sich erinnern, Mr. Hyatt, daß Sie mir erklärten, Sie persönlich schenkten meinem Bericht Glauben. Warum sagten Sie mir das?«

»Weil ich es so meinte.«

»Sie hatten bereits mit diesem Donahue gesprochen.«

»Ja, aber ich glaubte ihm nicht. Ich weiß etwas über ihren Ruf und Ihre Position, und ich wußte ganz und gar nichts über ihn. Vom einfachen Standpunkt der Glaubwürdigkeit aus zog ich Sie vor, zumindest versuchsweise.«

»Schenken Sie meinem Bericht immer noch Glauben?«

»Nun...« Hyatt blickte auf Groom und dann wieder zu Wolfe hinüber. »Unter den gegenwärtigen Umständen, fürchte ich, ist meine persönliche Meinung weder maßgeblich noch überzeugend.«

»Ich denke, nein. Etwas anderes. Dieser Donahue behauptete, sich einige Abhörberichte verschafft zu haben.

Mehrzahl. Erwähnte er noch einen andern Namen als den meinigen?«

»Ja, er nannte noch andere, aber während der ganzen Unterredung konzentrierte er sich auf Sie.«

»Welche anderen Namen erwähnte er?«

»Augenblick mal«, warf Groom ein. »Ich halte das nicht für erforderlich. Wir wollen Sie nicht länger aufhalten, Mr. Hyatt.«

»Ich möchte wissen«, beharrte Wolfe, »ob jener Mann den Namen einer der heute hier Vorgeladenen nannte.«

Er mußte es mit seinem Wissenwollen bewenden lassen. Hyatt sah Groom an, der den Kopf schüttelte, und Hyatt stand auf und ging. Wolfe kreuzte seine Beine wieder und verschränkte die Arme, aber die Proportionen stimmten nicht. Er wirkte nie so imposant, wenn er auf einem zu kleinen Stuhl saß und sein Gesäß über die Sitzfläche ragte. Als sich die Tür hinter dem Sonderbeauftragten des Innenministers geschlossen hatte, ergriff Groom das Wort. »Ich wollte, daß Sie es direkt aus Hyatts Mund hören. So ist es unverfälscht. Möchten Sie jetzt Ihre Erklärung abändern? Oder etwas hinzufügen? Natürlich ist Donahue tot, aber wir haben seine Spur und wissen, wo wir ansetzen müssen. Sie kennen das.«

»Ja, ich kenne das.« Wolfe grunzte. »Ich spreche gern, Mr. Groom, aber nicht ohne Sinn und Zweck. Was ein Abändern meiner Erklärung betrifft, so könnte ich ihren Stil oder ihre Interpunktion verbessern, aber nicht ihren Inhalt. Und was das Hinzufügen betrifft, so könnte ich ein paar Fußnoten setzen, wie zum Beispiel, daß dieser Mann log, als er Mr. Hyatt erzählte, er habe mir seinen Namen als Donahue angegeben und ich hätte gewußt, daß das Anzapfen der Leitung ungesetzlich war. Doch das ist bereits stillschweigend in der Erklärung mit einbegriffen. Eine Bitte möchte ich allerdings äußern. Ich kenne jetzt seinen Namen, zumindest den Namen, den er Hyatt nannte, und den Namen des Hotels, in dem er zu der Zeit, als er mich aufsuchte, wohnte. Hier kann ich Ihnen von keinerlei Nutzen sein. Ich habe ganz und gar nichts für Sie. Aber falls mir gestattet wird, sofort nach New York zurückzukehren, werde ich meine ganze Findigkeit und mein ganzes Talent darauf verwenden, seine Herkunft zu entlarven, sein Tätigkeitsfeld, seine Verbindungen zu –«

Er hielt inne, denn Groom hatte den Kopf gewandt. Die Tür hatte sich geöffnet, und auf der Schwelle stand ein Mann, ein Kollege in Uniform. Er trat vor und sagte: »Für Sie, Captain«, und reichte ihm ein gefaltetes Stück Papier. Groom faltete es auseinander, warf einen Blick darauf, nahm sich Zeit, befahl dem Polizisten zu bleiben, musterte das Papier noch einmal und hob die Augen zu Wolfe und mir. »Dieses ist ein Haftbefehl«, sagte er schließlich. »Für Ihre Verhaftung als Hauptverdächtige in einem Mordfall. Wollen Sie ihn sehen?«

Ich drehte mich zu Wolfe um. Ich kann bezeugen, daß er während der ganzen zehn Sekunden Totenstille nicht ein einziges Mal mit den Lidern zuckte. Dann sprach er, doch alles, was er vorbrachte, war: »Nein.«

»Aber ich«, warf ich ein und streckte die Hand aus, und Groom reichte mir das Papier. Es sah echt aus, und sogar unsere Namen waren richtig geschrieben. Die Unterschrift des Richters sah aus wie »Bymnyomr«. »Ich denke, er ist in Ordnung«, sagte ich zu Wolfe.

Der stierte Groom an. »Ich weiß kaum, welchen Ausdruck ich gebrauchen soll«, sagte er eisig. »Willkürlich? Anmaßend? Starrköpfig?«

»Sie sind jetzt nicht in New York, Wolfe.« Groom versuchte vergeblich, seine Selbstzufriedenheit zu verbergen. »Dieses ist die Stadt Albany. Ich frage Sie nochmals, wollen Sie Ihre Erklärung ändern oder ihr etwas hinzufügen?«

»Sie meinen es wirklich ernst mit der Zustellung dieses Dingsda?«

»Ich *habe* ihn zugestellt. Sie stehen unter Arrest.«

Wolfe fragte mich nach Mr. Parkers Telefonnummer.

»Eastwood sechs-zwei-sechs-null-fünf.«

Er erhob sich, umkreiste den Schreibtisch, setzte sich

auf den Stuhl, den Hyatt geräumt hatte, und hob den Hörer von der Gabel. Groom sprang hoch, machte einen Schritt, fing sich, blieb stehen und steckte die Hände in die Hosentaschen. »Ein Gespräch mit New York City, bitte. Eastwood sechs-zwei-sechs-null-fünf«, sagte Wolfe in den Apparat.

4

Vier Stunden später, um sechs Uhr, waren wir immer noch in Haft. Ich hatte schon vorher hinter Gittern gesessen, aber noch nie mit Wolfe zusammen. Für ihn war es eine Premiere.

Eigentlich waren wir nicht hinter Gittern, oder zumindest waren sie nicht sichtbar. Es war ein Untersuchungszimmer im Polizeipräsidium, und es war eigentlich nicht übel, außer daß es wie ein Krankenhaus roch und die Stühle klebrig waren. Es gab sogar eine Privattoilette in einem abgetrennten Verschlag in der Ecke. Ein Polizeibeamter leistete uns Gesellschaft, wahrscheinlich um aufzupassen, daß wir den elektrischen Stuhl nicht um seine Beute betrogen, indem wir einen Selbstmordplan schmiedeten und ihn ausführten. Als ich ihm sagte, daß uns eine Abendzeitung einen Dollar wert wäre, öffnete er die Tür und schrie jemandem über den Korridor etwas zu, verharrte aber auf seinem Posten. Er ging kein Risiko ein.

Bald nach unserer Festnahme hatte man uns gestattet, etwas Eßbares zu bestellen, und ich hatte zwei Portionen Corned beef auf Toast und einen Viertelliter Milch kommen lassen. Wolfe, der seit zehn Uhr nichts weiter als Kaffee zu sich genommen hatte, lehnte das Angebot ab. Ob er in Hungerstreik treten wollte oder nur vor Wut nichts essen konnte, vermochte ich nicht zu sagen. Als mein Corned beef auf Toast ankam, entpuppte es sich als Schinken auf Schwarzbrot, und der Schinken war nur mittelprächtig, aber die Milch war in Ordnung.

Nicht nur, daß Wolfe in der Gefangenschaft nichts aß, er sprach auch nicht. Mit dem Hut auf dem Kopf saß er auf seinem auf einer Holzbank ausgebreiteten Mantel, zumeist gegen die Wand gelehnt, mit geschlossenen Augen und mit über seinem Schmerbauch gefalteten Händen. Ich betrachtete ihn, und da mir seine Grimassen wohlvertraut waren, würde ich sagen, daß er, statt sich zu beruhigen, noch wütender wurde. Nachdem einige Stunden verstrichen waren, machte er den einzig wirklichen Versuch zu einem Gespräch, öffnete die Augen und fragte mich nach meiner offenen, ehrlichen Meinung über etwas. Ich erklärte, daß er meine wahre Meinung über alles und jedes haben könnte und daß wir offensichtlich ausreichend Zeit hätten, sie zu besprechen.

Er grunzte. »Ich sehe voraus, daß in Zukunft – falls Sie und ich weiterhin zusammen arbeiten, was wahrscheinlich ist – diese Episode in diesem oder jenem Zusammenhang öfters erwähnt werden wird. Stimmen Sie zu?«

»Na klar. Vorausgesetzt, daß es nicht unsere letzte Episode ist. Sie nehmen offenbar an, daß wir eine Zukunft haben werden.«

»Sie Miesmacher! Dafür werden wir schon sorgen. Beantworten Sie mir eine Frage: Wenn Sie nicht durch Ihr Gelüst, bei einem Telefonanzapfvorgang mitzuwirken, verführt worden wären, glauben Sie, daß ich den Job für diesen Mann gemacht hätte? Ich frage nur nach Ihrer Meinung.«

»Nun, die werden Sie nicht bekommen.« Ich sah auf ihn hinunter. »Falls ich nein sage, wären die zukünftigen Erörterungen zu einseitig. Sage ich ja, hieße das, die Bürde noch schwerer zu machen, die Sie bereits tragen, und das könnte zuviel für Sie sein. Sie können uns nicht aus dieser Klemme befreien, wenn Sie vor Wut kochen und nicht mehr nachdenken können. Ich schlage Ihnen etwas vor: Ich werde es teilen.«

»Was teilen?«

»Die Schuld. Halbe-halbe. Wir beide haben verdient, daß man uns prügelt, aber nicht, daß man uns brät.«

»Überlassen wir das der Zukunft«, knurrte er und schloß einfach die Augen.

Um sechs Uhr war ich in den zweiten Abschnitt der Abendzeitung vertieft, und nachdem ich alles mögliche andere verschlungen hatte, ließ ich mich darüber belehren, wie man Nylon-BHs, die auf irgendeine Weise zerrissen worden waren, reparieren konnte. Plötzlich flog die Tür auf. Unser Wachtposten wirbelte hoch, bereit, einen bewaffneten Rettungsversuch abzuwehren, aber es war nur ein Polyp, der einen Besucher hereinführte. Der Besucher, ein Kerl mit rotem Gesicht und in einem braunen Kaschmirmantel, blieb stehen und warf einen Blick um sich, trat ein und streckte eine Hand aus.

»Mr. Wolfe? Ich bin Stanley Rogers. Es tut mir schrecklich leid. Wahrscheinlich dachten Sie, ich sei in eine Sackgasse geraten, aber Nat Parker erreichte mich erst gegen drei Uhr, und der Richter steckte mitten in einer Verhandlung, und ich mußte allerlei Fäden ziehen. Wir sind hier draußen nicht sehr gastfreundlich, stimmt's? Das ist Mr. Goodwin? Mir ein Vergnügen.« Er bot mir seine Hand, und ich schüttelte sie. »Ich bat den Richter, sich mit einer Summe von fünftausend für die Bürgschaft zu begnügen, aber er wollte es nicht unter zwanzigtausend machen. Für jeden zwanzigtausend. Immerhin sind Sie auf freiem Fuß, wie Sie es zweifellos verdienen, nur dürfen Sie den Gerichtsbezirk nicht ohne Erlaubnis des Gerichts verlassen. Ich habe ein Zimmer für Sie im Latham Hotel reservieren lassen, aber es kann natürlich rückgängig gemacht werden, wenn Sie andere Vorkehrungen treffen möchten.«

Er hatte einige Papiere, die wir unterschreiben mußten. Er versicherte uns, Parker, der ihn aus New York anrief, habe ihm erklärt, daß er alles im Bereich des Möglichen für uns unternehmen wollte. Er würde auch seine Dinnerverabredung absagen, falls wir ihn benötigten; aber Wolfe sagte, daß er im Moment nichts weiter wolle, als hier herauszukommen und etwas zu essen. Ein Angebot nahmen wir aber an. Er hatte seinen Wagen draußen stehen, und nachdem er sich von dem Wachtposten verabschiedet hatte – ohne Trinkgeld – und zu einem Schalter gegangen war, wo wir uns abmeldeten und einige persönliche Dinge zurückforderten, die man uns abgenommen hatte, führte er uns nach draußen und fuhr uns zu der Garage, wo wir die Limousine abgestellt hatten. Mit Wolfe wieder im Fond, rollte ich zum Hotel, holte die Reisetaschen aus dem Kofferraum und überließ den Wagen einem Hoteldiener.

Ich hätte Wolfe unter die Nase reiben können, daß ich in bezug auf die Taschen wieder einmal recht gehabt hatte, entschied jedoch, daß er dafür nicht in Form war. Am Abend zuvor, dickköpfig wie gewöhnlich, hatte er sich geweigert, der Möglichkeit ins Auge zu sehen, eine Nacht außer Haus verbringen zu müssen. Er hatte darauf bestanden, daß wir kein Gepäck brauchen würden, doch ich hatte selbst seine Tasche gepackt, nach dem Grundsatz, daß der Mensch denkt, aber ein höheres Wesen gelegentlich lenkt. Jetzt, als uns der Hoteldiener auf Zimmer 902 folgte und die Taschen absetzte, war eine prächtige Gelegenheit für eine nonchalante Bemerkung, aber ich hielt es für ratsamer, sie für mich zu behalten.

Als sein Mantel neben dem meinen im Schrank hing, entledigte sich Wolfe seines Jacketts, seiner Weste, seiner Krawatte und des Hemdes, ging ins Badezimmer und wusch sich Gesicht und Hände. Dann zog er seinen Morgenrock aus gelber Wolle mit zarten schwarzen Streifen an, holte seine Pantoffeln, setzte sich auf einen Stuhl, um seine Stiefel auszuziehen, und bat mich, den Zimmerdienst wegen einer Speisekarte anzurufen. Ich erinnerte ihn daran, daß Rogers das Essen im Latham Hotel als nur mittelmäßig bezeichnet hatte und daß das beste Restaurant der Stadt nur zwei Häuserblocks entfernt lag.

»Ich bin daran nicht interessiert«, erklärte er. »Ich habe keinen Appetit und deshalb auch kein Geschmacksempfinden. Ich esse, weil ich essen muß. Sie wissen genau, daß ich nicht mit leerem Magen arbeiten kann.«

Arbeiten wollte er also.

Ich kann mich an kein düstereres Mahl erinnern. Die Speisen waren einwandfrei genießbar – Austern, Consommé, Rindsbraten, Kartoffelbrei, Broccoli, Salat, Apfelkuchen, Käse und Kaffee –, und wir verputzten alles, aber die Stimmung war ohne Glanz. Obwohl Wolfe bei Tisch niemals über Geschäfte spricht, so unterhält er sich doch während der Mahlzeiten gern über alles mögliche und tut es auch beinahe immer. Bei jenem Essen sagte er jedenfalls kein einziges Wort, und ich unterließ auch jeden Versuch, ihn anzukurbeln. Als er mit seiner zweiten Tasse Kaffee fertig war, stieß er seinen Stuhl zurück und nuschelte mir zu: »Wie spät ist es?«

»Zwanzig nach acht.«

»Gut.« Er zog die Luft ein, den ganzen Weg bis zu dem Rindsbraten hinunter, und stieß sie durch die Nase wieder aus. »Ich weiß nicht, ob Sie sich vorstellen können, in was für einer Patsche ich sitze.«

»Auch die Patsche ist geteilt. Halbe-halbe.«

»Nur in gewissem Maße. Die Gefahr, ja, aber bei mir gibt es eine besondere Schwierigkeit. Man wird uns hier festhalten, bis der Fall gelöst ist. Ich kann unsere Freilassung nur beschleunigen, indem ich ihn löse, aber ich habe keine Lust dazu. Gewiß kann niemandem gestattet werden, ungestraft zu morden, aber ich würde es vorziehen, bei der Überführung des Mannes, der diese abscheuliche Kreatur tötete, nicht die Hand im Spiel zu haben. Was soll ich tun?«

Ich winkte ab. »Das ist einfach. Warten Sie's ab. Dieses Zimmer ist gar nicht so übel. Sie können die Versammlungen des Stadtrates, wenn sie stattfinden, besuchen und sich Bücher aus der Leihbücherei holen, und ich kann Sally Colt allerhand beibringen, falls sie auch hier hängenbleiben sollte. Zieht es sich über Monate hin, und das ist wahrscheinlich, wenn dieser Groom das Beste ist, was sie vorzuweisen haben, könnten wir eine kleine Wohnung mieten und Fritz kommen lassen –«

»Mund halten!«

»Jawohl, Sir. Oder vielleicht könnten Sally und ich den Fall ohne Sie lösen. Ich fühle mich dem Täter nicht so zu Dank verpflichtet, wie es bei Ihnen zu sein scheint.«

»Unsinn. Ich bin nicht dankbar. Ich wollte ihn lebend wiedersehen. Also gut. Zwischen dem Unerträglichen und dem lediglich Widerwärtigen muß ich das letztere wählen. Ich nehme an, die andern werden ebenfalls im Gerichtsbezirk festgehalten.«

»Falls Sie unsere Kollegen meinen, ganz bestimmt. Vielleicht nicht inhaftiert, wie wir, aber zurückgehalten gewiß. Für Groom sind wir kein so sicherer Tip, als daß er die andern gehen ließe, und außerdem braucht Hyatt sie für seine Befragung.«

Er nickte. »Ich muß sie sehen. Vielleicht sind einige in diesem Hotel. Finden Sie sie, und bringen Sie sie her.«

»Jetzt?«

»Ja.«

»Haben Sie irgendwelche Vorschläge?«

»Nein. Mein Geist funktioniert nicht. Ich will versuchen, ihn wieder flottzumachen, bis Sie sie anbringen.«

So etwas war schon früher vorgekommen, mehrmals. Er wußte, daß es für mich nur zwei Möglichkeiten gab: zu protestieren, daß er mir mehr auftrug, als ich ausführen konnte, oder es als Kompliment zu nehmen, daß er, wollte er ein Wunder vollbracht haben, nur mit dem Finger in meine Richtung zu schnippen brauchte; und er wußte auch, welche dieser Möglichkeiten ich wählen würde.

»Okay«, sagte ich. »Wollen Sie dann bitte den Zimmerdienst anrufen, damit abgeräumt wird? Fritz könnten Sie auch anrufen, damit er nicht anfängt, sich zu sorgen. Ich muß jetzt nachdenken.«

Ich stellte mich ans Fenster, schob die Gardinen auseinander, zog die Jalousie hoch und starrte auf die nächtliche Straße hinunter. Es war nicht das erste Mal, daß es mir oblag, eine Gesellschaft zusammenzutrommeln, aber es war noch niemals eine Bande von Privatdetektiven gewesen, und für sie brauchte ich einen Spezialtrick. Allmählich kamen mir brillante Ideen. Zum Beispiel, ihnen zu erzählen, Wolfe nehme an, es werde sie interessieren, was ihn Hyatt beim Verhör gefragt hatte. Oder Wolfe habe eine Idee, wie wir uns alle aus dem Gerichtsbezirk verdrücken könnten, und wolle sich mit ihnen darüber beraten. Oder Wolfe habe gewisse Informationen über den Ermordeten, die er der Polizei nicht mitgeteilt hatte und die er mit ihnen besprechen wollte. Oder ihnen zu sagen, daß Wolfe es für wesentlich halte, die Ankunftszeit eines jeden von uns in Zimmer 42 festzuhalten, und daß wir das gemeinsam regeln sollten. Und so weiter, fast ein Dutzend Einfälle. Ich wirbelte sie in meinem Kopf herum. Das Entscheidende war, etwas zu wählen, das bei jedem von ihnen ankommen würde.

Plötzlich fiel mir ein, daß Wolfe mir einmal erklärt hatte, die beste Art, aus einem Sortiment von Einfällen einen auszuwählen, sei die, den einfachsten zu nehmen. Ich ließ die Jalousie herunter und drehte mich um. Er hatte gerade sein Gespräch mit Fritz beendet und manövrierte sich in den Lehnsessel, der beinahe breit genug für ihn war. »Sie wollen alle zusammen, nicht wahr?«

Er bejahte.

»Wie bald?«

»Oh – in zwanzig Minuten. Einer halben Stunde.«

Ich setzte mich auf die Bettkante, nahm den Hörer auf und erklärte der Telefonistin, daß, soviel ich wisse, Harland Ide auch hier abgestiegen sei, und sie solle mich bitte mit seinem Zimmer verbinden. In zwei Minuten begrüßte mich sein Boß, ein wenig heiser, mit einem Hallo.

»Mr. Harland Ide?«

»Am Apparat.«

»Hier ist Archie Goodwin. Ich rufe im Auftrag von Mr. Wolfe an. Wir sind auf Zimmer 902. Er möchte Sie gern wegen einer Sache, die man nicht am Telefon besprechen kann, um Rat fragen. Im Augenblick ruht er sich aus. Wenn Sie ihm den Gefallen tun wollen, in Zimmer 902, sagen wir, in einer halben Stunde, vorbeizukommen, wird er das sehr schätzen. Sagen wir neun Uhr. Wir hoffen, Sie kommen.«

Ein kurzes Schweigen. »Können Sie mir einen Anhaltspunkt geben?«

»Besser nicht, am Telefon.«

Ein etwas längeres Schweigen. »Also gut, ich komme.«

Das Einfachste ist das Beste. Es war natürlich ein großer Vorteil, daß sie alle Privatdetektive waren. Sagen Sie einem Privatdetektiv, Sie müssen etwas mit ihm besprechen, das zu heiß fürs Telefon ist, und er durchschwimmt einen Strom, um zu Ihnen zu gelangen.

Nicht bei allen war es so leicht wie bei Ide. Steve Amsel war nicht im Latham abgestiegen, aber ich erreichte ihn in einem anderen Hotel und gewann ihn für das Projekt. Jay Kerr war im Latham, aber bei den ersten beiden Versuchen war seine Leitung besetzt, und ich erreichte ihn als letzten. Dol Bonner und Sally Colt hatten Zimmer 917 in unserem Stockwerk, und ich wünschte, ich hätte unten mit ihnen zu Abend gegessen, anstatt mit einer stummen Attrappe vorliebzunehmen. Zuerst machte sich Dol Bonner nicht viel aus der Sache, aber als ich ihr erklärte, daß die anderen auch kämen, sagte sie zu. Nachdem ich beim dritten Versuch auch Kerr antraf, legte ich auf und drehte mich zu Wolfe um. »Alles bestens inszeniert. Wollen Sie noch jemanden? Groom? Hyatt? Den Innenminister?«

»Wie spät ist es?«

»Neun Minuten vor neun.«

»Verflixt, ich muß mich anziehen.« Er erhob sich und begann sich aus dem Morgenmantel zu schälen. Er wollte weibliche Gäste nicht im Négligé empfangen, besonders nicht in einem Hotelzimmer.

5

Es war ein geräumiges Zimmer und mit sieben – oder, wenn man Wolfe doppelt zählte, acht – Personen nicht überfüllt. Ich hatte eine telefonische Eilbestellung nach weiteren vier Stühlen aufgegeben, so brauchte sich niemand auf die Bettkante zu hocken. Dol Bonner und Sally, immer noch unzertrennlich, saßen an der Wand. Daneben Steve Amsel, der seinen Stuhl umgedreht hatte, die Arme auf der Rückenlehne verschränkte und sein Kinn, auf die Hände stützte. Er war immer noch sehr adrett, und seine schwarzen Augen waren immer noch flink. Harland Ide sah müde aus, aber immer noch würdig genug für einen Bankier. Jay Kerr, das halb glatzköpfige rundliche Männchen, tauchte als letzter auf. Er brachte zwei Hinweise mit, die ich auf der Stelle mit meiner höchst trainierten Beobachtungsgabe entdeckte: ein gerötetes Gesicht und eine Fahne. »Sieh an!« rief er bei unserem Anblick aus. »Eine Party, he? Davon haben Sie mir nichts gesagt, Archie. Hört, hört!«

»Hinsetzen und zuhören«, befahl ihm Amsel. »Wir haben auf Sie gewartet. Wolfe will sein Liedchen pfeifen.«

»Das möchte ich gerne hören«, bemerkte Kerr herzlich und setzte sich.

Wolfes Augen machten die Runde. »Ich beginne am besten damit, Ihnen die Erklärung vorzulesen, die ich dem Innenminister vorlegte.« Er zog ein Dokument aus seiner Tasche und entfaltete es. »Sie ist ziemlich lang, aber ich möchte, daß Sie über meine Lage Bescheid wissen. Wenn Sie mir gestatten.«

»Klar«, rief Kerr. »Schießen Sie los.«

Wolfe begann zu lesen. Es nahm ganze zehn Minuten in Anspruch, aber er packte seine Zuhörerschaft. Ich muß zugeben, daß ich Mitgefühl für ihn empfand. Am liebsten hätte er doch diese Angelegenheit verschrottet und vergessen, aber da man ihn bereits gezwungen hatte, sie in schriftlicher Form in einer eidesstattlichen Erklärung niederzulegen und vor Hyatt zu wiederholen, mußte er das Ganze jetzt vor einer Versammlung von Mitgliedern seines Berufsverbandes wiederkäuen. Es mußte eine der bittersten Pillen sein, die er je zu schlucken gehabt hatte, aber er würgte sie hinunter.

Er stützte seine Ellenbogen auf die Sessellehne und spreizte die Fingerspitzen gegeneinander. »Heute morgen konnte ich Ihnen also nicht den Namen des Ermordeten nennen. ich sprach dabei von meiner Schmach, und ich will nicht länger darauf eingehen. Möchte einer von Ihnen etwas geklärt haben? Irgendwelche Fragen?«

Offensichtlich hatte niemand eine. Wolfe ergriff wieder das Wort. »Mr. Goodwin sagte Ihnen am Telefon, daß ich Sie wegen etwas um Rat fragen möchte. Hier ist es. Wir alle sind in eine Morduntersuchung verwickelt und werden festgehalten. Mr. Goodwin und ich sind als Hauptverdächtige verhaftet worden und gegen Kaution freigelassen. Ich weiß nicht, ob jemand von Ihnen verhaftet worden ist, aber gewiß ist Ihre Bewegungsfreiheit eingeschränkt worden. Ich denke, daß es zu unserem gemeinsamen Vorteil sein wird, unsere Informationen zusammenzutun, darüber zu sprechen und zu beschließen, was damit zu machen ist. Wir alle sind geübte und erfahrene Spürhunde.«

Amsel wollte zum Sprechen ansetzen, aber Wolfe winkte ab. »Bitte. Ehe Sie sich dazu äußern, lassen Sie mich klarstellen, daß weder Mr. Goodwin noch ich irgend etwas mit dem Tod jenes Mannes zu tun hatten noch irgend etwas darüber wissen. Möglicherweise trifft das auf Sie alle zu. Falls ja, ist der Wert meines Vorschlags eindeutig – wir wären Einfaltspinsel, wenn wir nicht unsere Informationen und unseren Verstand zusammentäten. Falls nein, falls einer von Ihnen ihn tötete oder seine Hand im Spiel hatte, wird er uns gewiß nichts davon sagen, und wahrscheinlich wird er sich weigern, uns überhaupt eine Auskunft zu geben. Aber offensichtlich liegt es im Interesse von uns andern, unsere Kenntnisse und unsere Findigkeit zu vereinen. Stimmen Sie mir zu?«

Zum erstenmal wechselten sie Blicke. Jay Kerr sagte: »Recht ordentlich. Hört, hört! Den letzten beißen die Hunde!«

»Das ist der richtige Ausdruck«, erklärte Amsel. »Wenn ich nicht mitspiele, bin ich der Sündenbock.«

»Ich habe eine Frage.« Das war Harland Ide. »Warum wurden Sie und Goodwin in Haft genommen und gegen Kaution freigelassen?«

»Weil«, erklärte ihm Wolfe, »jener Mann – ich nehme an, daß Sie inzwischen alle wissen, daß sein Name Donahue war –, weil er Mr. Hyatt heute morgen eine Geschichte aufgetischt hat, die im Widerspruch zu meiner Erklärung stand. Er behauptete, mir seinen Namen als Donahue genannt zu haben, und ich hätte von der Ungesetzmäßigkeit des Abhörens gewußt.«

»Au weh«, meinte Kerr. »Kein Wunder, daß wir auspacken sollen.«

»Ich habe auch ausgepackt, Mr. Kerr. Ich werde jede Frage, die Sie stellen wollen, beantworten. Und ich versichere Ihnen, daß mich nicht Furcht vor einem unvermeidbaren Unheil, weder für Mr. Goodwin noch für mich selbst antreibt. Ich möchte nur nach Hause.«

Dol Bonner ergriff das Wort. »Mir scheint, daß es nur um die Frage geht, ob es Zweck hat oder nicht. Wir haben bereits der Polizei alles erzählt, was wir wissen – ich wenigstens und Miss Colt, und morgen werden sie uns erneut vornehmen.« Sie richtete ihre Bernsteinaugen auf Wolfe. »Was für einen Sinn soll es haben?«

Er sah sie stirnrunzelnd an. Manchmal bemüht er sich wahrhaft, mit einer Frau zu reden, ohne sie finster anzustarren, aber er schafft es selten. »Möglicherweise keinen, gnädige Frau. Aber wir beanspruchen für uns eine beträchtliche Portion Verstand, und vielleicht haben wir ihn auch. Falls ja, können wir ihn ebensogut nutzen, da sonst nur die Möglichkeit bleibt, stillzusitzen und vor uns hin zu brüten, in der Hoffnung, daß Mr. Groom entweder Verstand oder Glück hat. Haben Sie überhaupt schon Notizen ausgetauscht?«

Er erhielt dreimal ein Nein und zweimal Kopfschütteln.

»Dann wird es Zeit. Sie wissen noch nicht einmal, ob einer oder mehrere von Ihnen mit Sicherheit ausgeschlossen werden können. Angenommen, einer von uns tötete ihn, wissen Sie, wie die Zeitgrenze liegt? Sie wissen es nicht. Offenbar hatten Sie nicht den Vorzug wie ich, Mr. Hyatts Geschichte gehört zu haben. Der Mord wurde zwischen halb zehn, als Mr. Hyatt Donahue allein in dem Zimmer ließ, und zehn Uhr, als ich und Mr. Goodwin hereinkamen, begangen. Angenommen, daß einer von uns ihn tötete – und diese Mutmaßung müssen wir aufrechterhalten, bis wir eine Rechtfertigung haben, sie fallenzulassen. Falls einer von Ihnen beweisen kann, daß er vor neun Uhr dreißig in Zimmer zweiundvierzig ankam und dort blieb, kann er ausgeschlossen werden.«

»Ich nicht«, sagte Dol Bonner. »Miss Colt und ich kamen als erste, um zwanzig Minuten vor zehn Uhr. Ungefähr fünf Minuten später kam Mr. Ide und nach weiteren vier oder fünf Minuten Mr. Amsel. Der nächste war Mr. Kerr, und Sie und Mr. Goodwin kamen als letzte, kurz vor zehn. Ich nahm übel, daß man Sie zuerst aufrief, da wir alle vor Ihnen gekommen waren und meines Erachtens auch zuerst aufgerufen werden sollten.«

»Dann stecken wir alle drin. Als ich die Zeitgrenze zwischen halb zehn und zehn angab, übersah ich die Möglichkeit, daß entweder Mr. Goodwin oder Miss Colt, oder beide – auf ihrem Weg zum Kaffeeholen – in Zimmer achtunddreißig schlüpfen und ihn töten konnten. Möchte einer diese Möglichkeit untersuchen?«

Sally Colt fing an zu kichern. Das war ein Schönheitsfehler, aber ich machte Zugeständnisse, weil es das erste Mal sein konnte, daß sie einen Mord aus nächster Nähe miterlebte, und deshalb natürlich nervös war. Ich kam ihr zu Hilfe. »Streichen Sie das von der Liste. Ich tat es nicht, sie tat es nicht, und wir taten es nicht.«

»Miss Colt?«

»Seien Sie nicht albern!« Ihre Stimme war lauter als nötig, und sie dämpfte sie. »Nein. Mr. Goodwin hat recht.«

»Gut. Das hat er oft.« Wolfe rutschte auf seinem Stuhl herum. Sein Hinterteil war seit sechs Uhr früh genug gestraft worden. »Wahrscheinlich nimmt die Polizei an, einer von uns habe bei seiner Ankunft Donahue, der die Tür jenes Zimmers geöffnet haben konnte, im Korridor gesehen und sich daran gemacht, ihn zu vernichten. Bei dieser Theorie sind wir in Schwierigkeiten. Für eine ausgedehnte Unterhaltung konnte nicht Zeit genug gewesen sein, wenn der Mörder das Gebäude nicht sehr viel früher betrat, ehe er in Zimmer zweiundvierzig eintraf, und in dem Fall wird ihn die Polizei gewiß ohne unsere Hilfe fangen. Doch war aller Wahrscheinlichkeit nach der bloße Anblick von Donahue in diesem Gebäude ausreichend, um den Mörder seinen Tod auf der Stelle beschließen zu lassen. Trifft das auf einen von Ihnen zu? Ich habe Ihnen erschöpfend und offenherzig von meiner Verbindung mit jenem Mann berichtet. Hatte einer von Ihnen mit ihm zu tun?«

»Ich«, gestand Dol Bonner.

»Ja, Miss Bonner? Wollen Sie mehr darüber sagen?«

»Sicher. Ich habe es der Polizei erzählt, warum nicht Ihnen auch?« In ihrer Stimme schwang ein Anflug von Verachtung, ob für Wolfe oder für die andern, war nicht zu sagen. »Erst einmal überging ich etwas, aber nicht absichtlich. Als Miss Colt und ich im dritten Stock des Gebäudes anlangten, ging ich auf die Damentoilette und sie ging in Zimmer 42. Es war zwanzig Minuten vor zehn, als ich dort zu ihr stieß. Die Polizei weiß das natürlich. Ich hörte auch, wie ein Polizeibeamter zu jemandem – ich glaube, es war der Staatsanwalt – sagte, daß alle von uns die Leiche identifiziert hatten.«

»Sieh an.« Wolfes Stirn hatte sich beinahe geglättet. »Die ganze Schar?«

»Das sagte er.« Ihr Blick schwenkte zu Ide, zu Amsel, zu Kerr und zurück zu Wolfe. »Meine Geschäfte mit ihm gleichen fast aufs Haar den Ihren. Er kam im April in mein Büro, gab als Namen Alan Samuels an und beauftragte mich, seinen Privatanschluß – er wohnte in der Bronx – abhören zu lassen, mit genau den gleichen Abmachungen wie bei Ihnen. Ich hatte keinen Archie Goodwin, der mich anstachelte, aber ich dachte, es könnte mir nichts schaden, etwas über Leitungsanzapfen zu lernen, wenn es legal geschehen konnte. Deshalb willigte ich in den Auftrag ein, falls er mir seine Personalien geben würde. Er zeigte mir einige Papiere – einen Führerschein und einige Briefe –, aber ich erklärte, daß das nicht ausreichte.«

Sie hielt inne, um zu schlucken. offenbar erfüllte ihre

Leistung sie mit genausowenig Stolz wie Wolfe die seine. »Er sagte, daß er ein Konto auf der Bank um die Ecke habe – mein Büro liegt an der Fünfzigsten Straße, Ecke Madison Avenue –, und bat mich, ihn dorthin zu begleiten. Ich hatte eine Verabredung, konnte das Büro nicht verlassen, deshalb bat ich Miss Colt, mit ihm zu gehen.« Sie drehte sich um. »Sally, jetzt sind Sie dran.«

Sally sah nicht sehr fröhlich aus. »Sie wollen, daß ich es erzähle?«

Dol Bonner bejahte, und Sally heftete ihren Blick auf Wolfe. Von meinem Blickwinkel aus konnte man in dem elektrischen Licht das Blaue in ihren Augen nicht erkennen; sie wirkten fast so schwarz wie Amsels. »Miss Bonner erklärte mir, um was es ging«, begann sie, »und ich begleitete ihn um die Ecke in die Madison Avenue zur Zweigstelle der Continental Trust Company. Er führte mich durch ein Türchen hinter der Absperrung, wo vier Männer an Schreibtischen saßen, und er trat an einen der Schreibtische, auf dem ein kleines Namensschild mit dem Namen Frederick Poggett stand. Der Klient nannte den Mann an dem Schreibtisch Mr. Poggett, reichte ihm die Hand und erklärte, daß er in Verbindung mit einer geschäftlichen Angelegenheit seine Identität beweisen müsse und ob Mr. Poggett ihn wohl identifizieren würde. Mr. Poggett sagte: ›Selbstverständlich‹, wandte sich an mich und erklärte: ›Dieser Herr ist Mr. Samuels, ein Kunde unserer Bank.‹ Ich fragte: ›Alan Samuels?‹, und er bejahte das und bot dann dem Klienten an, falls es sich um eine Kreditfrage handele, gern seinen Bankauszug bestätigen zu wollen. Der Klient meinte, das sei nicht nötig, und wir gingen. Wir kehrten ins Büro zurück, und ich erstattete Miss Bonner Bericht.«

Sie unterbrach sich und sah Dol Bonner an, die nickte und ihr Stichwort aufgriff. »In meinem Fall, Mr. Wolfe, war es nicht sein Sekretär, den er im Verdacht hatte, sondern sein Bruder, der im selben Haus wohnte, aber das ist nur eine Kleinigkeit. Er zahlte in bar tausend Dollar, und ich fand heraus, wie man die Leitung anzapfte, und machte mich ans Werk. Er sollte sich täglich um fünf Uhr seinen Bericht in unserem Büro abholen. Eines Morgens, als er den fünften Bericht erhalten hatte, rief er uns an und erklärte, daß er die Zapfstelle nicht länger benötige, und fragte, ob er mir noch etwas schulde. Ich sagte, ja, weitere fünfhundert Dollar, und nach ungefähr einer Stunde kam er vorbei und zahlte sie.« Sie machte eine kleine Handbewegung. »Ich hatte ihn nie in Verdacht. Ich behaupte immer noch, daß es keinen Grund dazu gab. Aber als der ganze Tumult wegen der angezapften Leitungen losging und als man uns auferlegte, jegliche Beziehung, die wir dazu hatten, unter Eid darzulegen, ging ich zu der Bank und sprach mit Mr. Poggett. Miss Colt nahm ich mit. Er erinnerte sich natürlich an den Vorfall. Nachdem er sich die Karteikarte vorgenommen hatte, erklärte er mir, daß Alan Samuels ein Girokonto auf der Bank am zehnten Februar eröffnet hatte, wobei er seine Geschäftsadresse in der Lexington Avenue angegeben hatte. Er, Poggett, hatte den Fall bearbeitet. Er wollte mir weder die Anzahl noch die Art der Referenzen, die Samuels angegeben hatte, nennen, aber er sagte, daß das Konto am 20. April, also einen Tag nachdem er die Abhörstelle aufgegeben hatte, gelöscht wurde. Ich konnte die Adresse in der Lexington Avenue aus ihm herausbekommen. Natürlich argwöhnte ich, daß man mich an der Nase herumgeführt hatte, und ich – wollen Sie, daß ich weitererzähle? von meinen Bemühungen, ihm auf die Spur zu kommen?«

»Nur, falls Sie ihn fanden. Hatten Sie Erfolg?«

»Nein. Das nächste Mal sah ich ihn in dem Zimmer. Tot.«

»Sie hatten ihn vorher nicht lebend gesehen?«

»Nein.«

»Wäre es nicht ein leichtes gewesen, sich zu vergewissern – etwas zu finden, was Ihren Argwohn entweder begründete oder zerstreute?«

»Oh.« Sie war verblüfft. »Das habe ich vergessen. Natürlich. Ich ging selber zu der Adresse in der Bronx. Ein

Mann namens Alan Samuels lebte dort, aber es war nicht derselbe Mann.«

»Beichteten Sie ihm Ihr – hm, unbeabsichtigtes Eindringen in seine Intimsphäre?«

»Nein. Ich gestehe, daß ich es hätte tun sollen, aber ich tat es nicht. Mich widerte das Ganze an.«

»Haben Sie Erkundigungen über ihn eingezogen – über seinen Beruf, seine Lebensführung, seine Interessen?«

»Nein. Was hätte das schon genützt?«

»Wie lautet seine Adresse?«

»Ich denke…« Sie zögerte. »Ist das wichtig?«

Wolfe runzelte wieder die Stirn. »Kommen Sie, Miss Bonner. Sie ist wahrscheinlich in jedem Telefonverzeichnis der Bronx zu finden.«

Sie errötete ein wenig. »Es schien mir nur unwesentlich zu sein. Borchard Avenue Nr. 2970, in der Bronx.«

Wolfe drehte sich um. »Archie. Rufen Sie Mr. Cohen an. Geben Sie ihm Namen und Adresse, und sagen Sie ihm, wir möchten alle Auskünfte, die leicht zu beschaffen sind. Möglichst innerhalb einer Stunde.«

Ich stand auf und ging an den Apparat. Bei der Nummer der *Gazette* brauchte ich mein Notizheft nicht zu Rate zu ziehen. Ich bat die Versammlung, weiterzumachen, da ich gewohnt sei, unter schwierigen Verhältnissen zu telefonieren, aber sie schwiegen höflich. Zu dieser Nachtzeit hatte ich New York in zwanzig Sekunden, erwischte Lon und teilte ihm unseren Wunsch mit, aber es dauerte zwei Minuten, ihn loszuwerden. Er wollte einen Exklusivbericht über unsere Verhaftung und über die Sorte Knoten, mit der ich Donahues Krawatte gebunden hatte, und ich mußte unhöflich werden und den Hörer ohne Verabschiedung auflegen. Als ich zu meinem Stuhl zurückkehrte, lud Wolfe die Zuhörerschaft ein: »Will einer von Ihnen irgendwelche Fragen an Miss Bonner richten?«

Offensichtlich wollte das niemand.

»Ich denke, daß wir unsere Anerkennung für Miss Bonners Offenheit am besten zeigen, indem wir sie erwidern. Mr. Ide? Mr. Amsel? Mr. Kerr?«

Ide zwickte sich in die Hautfalte über seinem Adamsapfel. Amsel, seine Arme immer noch über der Rückenlehne seines Stuhls verschränkt, sah Wolfe an. Jay Kerr machte ein Geräusch, aber es war nur ein kleiner Rülpser.

»Ich verstehe«, sagte Wolfe, »daß Sie sich durch Ihren Beruf und Ihre Erfahrungen eine hohe Meinung über Diskretion gebildet haben, aber ich hoffe, Sie haben keinen Fetisch daraus gemacht. Miss Bonner zufolge hat jeder von Ihnen den Toten erkannt. Das heißt, daß Sie ihm nicht nur begegnet sind, sondern ihn auch unter Umständen kennengelernt haben, die es Ihnen als gefährlich – oder zumindest als unvorsichtig – erscheinen ließen, vorzugeben, ihn nicht zu kennen. Wie Miss Bonner sagte: Was Sie der Polizei erzählen, kann sicherlich auch hier gesagt werden, es sei denn, Sie hätten Grund zu der Befürchtung –«

»Was zum Teufel?« stieß Jay Kerr aus. »Natürlich kannte ich den Bastard!«

»Wir haben Damen hier«, sagte Amsel vorwurfsvoll.

»Es sind keine Damen, es sind Kollegen. Warum war er nicht ein Bastard? Sehen Sie nur, wie er Wolf und Dol Bonner an der Nase herumführte, zwei Fachleute von bestem Ruf. Ein Stinktier. Ich werde liebend gerne alles, was ich über ihn weiß, ausposaunen, aber zuerst möchte ich einen Drink.«

»Ich bitte um Verzeihung«, entschuldigte sich Wolfe, und er meinte es ehrlich. »Fern von zu Hause bin ich nicht ich selbst, und ich vernachlässige sogar die kleinen Annehmlichkeiten. Archie, bitte.«

6

Dol Bonner nahm Brandy und Kaffee, Sally eine Rum-Cola – noch ein Schönheitsfehler. Ide nahm Tee mit Zitrone, Amsel einen doppelten Bourbon mit Wasser, Kerr einen doppelten Scotch mit Eis, und Wolfe wollte zwei Flaschen Bier und ich eine doppelte Portion Milch. Ab und zu genehmigte ich mir auch einen Drink, aber nicht, wenn ich mich meiner Freiheit nur gegen Kaution erfreue. Dann brauche ich meine ganze Geschicklichkeit.

Kerr hatte gesagt, daß er zuerst einen Drink haben wollte. Während wir darauf warteten, daß die Bestellungen heraufgebracht wurden, ging Wolfe noch ein paar Einzelheiten mit Dol Bonner durch, wie zum Beispiel das Datum von Donahues erstem Besuch bei ihr. Aber das war nur Zeitvertreib. Oder vielleicht auch nicht. Ich war froh, daß Fritz nicht da war. Er hat jede Frau, die über die Schwelle tritt, im Verdacht, seine Küche übernehmen zu wollen; von dem übrigen Haus ganz zu schweigen. Er hätte sich regelrecht gewunden. Dol Bonners bernsteinfarbene Augen und lange dunkle Wimpern waren keineswegs ihre einzigen Reize, außerdem war sie der richtige Jahrgang, hatte gesunden Menschenverstand bewiesen und einen recht annehmbaren Bericht erstattet. Darüber hinaus war sie noch eine Leidensgefährtin, da auch sie von Donahue zum Narren gehalten worden war. Natürlich, falls Wolfe ihr den Mord nachwies, wäre sie nicht länger eine Gefahr. Aber ich stellte fest, daß er sie nicht mehr mit einem Stirnrunzeln bedachte. Auch gut, dachte ich. Wenn sie ihn einfängt und Sally mich einfängt, können wir alle Fälle zusammen lösen und ein Monopol in der Branche bilden.

Nachdem die Drinks gekommen und verteilt worden waren und Wolfe ein paar gesunde Schluck Bier genommen hatte, fixierte er Jay Kerr. »Ja, Sir? Sie wollten mit Ihrem Bericht anfangen.«

Kerr nippte an seinem Scotch. »Er hat mich auch reingelegt. Gekonnt. Nur nicht nach genau dem gleichen Motto. Bei ihm ging es um seine Frau. Er wollte, daß seine Privatleitung abgehört wurde – ein Apartment in Brooklyn –, und wünschte einen vollständigen Bericht über jeden Anruf, ob von männlichen oder weiblichen Teilnehmern, da er annahm, daß sich ein männliches Wesen während seiner Abwesenheit dort herumtrieb, wo es nichts zu suchen hatte. Ich kann Ihnen und auch Miss Bonner sagen, daß er Sie übers Ohr gehauen hat. Er gab mir gleich zu Anfang zweitausend Dollar und noch weitere zweitausend später.«

»Vielen Dank. Das nächste Mal werde ich mehr verlangen. Wann war das?«

»Es war Anfang April, als er mit mir in Verbindung trat. Nach zwei Wochen – sechzehn Tagen, wenn ich mich recht entsinne – kündigte er die Abhörstelle und rechnete ab.«

»Wie war sein Name? Der Name, den er angab?«

Kerr nippte wieder, schluckte und zog eine Grimasse. »Dieser Whisky hat nicht den richtigen Geschmack, aber das ist nicht die Schuld des Whiskys. Ich habe Kohl zu Abend gegessen. Sein Name, nun, er nannte sich Leggett. Arthur M. Leggett.«

»Das hört sich bekannt an. L-e-g-g-e-t-t?«

»Ja, genau.«

»Ich habe ihn schon gehört. Archie?«

»Hm«, stimmte ich zu. »Er ist der Boß von irgend etwas.«

»Er ist der Präsident der New Yorker Bürgerliga«, warf Dol Bonner ein.

Diese Frau ging mir auf die Nerven. Jetzt gab sie Wolfe schon Auskünfte, nach denen er mich vergeblich fragte, und sie waren noch nicht einmal verlobt. Wolfe dankte ihr höflich. Nichts gegen Höflichkeit, aber ich hoffte, daß er keinen Fetisch daraus machte. »Wodurch bewies er seine Identität?« fragte er Kerr.

»Durch nichts.«

Kerr nippte noch einmal, zog wieder eine Grimasse, und Wolfe wandte sich zu mir und bellte: »Probieren Sie diesen Whisky.«

Ich selbst hatte den gleichen Gedanken gehabt. Es begann so auszusehen, als ob wir einen Mörder in unserer Gesellschaft hatten, und nicht nur das; es war noch nicht lange her, da hatte ein Kerl namens Asse direkt in unserem Büro einen Drink, der ihm von mir serviert worden war, hinuntergestürzt und war tot umgefallen. Zyankali. Wolfe wollte keine Wiederholung dieser Szene und ich ebenfalls nicht. Ich bat Kerr, seinen Drink probieren zu dürfen, und er sagte, was zum Teufel, reichte ihn mir aber. Ich nahm einen Tropfen, verteilte ihn mit meiner Zunge, ließ ihn hinunterrieseln, wiederholte das Ganze mit einem Fingerhut voll und reichte ihn zurück.

»Okay«, beruhigte ich Wolfe. »Es muß der Kohl sein.»

Wolfe grunzte. »Sie sagten, daß er sich nicht auswies, Mr. Kerr. Warum nicht?«

»Warum sollte er?« fragte Kerr zurück. »Wissen Sie, wie viele Männer im Stadtgebiet durchschnittlich pro Woche ihre Ehefrauen verdächtigen? Hunderte. Tausende! Einige von ihnen kommen zu mir, damit ich ihnen helfe. Ein Mann taucht auf und will mich für die Dienste einer Fachkraft bezahlen. Warum sollte ich bezweifeln, daß er weiß, wer er ist? Wenn ich alle ihre Angaben überprüfen sollte, würde mich das meine ganze Zeit kosten.«

»Sie müssen diesen Namen schon einmal gehört haben, Arthur M. Leggett. Sie, mit Ihrem ausgedehnten – äh – Betätigungsfeld.«

Kerr reckte sein Kinn hoch. »Hören Sie, sind Sie ein Polyp? Oder einer von uns?«

»Ich bin einer von uns.«

»Dann zeigen sie es. Überlassen Sie es den Polypen, mir zu sagen, welche Namen ich schon gehört haben muß. Machen Sie sich keine Sorgen, das haben sie und das werden sie. Und ich berichtete über die Abhörstelle in meiner Erklärung an den Innenminister, weil die Moral es erforderte und weil ich wußte, daß es unumgänglich war. Ich wußte, daß zwei der Techniker nicht dichtgehalten hatten, und ich wäre verloren gewesen, wenn man mich mit einer Sache in Zusammenhang gebracht hätte, über die ich nicht Bericht erstattet hatte.«

Wolfe nickte. »Wir haben kein Verlangen, Sie zu quälen, Mr. Kerr. Wir bitten Sie nur, Ihren Anteil für unsere Informationssammlung beizusteuern. Sie hatten Ihren Klienten nicht im Verdacht, nicht Arthur M. Leggett zu sein?«

»Nein.«

»Und haben ihn nie verdächtigt?«

»Nein.«

»Dann müssen Sie ihn, als man Sie heute die Leiche besichtigen ließ, als Arthur M. Leggett identifiziert haben.«

»Genau das tat ich.«

»Ich verstehe.« Wolfe dachte einen Augenblick nach. »Warum nicht? Und natürlich waren Sie betroffen und aufgebracht, als Sie erfuhren, daß das nicht sein Name war. Und jetzt haben Sie einige harte Ausdrücke für ihn auf Lager. Damit stehen Sie nicht allein. Ich habe sie auch. Ebenfalls Miss Bonner und auch zweifellos Mr. Ide und Mr. Amsel.« Er leerte sein Bierglas, füllte es wieder, behielt es lange im Auge, um achtzugeben, daß der aufsteigende Schaum nicht über den Rand schwappte, und hob dann den Blick. »Das stimmt doch, Mr. Ide?«

Ide stellte seine Tasse auf meinen Koffer auf dem Gestell, den ich ihm als Tisch angeboten hatte. Er räusperte sich. »Ich möchte sagen, Mr. Wolfe, daß ich mich besser fühle, seit ich in diesem Zimmer bin.«

»Fein. Da es mein und Mr. Goodwins Zimmer ist, bin ich erfreut.«

»Ja, Sir. Meine Erfahrungen mit jenem Mann ähneln den Ihren und denen von Miss Bonner, und ich habe es zutiefst bereut. Er hinterging mich, wie er Sie hinterging und in der gleichen Art und Weise. Falls ich es Ihnen in allen Einzelheiten erzählte, wäre es nur eine Wiederholung Ihres und Miss Bonners Berichts.«

»Nichtsdestoweniger möchten wir es gern hören.«

»Das erscheint mir überflüssig.«

Ides Ton hatte sich ein wenig verschärft, aber Wolfe blieb leutselig. »Die eine oder andere Einzelheit mag einen Anhaltspunkt geben. Oder zumindest eine Bestätigung. Wann geschah es?«

»Im April.«

»Wieviel zahlte er Ihnen?«

»Zweitausend Dollar.«

»Gab er seinen Namen als Donahue an?«

»Nein. Einen andern Namen. Wie ich sagte, verfuhr er nach fast dem gleichen Muster wie bei Ihnen.«

»Wie wies er sich aus?«

»Ich ziehe es vor, darüber zu schweigen. Ich habe es ziemlich falsch angepackt. Diese Einzelheit ließ ich in meiner Erklärung an den Innenminister weg. Ich nehme an, daß Mr. Hyatt beim Verhör darauf bestehen wird, aber ich glaube nicht, daß das Ganze veröffentlicht wird, und ich will es nicht an die Öffentlichkeit bringen, indem ich es hier erzähle. Ich wollte sagen, daß ich mich jetzt besser fühle, weil es mich tröstet zu wissen, daß ich nicht der einzige bin, den er zum Narren gehalten hat.«

»Das stimmt wahrhaftig. Wir alle haben uns für die Narrenkappe qualifiziert.« Wolfe trank von seinem Bier und leckte sich die Lippen. »Wie ging es zu Ende? Sind Sie dahintergekommen, oder hat er die Abhörstelle aufgelöst wie bei Miss Bonner oder Mr. Kerr?«

»Das möchte ich lieber nicht sagen.« Nach dem Ausdruck auf Ides knochigem Gesicht mit der langen Hakennase zu urteilen, hätte er am liebsten das Gespräch auf ein harmloses Thema, wie das Wetter, gebracht. »Ich sage nur soviel: Die Abhörstelle wurde nach zehn Tagen aufgegeben, und damit endeten meine Beziehungen zu ihm. Wie Sie, Miss Bonner und Mr. Kerr, sah ich ihn erst heute wieder, und da war er eine Leiche.«

»Und Sie identifizierten die Leiche?«

»Ja. Es gab keine andere. Es wäre Wahnsinn gewesen, es nicht zu tun.«

»Sie identifizierten sie unter dem Namen, den er Ihnen angab, als er Sie beauftragte?«

»Natürlich.«

»Wie lautete der Name?«

Ide schüttelte den Kopf. »Es war der Name eines ehrbaren, ordnungsliebenden Bürgers. Ich suchte diesen auf und erzählte ihm davon, und er war so freundlich, meine Entschuldigung anzunehmen. Er ist ein sehr feiner Mann. Ich hoffe, daß sein Name nicht in einen Mordfall gezogen werden muß. Ich jedenfalls werde nichts dergleichen tun.«

»Aber Sie haben ihn natürlich der Polizei genannt?«

»Nein, noch nicht. Aber man wird mich vielleicht dazu nötigen. Ich kann meine Karriere nicht dadurch beenden, daß ich mir die Lizenz abnehmen lasse.«

Wolfes Blick schweifte in die Runde. »Ich schlage vor, wir lassen die Frage offen, ob Mr. Ide seinen Beitrag geleistet hat, zumindest, bis wir Mr. Amsel angehört haben.« Der Blick blieb auf Steve Amsel haften. »Nun, Sir?«

»Wenn ich nicht mitspiele, bin ich der schwarze Mann, he?«

»Ganz so einfach ist es nicht«, belehrte ihn Wolfe. »Aber Sie haben uns gehört und sind jetzt selbst an der Reihe.«

»Den letzten beißen die Hunde«, erklärte Kerr.

»Blödsinn. Hat man mich etwa gefragt?« Es war noch ein Fingerbreit Bourbon mit Wasser in seinem Glas, und er machte damit Schluß, stand auf, um das Glas auf die Kommode zu stellen, zog eine Zigarette heraus, zündete sie an und lehnte sich mit dem Rücken gegen die Kommode. »Ich werde Ihnen sagen, wie es ist«, meinte er. »Bei mir liegt der Fall anders. Eins vorweg, ich war ein Tölpel, daß ich dieses steife Etwas identifizierte, aber dort lag er, und in einem solchen Fall kann man sich nicht drücken. Man muß ja oder nein sagen, und ich sagte ja. Da wären wir also. Miss Bonner sagte, wir könnten uns ebensogut gegenseitig erzählen, was wir der Polizei gesagt haben, und das akzeptiere ich. Aber mein Problem ist nicht wie das Ihre. Sehen Sie, ich identifizierte ihn als einen Kerl namens Bill Donahue, den ich früher einmal gekannt hatte.«

Sechs Augenpaare waren bereits auf ihn gerichtet, und jetzt zog er sie völlig in den Bann. Er grinste in die Runde.

»Ich sagte, mein Fall liegt anders. Ich habe es ausbaden müssen. Und was habe ich der Polizei erzählt? Ich sagte ihnen, daß ich ihn im letzten Frühjahr ein paarmal gesehen hatte, aber es war ziemlich verschwommen, ich konnte mich nicht an viel erinnern, außer daß er mich einmal bat, für ihn eine Leitung abzuhören, und ich es ihm abschlug. Sie wollten wissen, wessen Leitung er angezapft haben wollte, und ich versuchte, mich daran zu erinnern, aber vergeblich. Ich sagte, ich wisse noch nicht einmal sicher, ob er mir den Namen genannt hatte. Das habe ich also der Polizei erzählt, und das erzähle ich Ihnen.«

Er ging zu seinem Stuhl und ließ sich nieder. Immer noch hingen alle Augen an ihm. Wolfes waren halb geschlossen, als er sagte: »Ich denke, Mr. Amsel, daß Sie seit Ihrer Unterredung mit der Polizei Ihr Gedächtnis etwas aufgefrischt haben. Möglicherweise können Sie uns jetzt über die Gelegenheiten, bei denen Sie Donahue im letzten Frühjahr sahen, etwas Genaueres sagen.«

»Nichts zu machen. Alles nur verschwommen.«

»Oder über den Namen des Mannes, dessen Leitung er anzapfen lassen wollte?«

»Nein. Tut mir leid.«

»Da fällt mir etwas ein. Mr. Kerr hat gesagt, er wisse, daß zwei der Techniker – um seine Worte zu gebrauchen – nicht dichtgehalten haben. Angenommen, daß Ihr Gedächtnis Sie auch bei einer anderen Einzelheit im Stich ließ, angenommen, daß Sie die Abhöranlage einrichteten und es vergessen wollen – nur eine Annahme! –, würde Ihre Lage nicht ziemlich unhaltbar sein, falls sich einer der Techniker daran erinnert?«

»Nur als Annahme?«

»Gewiß.«

»Nun, ich habe gehört, daß eine Menge Techniker dabei waren. Ich denke, daß sie heutzutage ziemlich rar sind. Angenommen, daß diejenigen, die nicht dichthielten, nicht diejenigen waren, die ich beschäftigte? Angenommen, daß meine dichthalten?«

Wolfe nickte. »Ja, wenn ich Vermutungen aufstellen kann, können Sie es auch. Ich verstehe Ihre Abneigung, uns etwas zu enthüllen, das Sie der Polizei verschwiegen haben, aber ich denke, daß wir mit Recht folgendes fragen können: Erwähnten Sie diesen Vorfall in Ihrer Erklärung an den Innenminister?«

»Welchen Vorfall?«

»Ihre Weigerung, die Abhöranlage auf Donahues Wunsch hin einzurichten?«

»Warum sollte ich? Uns wurde gesagt, alle Abhörstellen anzugeben. Uns wurde nicht gesagt, über Verweigerungen solcher Aufträge Auskünfte zu geben.«

»Sie haben ganz recht. Erwähnten Sie Donahues Namen überhaupt in der Erklärung?«

»Nein. Wozu?«

»Nur so. Sie haben natürlich wieder recht. Ich bin sicher, daß Sie mir beipflichten, Mr. Amsel, daß Ihr Beitrag sogar noch dürftiger ist als Mr. Ides. Ich weiß nicht –«

Das Telefon läutete, und ich ging an den Apparat. Es war Lon Cohen. Während ich mit ihm sprach oder ihm vielmehr zuhörte, öffnete Wolfe die zweite Bierflasche und schenkte ein. Die Gäste verharrten höflich in Schweigen, wie zuvor. Wiederum bestand Lon, als er geendet hatte, auf einem genauen Tatsachenbericht, und ich versprach, ihn mit einer achtspaltigen Schlagzeile zu versorgen, sobald wir sie hätten. Ich bat ihn, eine Minute am Apparat zu bleiben, und informierte Wolfe: »Alan Samuels ist ein Makler im Ruhestand, in der Wall Street. Er könnte auf der Park Avenue wohnen, zieht aber die Bronx vor. Seine Frau starb vor fünf Jahren. Er hat zwei Söhne und zwei Töchter, alle verheiratet. Er spendet Geld für wohltätige Zwecke, nichts Aufsehenerregendes. Harvard Club. Direktor der Ethischen-Kultur-Gesellschaft. Vor einem Jahr vom Gouverneur zum Mitglied des Wohltätigkeitsfonds-Untersuchungskomitees ernannt. Ich habe noch mehr, aber es ist nicht sehr aufregend. Natürlich haben Sie den Punkt erkannt, der eventuell interessant sein könnte.«

»Ja. Ist er noch am Apparat? Besorgen Sie die Namen der Mitglieder dieses Komitees.«

»Ist recht.« Ich sprach wieder mit Lon. Er meinte, er müsse die Akten kommen lassen und verlangte in der Zwischenzeit ein paar vertrauliche Informationen. Ich konnte ihm nicht gut klarmachen, daß die anderen Verdächtigen hier in unserem Zimmer saßen und Wolfe sein verflixt möglichstes tat, einen Riß zu finden, in den er einen Keil treiben konnte. Daher gab ich ihm eine rührselige Story über Nero Wolfes Verhalten im Gefängnis und andere kleine Streiflichter. Die Liste kam, er las sie vor, und ich schrieb die Namen auf. Dann gab ich ihm den Rat, die Schlagzeile nicht noch rechtzeitig für die Frühausgabe zu erwarten. Ich riß das Blatt aus meinem Notizblock und reichte es Wolfe. »Das ist alles. Nur fünf Mitglieder, einschließlich des Vorsitzenden.«

Er betrachtete das Papier und grunzte. Dann sah er die Kollegen an. »Nun also. Sie mögen sich aus meiner Erklärung erinnern, daß Otis Ross der Vorsitzende des Wohltätigkeitsfonds-Untersuchungskomitees ist. Sie hörten gerade, daß Alan Samuels ein Mitglied dieses Komitees ist. Ebenso Arthur M. Leggett. Die Namen der andern zwei Mitglieder sind James F. Finch und Philip Maresco. Es ist schade, daß wir nur drei von fünf kennen. Falls die Liste vollständig wäre, würde es mehr als nur vielsagend sein, es würde den Fall abschließen. Können Sie uns helfen, Mr. Ide?«

Ide sah unbehaglich drein. Er kniff wieder in die Haut über seinem Adamsapfel, aber das schien nicht zu helfen, und er versuchte auf seiner Unterlippe zu knabbern, doch da seine Zähne von bräunlichgelber Farbe waren, machte ihn das kaum ansehnlicher. »Ich sagte, ich wollte seinen Namen nicht in diesen Skandal hineinziehen. Aber jetzt *ist* er drin. Ich kann es nicht ändern. Sie haben ihn genannt.«

»Das wären vier. Hat es Sinn, Vermutungen darüber anzustellen, ob es Finch oder Maresco war?«

»Nein. Es war Finch.«

Wolfe nickte. »Dann bleibt nur Maresco übrig, und ich hoffe, daß er nicht vernachlässigt wurde. Mr. Amsel, erweckt dieser Name, Philip Maresco, nicht ein Echo in Ihrem Gedächtnis? Zumindest ein schwaches?«

Amsel grinste ihn an. »Nichts zu machen, Wolfe. Mein Gedächtnis ist ziemlich schlecht geworden. Wenn Sie meinen Rat wollen, lassen Sie mein Gedächtnis beiseite. Es ist eine Spielerei. An Ihrer Stelle würde ich es für gegeben hinnehmen.«

»Sehr gut ausgedrückt. Zufriedenstellend. Halten Sie es für möglich, Ladies und Gentlemen, es sei bloßer Zufall gewesen, daß die fünf Männer, deren Leitungen Donahue abhören lassen wollte, alle Mitglieder jenes Komitees waren?«

Das glaubten sie nicht.

»Ich auch nicht. Sicherlich verdient es eine Untersuchung. Miss Bonner, wieviel befähigte Detektive, Miss Colt nicht mitgezählt, stehen zu Ihrer sofortigen Verfügung?«

Sie war überrascht. »Was – Sie meinen jetzt? Heute nacht?«

»Heute nacht oder morgen früh. Wie spät ist es, Archie?«

»Viertel nach elf.«

»Dann muß morgen früh reichen. Wie viele?«

Sie dachte nach und rieb ihre Lippen mit einer Fingerspitze. Ich gebe zu, daß an ihren Lippen nichts auszusetzen war und daß sie hübsche Hände hatte. »Ich beschäftige eine Frau und zwei Männer. Außer ihnen setze ich vier Frauen und drei Männer bei Gelegenheitsaufträgen ein.«

»Macht zusammen zehn. Mr. Ide?«

»Was soll das?« wollte Ide wissen.

»Ich erkläre es nachher. Jetzt nur: wie viele?«

»Es hängt von Ihrer Auslegung des Wortes befähigt ab. Ich habe zwölf gute Männer unter meinem Personal. Acht oder zehn weitere könnte ich auf die Beine stellen.«

»Sagen wir zwanzig. Macht insgesamt dreißig. Mr. Kerr?«

»Neun. Im Notfall könnte ich vielleicht noch fünf, sechs weitere zusammenkratzen.«

»Fünfzehn. Macht fünfundvierzig zusammen. Mr. Amsel?«

»Ich passe.«

»Überhaupt keinen?«

»Nun, vielleicht. Ich habe kein Personal. Warten Sie, bis ich weiß, worum es geht, dann vielleicht.«

»Dann also fünfundvierzig.« Wolfe richtete sich abrupt auf. »Jetzt, wenn Sie mir gestatten, muß ich meinen Verstand ordnen. Es wird nicht lange dauern. Ich bitte Sie alle, zu bleiben, um einen Vorschlag, den ich machen möchte, anzuhören. Und Sie müssen durstig sein. Für mich eine Flasche Bier, Archie.«

Er rückte seinen Stuhl zu einem der Fenster hinüber, drehte sich um und setzte sich mit dem Rücken zum Zimmer.

Alle bestellten noch einmal das gleiche, bis auf Sally, die zu Kaffee überging, und Ide, der dankend ablehnte. Nachdem ich die Bestellung nach unten telefoniert hatte, sagte ich ihnen, daß sie sich nicht um Dämpfung ihrer Stimmen zu bemühen brauchten, da nichts, was außerhalb seiner Gehirnschale vor sich ging, Wolfe stören konnte, wenn er sich auf deren Inneres konzentrierte. Sie standen auf, um sich die Beine zu vertreten, und Harland Ide fragte Dol Bonner über ihre Erfahrungen mit weiblichen Detektiven aus, und Kerr und Amsel gesellten sich zu ihnen und machten eine allgemeine Streitfrage daraus. Die Getränke kamen und wurden ausgeteilt, und sie fuhren fort, Ansichten und Meinungen auszutauschen. Man hätte annehmen können, daß es nur ein geselliges Treffen war und daß nicht eine Morduntersuchung, ganz zu schweigen von einer behördlichen Ermittlung, die einige von ihnen die Lizenz kosten konnte, über ihnen schwebte, wenn man die häufigen Blicke auf Wolfes Rücken übersah. Ich schloß, daß die Männer zu der Übereinstimmung gelangten, Frauen seien auf ihrem Platz am besten aufgehoben. Und das war meiner Ansicht nach wohl auch die Einstellung der Höhlenmenschen und ihrer ganzen männlichen Nachkommen gewesen. Die Frage war und ist es noch: Wo ist dieser Platz? Ich hoffte nur, daß niemand Wolfe den Floh ins Ohr setzte, daß Dol Bonners Platz in dem alten Sandsteinhaus in der Fünfunddreißigsten Straße wäre.

Als er endlich aufstand und seinen Stuhl umdrehte, blickte ich auf meine Armbanduhr. Acht Minuten vor Mitternacht. Er hatte für das Ordnen seines Verstandes eine halbe Stunde gebraucht. Er rückte den Stuhl wieder auf seinen früheren Platz, setzte sich, und die anderen folgten seinem Beispiel.

»Wir konnten es ticken hören«, sagte Steve Amsel.

Wolfe musterte ihn stirnrunzelnd. »Wie bitte?«

»In Ihrem Gehirnkasten. Die Tasten.«

»Oh. Zweifellos.« Wolfe war kurz angebunden. »Es ist spät, und wir haben Arbeit vor uns. Ich habe eine Hypothese entwickelt, die wir als Ausgangsbasis nehmen können. Ich möchte sie beschreiben und eine gemeinsame Aktion vorschlagen. Ich beabsichtige, Sie alle um Ihre volle Mithilfe zu bitten, und ich erwarte Ihre Zustimmung. Ich werde versuchen, meinen Beitrag zu leisten, obgleich ich keine Organisation wie die von Mr. Ide oder Mr. Kerr vorweisen kann. Archie, ich muß mit Saul Panzer sprechen, und zwar vertraulich. Kann ich das von hier aus?«

»Guter Gott, nein.« Ich hätte ihn treten können, eine solch dämliche Frage vor unseren Kollegen zu stellen. »Zehn zu eins, daß Groom davon in zehn Minuten Wind bekommt. Und auch nicht von einer Telefonzelle im Hotel. Sie müssen nach draußen in eine Zelle gehen.«

»Können Sie zu dieser Stunde eine finden?«

»Sicher. Dieses ist die Stadt Albany.«

»Dann tun Sie das bitte, und rufen Sie ihn an. Sagen Sie ihm, ich riefe ihn um acht Uhr früh bei sich zu Hause an. Falls er andere Verpflichtungen hat, bitten Sie ihn, sie rückgängig zu machen. Ich brauche ihn.«

»Gut. Sobald wir hiermit fertig sind.«

»Nein, jetzt bitte.«

Ich hätte ihn noch mal treten können, aber es ging nicht an, daß ich mir mit einer handgreiflichen Beschwerde vor versammeltem Publikum Luft machte. Ich holte mir Hut und Mantel und trollte mich.

7

Falls es Sie nicht mehr als mich selbst interessiert, wie ich den nächsten Tag, Dienstag, verbracht habe, werden Sie die nächsten vier Minuten vor Langeweile gähnen.

Es gab Ereignisse, doch keine Fortschritte, soweit ich feststellte. Aber zuerst über Montag nacht und Saul Panzer. Saul ist das Beste, was es gibt, und er konnte es mit den ganzen fünfundvierzig Detektiven unserer Kollegen aufnehmen, aber er sollte früher nach Hause und zu Bett gehen. Ich fand mühelos eine Telefonzelle in einem Grill-Restaurant, wählte die Nummer und erhielt keine Antwort. Zurückzugehen, mich der Konferenz anzuschließen und es später noch einmal zu versuchen, kam nicht in Frage. Wenn Wolfe mich mit einem Auftrag losschickt, möchte er ihn erledigt haben, und was das angeht, ich ebenfalls. Ich wartete fünf Minuten und versuchte es noch einmal, und nach weiteren zehn Minuten unternahm ich abermals einen Versuch. Das ging so weiter, und es war Viertel nach eins, als ich ihn endlich erwischte. Er erklärte, daß er einen Beschattungsauftrag für Baxom auszuführen hatte und diesen morgen mittag erneut aufnehmen werde. Ich sagte, daß er das nicht tun werde, es sei denn, er wünsche mich und Wolfe des Mordes angeklagt und wahrscheinlich für schuldig befunden zu sehen, und ich bat ihn, auf einen Anruf um acht Uhr früh zu warten. Ich beschrieb ihm die Höhepunkte unseres heiteren Tagesablaufes, wünschte ihm gute Nacht, kehrte zum Hotel zurück, ging hinauf ins Zimmer 902 und traf Wolfe im Bett fest schlafend an. Er hatte sich das dem Fenster nächstgelegene Bett ausgesucht; das Fenster stand weit offen, und das Zimmer war so eiskalt wie die gestrige Leiche. Von der halboffenen Badezimmertür drang genug Licht herein, daß ich mich ausziehen konnte.

Wenn ich schlafe, schlafe ich tief, aber ich hatte es nicht für möglich gehalten, daß ein Ungetüm von seiner Größe aus dem Bett klettern, herumstöbern und sich anziehen konnte, ohne mich zu wecken. Dazu noch in der Kälte.

Ich hätte ihn gern dabei beobachtet. Was ich endlich hörte, war das Klicken, als er den Türknauf drehte. Ich öffnete die Augen, schnellte hoch und fragte: »He, wohin gehen Sie?«

Er drehte sich auf der Schwelle um. »Saul anrufen.«

»Wie spät ist es?«

»Nach Ihrer Armbanduhr zwanzig nach sieben.«

»Sie sagten doch acht Uhr!«

»Ich kümmere mich zuerst um etwas zu essen. Schlafen Sie weiter. Es gibt nichts zu tun nach meinem Gespräch mit Saul.« Er zog die Tür hinter sich zu und war verschwunden. Ich wälzte mich auf die andere Seite, sorgte mich ein wenig, wie er sich wohl in eine Telefonzelle zwängen würde, und schlief wieder ein.

Doch nicht so tief wie zuvor. Bei dem Geräusch seines Schlüssels im Schloß war ich hellwach. Ein Blick auf meine Armbanduhr belehrte mich, daß es fünf nach halbneun war. Er trat ein, schloß die Tür, legte Hut und Mantel ab und hängte sie in den Schrank. Ich fragte, ob er Saul erreicht habe, und er sagte ja, es sei zufriedenstellend. Ich fragte, wie es letzte Nacht gewesen sei, ob unsere Kollegen ihre Mitwirkung zugesagt hätten, und er antwortete ja, es sei zufriedenstellend. Ich fragte, wie das Programm für uns laute, und er meinte, es gebe keines. Ich fragte ihn, ob das auch zufriedenstellend sei, und er bejahte. Während dieser Unterhaltung entledigte er sich seiner Klamotten. Er entkleidete sich ohne sichtbare Reaktion auf die Eiseskälte, zog seinen Pyjama an, schlüpfte ins Bett und unter die Decke und drehte mir den Rücken zu.

Jetzt schien ich an der Reihe zu sein; ich war munter, es ging auf neun Uhr zu, und ich war hungrig. Ich rollte aus den Federn, ging ins Badezimmer, wusch und rasierte mich, zog mich an, wobei ich ein wenig Mühe hatte, mein Hemd zuzuknöpfen, so zitterte ich. Dann ging ich in die Hotelhalle, kaufte eine *Times* und eine *Gazette,* marschierte weiter in den Speisesaal und bestellte Orangensaft, Pfannkuchen, Rührei und Milchkaffee. Endlich, als ich von dem Willkommensfrühstück genug hatte, wechselte ich in die Halle hinüber und studierte die Zeitungen. Es gab darin nichts über den Mord an William A. Donahue, was ich nicht bereits wußte, außer einigen nutzlosen Einzelheiten, wie zum Beispiel die Meinung des untersuchenden Mediziners, daß er zwischen zwei und fünf Stunden, ehe er zu ihm kam, gestorben war. Es war das erste Mal, daß die *Gazette* Bilder von Wolfe und mir als Gefängnisinsassen veröffentlichte. Dasjenige von mir war recht ordentlich, aber Wolfes war abscheulich. Dann war da eins von Albert Hyatt, sehr gut, und eines von Donahue, das offenbar, nachdem der Spezialist sein Gesicht ausgebessert hatte, aufgenommen worden war. Ich ging nach draußen, um etwas frische Luft zu schnappen, schlug meinen Mantelkragen als Schutz gegen den Wind hoch, der beinahe so kalt wie auf Zimmer 902 war, und stellte fest, daß ein Spaziergang mehr Spaß machte, wenn man ihn nur gegen Kaution genoß. Man wünscht weiterzugehen, immer weiter, und nie anzuhalten. Es war nach elf Uhr, als ich zum Hotel zurückkam, den Fahrstuhl zum neunten Stockwerk nahm und mich in die Tiefkühltruhe einließ.

Wolfe lag immer noch im Bett und rührte sich bei meinem Eintritt nicht. Ich stierte ihn nicht allzu sanftmütig an. Ich erwog immer noch die Lage, als hinter mir an der Tür geklopft wurde, recht laut sogar. Ich drehte mich um, öffnete, und ein überlebensgroßes Individuum trat ein, wobei es mich fast umrannte. Der kam mir gerade recht. Ich fing ihn mit ausgestreckten Armen ab, und er wankte zurück und ging beinahe zu Boden.

»Ich bin Polizeibeamter«, bellte er.

»Sagen Sie das doch. Selbst wenn es stimmt, bin ich keine Fußmatte. Was wollen Sie?«

»Sind Sie Archie Goodwin?«

»Ja.«

»Sie werden im Büro des Staatsanwalts gewünscht. Sie und Nero Wolfe. Ich bin hier, um Sie dorthin zu bringen.« Die richtige Art, das zu erledigen, wäre gewesen, ihm zu sagen, wir würden es wohlwollend erwägen und ihn unseren Bescheid wissen lassen, und ihm die Tür vor der Nase zuzuschlagen. Aber ich grollte Wolfe mehr als ihm. Es hatte keinen sinnvollen Grund gegeben, mich nach draußen zu schicken, um Saul anzurufen, ehe die Konferenz zu Ende war. Es war absolut kindisch gewesen, daß er sich, als er von dem Gespräch mit Saul zurückkehrte, wieder ins Bett legte, ohne mir gegenüber auch nur eine Andeutung zu machen, was los war. Ich hatte ihm angeboten, die Schuld zu teilen, aber nein, ich war der Sündenbock, und er war der Löwe. Deshalb gab ich dem Gesetzeshüter den Weg frei, drehte mich um und sah, wie Wolfe uns aus offenen Augen anstarrte.

»Das ist Mr. Wolfe«, erklärte ich dem Tolpatsch.

»Aufstehen und anziehen«, kommandierte er. »Ich führe Sie zum Verhör in das Büro des Staatsanwalts.«

»Quatsch.« Wolfes Stimme war eisiger als die Luft im Zimmer. »Ich habe Mr. Hyatt und Mr. Groom alle Auskünfte, die ich besitze, gegeben. Falls der Staatsanwalt mich in einer Stunde oder so sprechen möchte, lasse ich ihn vielleicht herein. Sagen Sie Mr. Groom, er sei ein Esel. Er hätte mich nicht in Haft nehmen sollen. Jetzt hat er keine Drohung, mit der er mich zwingen kann, außer mich des Mordes anzuklagen oder meine Freilassung rückgängig machen zu lassen, und das eine wäre unbesonnen und das andere recht schwierig. Hinaus hier! Nein. Ha! Nein, tatsächlich. Archie, wie ist dieser Mann hier hereingekommen?«

»Zu Fuß. Er klopfte an, und ich öffnete die Tür.«

»Ich verstehe. Sie, der Sie ein wahrer Horatius sein können und es auch meistens sind. Ich verstehe.« Seine Blickrichtung änderte sich. »Sie, Sir! Sind Sie nur nach mir oder nach uns beiden geschickt worden?«

»Nach Ihnen beiden.«

»Gut. Nehmen Sie Mr. Goodwin mit. Mich können Sie nur mit Gewalt holen, und ich bin zu schwer, um hochgestemmt zu werden. Der Staatsanwalt kann mich später wegen eines Termins anrufen, aber ich bezweifle, daß er ihn erhält.«

Der Tolpatsch zögerte, öffnete den Mund, schloß ihn und öffnete ihn wieder, um mir zu befehlen, mitzukommen. Wolfe dachte wahrscheinlich, daß er bei mir einen Leberhaken gelandet hatte, aber dem war nicht so. Da man mich dem Programm fernhielt, konnte ich als Freizeitbeschäftigung ebensogut mit dem Staatsanwalt herumalbern.

Eine andere Möglichkeit, die Zeit zu verbringen, war mir eingefallen, nämlich Sally Colt zum Lunch einzuladen, aber es war nach zwei Uhr, als der Staatsanwalt mich schließlich als hoffnungslosen Fall aufgab. Ich ging in einen Drugstore, rief Wolfe an und erklärte ihm, daß der Staatsanwalt ein hoffnungsloser Fall sei, fragte, ob er irgendwelche Anweisungen habe, und erhielt ein Nein zur Antwort. Ich rief Sally Colt an und fragte, ob ihr nach Kino zumute sei, und sie erwiderte, daß sie wohl mochte, aber nicht könne, weil sie zu tun habe. Sie hatte zu tun. Gut. Ich hoffte ehrlich, daß sie einen Weg fand, mich vor dem elektrischen Stuhl zu retten. Ich wollte ein Sandwich und eine Milch an der Soda-Bar einnehmen, entsann mich, daß dieser Ausflug auf Spesen ging, machte mich auf und entdeckte das Restaurant, das Stanley Rogers empfohlen hatte. Dort bestellte ich eine Mahlzeit für sechs Dollar und erhielt eine Quittung. Der Kellner klärte mich auf, wo ich einen Spielsaal finden konnte. Ich begab mich dorthin, rief Wolfe an, um ihm meinen Standort zu übermitteln, setzte mich und sah eine Weile zu. Dann wurde ich von einem tatkräftigen Spieler herausgefordert, ging mit und hinderte ihn daran, mich auszurauben, indem ich mich weigerte, das Gebot bei den Höhen, die er anschlug, mitzuhalten. Schließlich entschied er, daß ich eine Zimperliese sei, und ließ mich fallen. Inzwischen ging es auf sieben. Die Zeit zum Dinner nahte, aber ich hatte keine Absicht, mich dem Bewohner von Zimmer 902 aufzudrängen, deshalb erklomm ich einen Hocker, um an einem Billardtisch einem Paar gerissener Spieler zuzusehen. Es waren keine Turnierspieler, aber sie waren gut. Gerade, als der eine seinen Stock zu einem Massé ansetzte, rief mir der Kassierer zu, daß ich am Telefon gewünscht werde. Ich ließ mir Zeit. Soll er doch warten.

»Hallo.«

»Hallo, Mr. Goodwin?«

»Am Apparat.«

»Hier ist Sally Colt. Ich habe wirklich Ihre Einladung nur ungern ausgeschlagen, aber ich mußte. Sie haben wohl keine Lust, aus einer Kinoeinladung eine Dinnereinladung zu machen?«

Ich brauchte etwas Zeit, um meine Fassung wiederzugewinnen. Nur eine Person konnte ihr erzählt haben, wo ich war. Aber es war nicht ihre Schuld. »Sicher«, sagte ich. »Ich esse jeden Tag. Um welche Zeit?«

»Jetzt, ab jetzt paßt es immer. Im Hotel?«

»Nein. Es gibt einen besseren Ort, nur zwei Häuserblocks weiter. Henninger's. Wollen wir uns dort in einer Viertelstunde treffen?«

»Abgemacht. Henninger's?«

»Stimmt.«

»Ich bin da. Ich werde Mr. Wolfe anrufen und ihm sagen, wo wir sind, falls er uns braucht.«

»Nein, ich sage es ihm schon. Er steht neben mir.«

Während ich mich um Hut und Mantel kümmerte, waren meine Gefühle zu gemischt, als daß ich sie zu ordnen vermocht hätte. Nichts dagegen, auf ein Genie Rücksicht zu nehmen, aber das ging zu weit! Neugierde! Was zum Teufel wollte er von ihr? Erleichterung! Immerhin war er aufgestanden und angezogen, falls sich seine Einstellung zu Frauen nicht ins Gegenteil verkehrt hatte. Fröhlichkeit! Unter fast jeden Umständen ist es ein Vergnügen, mit einem gutaussehenden Mädchen verabredet zu sein. Erwartung! Irgendwann im Laufe der Ereignisse mochte sie es für angebracht halten, mir zu enthüllen, was mein Brötchengeber vorhatte. Das tat sie aber nicht. Es war ein sehr kurzweiliges Mahl, und ehe es zu Ende ging, hatte ich beschlossen, in meinem Urteil über weibliche Detektive eine Ausnahme gelten zu lassen. Aber nicht ein Sterbenswörtchen über aktuelle Geschehnisse, und natürlich würde ich sie nicht danach fragen. Wolfe hatte sie angewiesen, dem aus dem Weg zu gehen. Zwar kann ich das nicht beschwören, aber als der Nachtisch kam, waren wir recht aufgemuntert, und wenn eine Dame mir auf eine gewisse Art zulächelt, aber dem Thema, von dem sie verdammt gut weiß, daß es mir an erster Stelle am Herzen liegt, glattweg ausweicht – dann ist sie von jemandem bestochen worden. Wir beendeten gerade unseren Kaffee und erwogen, das Ganze in ein Lokal die Straße etwas hinunter, wo es ein Tanzparkett gab, zu verlagern, als der Kellner kam und mir sagte, daß ein Telefongespräch für mich da sei. Ich ging.

»Hallo?«

»Archie?«

»Ja.«

»Ist Miss Colt bei Ihnen?«

»Ja.«

»Kommen Sie aufs Zimmer und bringen Sie sie mit.«

»Ja.«

Ich kehrte an den Tisch zurück, berichtete ihr, daß wir gebraucht würden, verlangte die Rechnung, zahlte, und wir brachen auf. Der Gehsteig war an vereinzelten Stellen vereist, und sie nahm meinen Arm, was ein wenig unsportlich für einen Detektiv im Dienst erschien, aber immerhin brauchte ich sie nicht hinter mir herzuschleppen. Im Hotel, als wir im neunten Stock ausstiegen, ging sie in ihr Zimmer, Nummer 917, um abzulegen. Ich wartete auf dem Flur auf sie. Mir war aufgetragen worden, sie mitzubringen, und da das mein einziger Auftrag für den Tag gewesen war, wollte ich ihn aufs I-Tüpfelchen genau ausführen. Sie kam, und wir machten uns auf ins Zimmer 902. Ich schloß die Tür auf, und wir traten ein.

Der Raum war voller Leute.

»Nun«, grüßte ich herzlich, denn ich wollte mir meine Verbitterung nicht in aller Öffentlichkeit anmerken lassen. »Wieder eine Party, was?«

Wolfe flegelte sich in dem Klubsessel an der hinteren Wand herum. Der Schreibtisch war neben ihn gerückt worden, mit Papieren übersät. Dol Bonner saß, durch den Tisch von ihm getrennt, ihm gegenüber. Sie grinste. Falls Sie glauben, daß ich unfair bin und sie nicht grinste, sondern nur kein Zeichen von Elend zeigte, so haben Sie völlig recht. Wolfe nickte mir zu. »Sie lassen besser gleich die Tür offen, Archie. Mr. Groom und Mr. Hyatt werden jeden Moment kommen.«

8

Während ich Hut und Mantel forttrug, war mein erster Gedanke, daß dieser Teufelskerl offensichtlich den Versuch machte, gleich mehrere Fliegen mit einer Klappe zu schlagen – nicht nur für Groom einen Mörder zu brandmarken, sondern auch für Hyatt sich des Verhörs anzunehmen, soweit es dieses Grüppchen, uns eingeschlossen, betraf. Ohne meine Hilfe sah es für ihn nach einem schönen Brocken Arbeit aus, aber natürlich hatte er Dol Bonner. Wie schade, dachte ich, wenn sich herausstellte, daß sie Donahues Krawatte gebunden hatte und Wolfe auf mich zurückkommen müßte.

Ich blickte in die Runde, stellte dabei fest, daß Ide und Kerr und Amsel am weitesten entfernt von Wolfe Platz genommen hatten, während vorne zwei leere Stühle für die erwarteten Besucher standen – als Schritte vom Flur her klangen und ich mich umdrehte. Groom war in Führungsposition. Offenbar hatten sie ihre Hüte und Mäntel unten gelassen.

Wolfe begrüßte sie. »Guten Abend, Gentlemen.« Er deutete auf die Stühle. »Nehmen Sie dort Platz, bitte.«

Sie blieben stehen. Groom sagte: »Ich habe etwas Ähnliches erwartet. Von Ihnen. Sie sagten nicht, daß es sich um eine Versammlung handelte.«

»Nein, Sir. Ich sagte nur, daß – falls Sie kommen und Mr. Hyatt mitbringen – ich jetzt in der Lage sein würde, meiner Erklärung etwas Wesentliches und Schlagendes hinzuzufügen. Ich ziehe es vor, dabei Zeugen zu haben.«

»Wollen Sie bitte Platz nehmen?«

Groom sah Hyatt an, drehte sich um, um mir einen Blick zuzuwerfen, schlängelte sich durch die Lücke zwischen Kerr und Sally Colt, hob einen der leeren Stühle auf, stellte ihn gegen die Wand und ließ sich nieder. Auf diese Weise hatte er Wolfe und Dol Bonner zur Rechten und die übrigen zur Linken und konnte nicht von hinten angefallen werden. Hyatt war nicht so wählerisch. Er machte sich nicht die Umstände, mit dem Stuhl umherzuziehen, sondern setzte sich einfach, obgleich er fünf von uns – Ide, Kerr, Amsel, Sally und mich – im Rücken hatte.

»Lassen Sie uns hören«, gab Groom Wolfe das Stichwort.

»Ja, Sir.« Wolfe rückte seinen Stuhl so, daß er ihn besser im Auge hatte. »Eine Unmenge Einzelheiten haben damit zu tun, aber ich will sie jetzt nicht erschöpfend behandeln. Sie erhalten sie. Zuerst die Lage der Dinge, wie sie gestern abend war. In einem unbedachten Anfall von Eifer hatten Sie Mr. Goodwin und mich in Haft genommen. Deshalb –«

»Ich weiß, wie die Lage war.«

»Nicht, wie ich sie sah. Deshalb mußte ich entweder hier sitzen und Däumchen drehen, Ihrem Geschick und Glück vertrauend, oder mich selber rühren. Als erstes mußte ich möglichst erfahren, ob irgend jemand der andern fünf – jene, die mit Mr. Goodwin und mir in Zimmer 42 gewesen waren – irgendwelche Beziehungen zu Donahue gehabt hatte. Ich lud sie in dieses Zimmer zu einem Kriegsrat ein, und sie kamen. Sie –«

»Das weiß ich. Und heute wollten sie nicht damit herausrücken, was hier geschah. Nicht einer von ihnen. Auch Goodwin nicht. Und Sie ebenfalls nicht.«

»Ich tue es jetzt. Es geht schneller, Mr. Groom, wenn Sie mich nicht unterbrechen. Sie waren hier beinahe vier Stunden lang, und ich brauche Ihnen nicht alles darüber zu wiederholen. Sobald ich erfuhr, daß jeder von ihnen die Leiche erkannt hatte und so auch Donahue gekannt hatte und daß ihre Ankunftszeiten gestern in dem Gebäude keinen von ihnen ausschlossen, war die unvermeidbare

Schlußfolgerung, daß einer von ihnen den Mord begangen hatte, und ich zog sie. Für ungefähr eine Stunde, während wir mit unserer Diskussion fortfuhren, hielt ich sie aufrecht, doch dann mußte ich sie aufgeben.«

Groom wollte etwas einwerfen, doch Wolfe hielt ihn mit einer Geste ab. »Wenn ich bitten darf. Vielleicht sollte ich aufschieben anstatt aufgeben sagen. Ich schob sie auf, weil meine Aufmerksamkeit in eine andere Richtung gelenkt wurde. Ich hatte es als interessanten Punkt vermerkt, daß sieben Personen, die mit Donahue in Verbindung mit den Abhörvorgängen zu tun gehabt hatten, allesamt an einem Tag zum Verhör geladen worden waren. Daß dies nur Zufall war, widersprach aller Wahrscheinlichkeit, und wer sagte, daß es Zufall war? Es mochte absichtlich so eingerichtet worden sein, um es möglich zu machen, ihre Berichte zu vergleichen, und sogar, um sie mit ihm zu konfrontieren.

Aber nein. Es stellte sich heraus, daß diese Erklärung zu dürftig war. Keiner von uns hatte Donahues Namen in seiner Erklärung an den Innenminister erwähnt. Miss Bonner und Mr. Ide und ich hatten alle berichtet, daß wir von einem Mann an der Nase herumgeführt worden waren, der bei jedem von uns nach dem gleichen Muster verfuhr, und unsere Beschreibung von ihm stimmte überein. So mochte das Erscheinen von uns dreien am selben Tag geplant sein, aber das traf nicht auf Mr. Kerr und Mr. Amsel zu. Mr. Kerr hatte lediglich berichtet, die Leitung von Arthur M. Leggett auf Leggetts Wunsch hin angezapft zu haben. Mr. Amsel berichtete nichts – das heißt, nichts, was ihn mit Miss Bonner, Mr. Ide und mir in Verbindung gebracht haben konnte. Gestern identifizierte er Donahue als einen Mann, der ihn einmal gebeten hatte, eine Leitung für ihn abzuhören, und der zurückgewiesen worden war, aber das hatte Amsel in der Erklärung an den Innenminister nicht erwähnt.«

»Nichts geht schneller bei Ihnen«, fiel Groom ein. »Sie alle hatten ihn gekannt. Einer von Ihnen sah ihn dort und tötete ihn.«

»Aber weshalb waren wir alle dort?« fragte Wolfe. »Daß man Miss Bonner, Mr. Ide und mich dort absichtlich zusammengebracht hatte, wäre verständlich, aber nicht Mr. Kerr und Mr. Amsel. Es gab in den Akten keinerlei Verbindung, und dennoch *waren* sie damit in Zusammenhang gebracht worden. Das war höchst bedeutungsvoll, da auch sie mit Donahue zu tun gehabt hatten. Durch Zufall? Ich glaubte es nicht. Möglicherweise einer von ihnen, aber sicherlich nicht beide. So wurde meine Aufmerksamkeit auf die Frage gelenkt: Wer hatte dafür gesorgt, daß wir alle am selben Tag erscheinen sollten? Und gleichzeitig auf eine andere Frage: Hatten diese fünf Männer, deren Leitung Donahue hatte anzapfen lassen wollen, irgend etwas gemeinsam? Das warf noch eine weitere Frage auf: Warum war er zu fünf verschiedenen Detektiven gegangen, um die Leitungen abhören zu lassen? War es nicht deshalb gewesen, weil die fünf Männer *wirklich* etwas gemeinsam hatten und er diese Tatsache geheimhalten wollte?«

Wolfes Blick heftete sich auf Hyatt, als ob er ihn zu einer Antwort aufforderte, aber er erhielt keine. Er wandte sich wieder an Groom. »Meine erste Frage mußte warten, da ich nicht gut Mr. Hyatt aufrufen und ihm die Schuld geben konnte. Die zweite war bald beantwortet. Ich erfuhr, daß vier der Männer, deren Leitung angezapft worden war, Mitglieder des Wohltätigkeitsfonds-Untersuchungskomitees waren, und hatte Grund zu der Annahme, daß der fünfte es gleichfalls war und somit das gesamte Komitee beteiligt war. Daraufhin entschied ich, diesen Damen und Herren die Lage so darzustellen, wie ich sie sah, und um ihre Mithilfe zu bitten. Falls sich meine Vermutung als falsch herausstellte und einer von ihnen in der Tat schuldig war, wäre kein Schaden angerichtet worden, im Gegenteil, ihre Reaktion auf meinen Vorschlag hätte einen Hinweis geben können. Ich erfuhr –«

»Was für ein Vorschlag?« wollte Groom wissen.

»Ich erzähle es gerade. Ich erfuhr, daß sie insgesamt vierzig und mehr Mitarbeiter in New York zur Verfügung hatten, und ich konnte auch noch vier bis fünf stellen.

Nachdem ich ihnen die Situation beschrieben hatte, schlug ich vor, daß wir so viele Männer wie möglich – und Frauen – sofort an die Arbeit schicken sollten. Es gab drei Hauptfährten: erstens das Hotel Marbury, wo Donahue gewohnt hatte. Zweitens die Herkunft, Interessen und Betätigungen von Albert Hyatt, mit der Betonung auf irgendeiner greifbaren Verbindung zu dem Wohltätigkeitsfonds-Untersuchungskomitee, und drittens –«

»Sie meinen, daß Sie Hyatt des Mordes verdächtigen?«

»Ich meine, daß mir ein Verdacht gekommen war, den ich für wert befand, zu überprüfen, und meine Kollegen stimmten mir zu. Ich habe bereits die Frage gestellt: Wer hatte dafür gesorgt, daß wir alle sieben an ein und demselben Tag erschienen? Mr. Hyatt leitete das Verhör. Ein weiterer Punkt, der für gewöhnlich von Bedeutung ist und den Sie anscheinend übersehen haben, ist, daß Mr. Hyatt die letzte Person war, soweit wir wissen, die Donahue lebend sah. Noch ein Punkt war, daß Hyatt gesagt hatte, Donahue habe behauptet, mir seinen Namen als Donahue angegeben zu haben, und ich hätte von der Ungesetzlichkeit der Anzapfstelle gewußt. Ich wußte, daß entweder Donahue gelogen hatte oder daß Hyatt log, und Donahue war tot.« Wolfe hob die Schultern und ließ sie wieder fallen. »Was ich damals argwöhnte, ist nicht mehr von Bedeutung. Die dritte Nachforschungsfährte war, Beweise einer früheren Beziehung zwischen Hyatt und Donahue zu finden. Meine Kollegen telefonierten und ich selbst ebenfalls. Gegen zehn Uhr früh hatten wir – wie viele Detektive, Miss Bonner?«

»Um zehn Uhr waren es vierunddreißig. Um zwei Uhr heute nachmittag achtundvierzig. Zweiundvierzig Männer und sechs Frauen.«

Steve Amsel explodierte plötzlich. »Zu viele Detektive, Hyatt! Ziehen Sie unsere Lizenzen ein! Zu viele. Viel zu viele!«

»Halten Sie den Mund!« befahl ihm Jay Kerr. »Wolfe erzählt.«

Wolfe ignorierte sie. »Vor ein Uhr begannen Berichte

bei uns einzulaufen, und das ging den ganzen Nachmittag so, bis vor einer Stunde, als wir den Leuten in New York erklärten, daß wir genug für unseren Zweck hätten. Miss Bonner und Miss Colt nahmen die meisten davon in Empfang, aber die andern halfen dabei. Die erste Fährte, das Hotel Marbury, lieferte kein wichtiges Ergebnis. Die zweite, Hyatts Herkunft, Interessen und Betätigungen, lieferte nichts endgültig Überzeugendes, aber vieles, das bedeutungsvoll war. Vor achtzehn Monaten begannen nachteilige Berichte über die Tätigkeit der fondsaufbringenden Organisationen in der Presse aufzutauchen, und als die Wochen vergingen, nahmen sie an Anzahl und Bedeutung zu. Vor etwas mehr als einem Jahr wurde Mr. Hyatt als Rechtsberater von einer großen fondsaufbringenden Organisation, deren beträchtliche Profite aus ihrer Tätigkeit verschiedentlich von einer bis zu drei Millionen Dollar jährlich geschätzt wurden, eingestellt. Das war ungefähr zu der Zeit, als der Gouverneur das Wohltätigkeitsfonds-Untersuchungskomitee ins Leben rief. Und Mr. Hyatts Klient konnte mit Recht erwarten, eine Hauptzielscheibe dieses Komitees zu werden. Es gibt einige Beweise, daß Mr. Hyatt sich zwei Mitgliedern des Komitees in der Absicht näherte, ihre Pläne herauszufinden –«

»Was meinen Sie mit: einige Beweise?« knurrte Groom.

Wolfe tippte auf die Papiere auf dem Tisch. »Hier liegt alles und wartet auf Sie. Aber wie ich sagte, ist es nichts Endgültiges. Die Komiteemitglieder zeigten unseren Privatdetektiven gegenüber nicht allzuviel Redseligkeit, aber zweifellos werden sie bei Staatsbeamten weniger zugeknöpft sein. Ich gebe Ihnen von den Ergebnissen unserer zweiten Fährtenuntersuchung nur dieses wieder: Mr. Hyatt war außerordentlich an jenem Komitee und seinen Plänen interessiert. Dieses Ergebnis war mehr als gewichtig, es war entscheidend oder doch beinahe. Es war natürlich auch die vielversprechendste Richtung gewesen, und dreißig unserer Mitarbeiter waren auf diese Spur angesetzt worden. Sie wurden mit Fotos von Hyatt und Donahue aus Zeitungsausschnitten ausgerüstet, und sie fanden drei Personen, die die beiden bei zwei verschiedenen Gelegenheiten im vergangenen Frühjahr zusammen gesehen hatten – bei Zusammenkünften, die mit Recht als verstohlen bezeichnet werden konnten. Ich will Mr. Hyatt nicht den Gefallen tun, die Personen, die Gelegenheiten und die Orte zu nennen, aber diese Angaben sind hier.« Er tippte wieder auf die Papiere.

»Und Mr. Hyatt hat in meinem und in Ihrem Beisein erklärt, Donahue vor gestern früh noch niemals gesehen zu haben. Sie fragten, ob ich ihn des Mordes verdächtige. Ich tue es jetzt, ja. Es gibt natürlich Fragen, auf die ich nicht antworten kann, außer mit Vermutungen, wenn Ihnen daran gelegen ist – zum Beispiel die wichtigste: Warum sorgte er dafür, daß wir alle – er wußte natürlich, mit wem sich Donahue wegen der Abhörstellen in Verbindung gesetzt hatte – am selben Tag vor ihm erscheinen sollten? Meine Vermutung: weil das die beste Möglichkeit war, denn wir mußten alle früher oder später zum Verhör geladen werden, entweder in New York oder in Albany, und er wollte uns selbst vernehmen und uns nicht seinen Kollegen in New York überlassen. Uns alle am selben Tag vorzuladen, würde sicherstellen, daß wir zur Hand waren und, falls erforderlich, zurückgerufen werden konnten. Wenn die Sache glattging, hatte er womöglich beabsichtigt, uns alle vor sich zu zitieren und uns großmütig zu sagen, daß er, da unsere einzelnen Erklärungen die Vermutung bestärkten, daß wir einem Betrüger auf den Leim gegangen waren, befürworten werde, daß man nicht weiter gegen uns vorging.«

Wolfe drehte eine Hand um. »Denn er nahm natürlich an, daß Donahue aus dem Weg war, außerhalb des Staates, und nicht gefunden werden konnte. Fraglos hatte er dafür gesorgt. Die Situation barg keine große Gefahr für ihn. Die Tatsache, daß einer seiner Klienten Gegenstand eines der Untersuchungskomitees des Gouverneurs war, stand in keiner bekannten Beziehung zu den Nachforschungen, die er selbst leitete, und er war zuversichtlich, daß keine solche Beziehung entdeckt werden würde oder auch nur der Verdacht einer solchen aufkam. Wahrscheinlich lag er nicht einmal so falsch, denn er hatte vielleicht aus den abgehörten Gesprächen die Auskunft über die Pläne und Absichten des Komitees erhalten, die er benötigte. In diesem Fall erhielt er einen vernichtenden Schlag, als er gestern morgen ans Telefon ging und man ihm sagte, daß ihn ein Mann namens Donahue wegen einer vertraulichen und dringenden Angelegenheit sprechen wolle.«

Wolfes Augen wanderten zu Hyatt und zurück zu Groom. »Falls Sie noch die Vermutung hören möchten, was zwischen Hyatt und Donahue gestern in Zimmer achtunddreißig vorfiel, so ist die wahrscheinlichste die, daß Donahue mit der Enthüllung der ganzen Geschichte drohte – entweder als Daumenschraube für eine Erpressung, oder weil er erfahren hatte, daß man uns sieben herbestellt hatte, und argwöhnte, daß man ihn zum Sündenbock stempeln wollte –, und das Wahrscheinlichste ist immer das beste. Diese und andere Fragen sind Ihre Sorge, Mr. Groom, nicht die unsrige. Uns ging es nur darum, Ihnen zu zeigen, daß Sie viel zu schnell mit einer falschen Vermutung bei der Hand waren. Was Mr. Goodwin und mich betrifft, so nehme ich an, daß Sie einer Klage wegen unbegründeter Haft erfolgreich entgegentreten könnten, aber ich hoffe, Sie haben gelernt, wie kindisch es ist, das Wort eines Mannes als Evangelium hinzunehmen, nur weil er ein Sonderbeauftragter des Innenministers ist. Kann man die Klage gegen uns heute abend aufheben?«

»Nein. Nicht eher als bis das Gericht morgen früh öffnet.« Groom stand auf, ging zum Tisch und legte seine Hand auf die Papiere. Er sah den Sonderbeauftragten an. »Mr. Hyatt, möchten Sie etwas sagen?«

Hyatt war Rechtsanwalt. Er drehte mir den Rücken zu, so konnte ich sein Gesicht nicht sehen, aber ich bezweifle, daß es viel ausdrückte. »Außer«, erklärte er, »daß ich Wolfes gesamte Behauptungen und Folgerungen, die mich betreffen, bestreite und ihn dafür zur Verantwortung ziehen werde, habe ich nichts zu sagen. Hier und jetzt jedenfalls.« Er stand auf und steuerte auf die Tür zu. Groom machte keine Anstalten, ihn aufzuhalten, und das konnte auch nicht von ihm erwartet werden, zumindest nicht, bis er die Papiere durchgelesen hatte.

Steve Amsel rief ihm nach: »Zu viele Detektive, Hyatt!«

9

Gestern nachmittag saß ich mit Wolfe im Büro, und wir besprachen einen kleinen Auftrag, den wir übernommen hatten, als das Telefon läutete. Ich ging an den Apparat.

»Büro Nero Wolfe, Archie Goodwin am Apparat.«

»Hier ist Dol Bonner. Wie geht es Ihnen?«

»Besser denn je.«

»Gut. Kann ich mit Mr. Wolfe sprechen?«

»Warten Sie bitte, ich will mal hören.« Ich legte die Hand über die Muschel, drehte mich um und informierte Wolfe. Er verzog das Gesicht, zögerte und griff nach dem Zweithörer. Ich hielt meinen Hörer ans Ohr, da das meine Pflicht war, es sei denn, er entband mich davon.

»Ja, Miss Bonner? Hier Nero Wolfe.«

»Wie geht es Ihnen?«

»Gut, vielen Dank.«

»Ich bin froh, daß ich Sie erreicht habe. Natürlich haben Sie die Neuigkeit schon gehört?«

»Ich weiß nicht. Welche Neuigkeit?«

»Die Geschworenen haben heute mittag ihren Spruch gefällt. Sie befanden Hyatt des Mordes schuldig.«

»So, so. Hatte noch nichts davon gehört. Aber das war ja mit Sicherheit zu erwarten.«

»Natürlich. Warum ich anrufe – vor einer Stunde rief mich Harland Ide an. Er hält es für ein bißchen barbarisch, ein Todesurteil zu feiern, und ich stimme ihm zu, darum geht es also nicht, aber er schlug vor, daß wir Ihnen irgendwie unsere Verehrung zeigen sollten. Immerhin, der Innenminister hat das Ergebnis des Verhörs veröffentlicht, und wir alle werden unsere Lizenz behalten. Das wäre also ein Grund zum Feiern. Mr. Ide dachte, wir könnten ein kleines Dinner für Sie geben, nur wir sieben, und er wollte wissen, ob ich das billige, und ich sagte ja. Gerade jetzt rief er mich wieder an und sagte, daß der Plan Mr. Kerr und Mr. Amsel gefalle, und er bat mich, Ihnen den Vorschlag zu machen. An jedem Abend, der Ihnen recht ist, in der nächsten Woche – oder, was das betrifft, in irgendeiner Woche. Wir hoffen sehr, daß Sie annehmen, und natürlich auch Mr. Goodwin. Miss Colt kommt selbstverständlich auch.«

Stille. Ich beobachtete Wolfes Gesicht. Seine Lippen waren fest zusammengepreßt.

»Sind Sie noch da, Mr. Wolfe?«

»Ja. Ich nehme nur selten Einladungen zum Essen an.«

»Ich weiß. Dieses ist kein Essen, es ist ein Tribut.«

»Und es wäre roh, ihn abzuweisen. Mr. Goodwin hält mich für roh, aber das stimmt nicht. Ich verwöhne mich nur selbst. Ich mache einen Gegenvorschlag. Auch ich empfinde Hochachtung für die tüchtige und erfolgreiche Mitarbeit, die ich erhielt. Ich schlage vor, daß Sie, anstatt in irgendeinem Restaurant zu essen, was, wie ich annehme, beabsichtigt ist, alle zum Dinner zu mir kommen. An irgendeinem Abend in der nächsten Woche, außer Donnerstag.«

»Aber das hieße, das Ganze auf den Kopf stellen!«

»Nicht im geringsten! Ich sagte, ich fühle auch Hochachtung.«

»Nun, soll ich Mr. Ide fragen? Und die andern?«

»Ich wäre Ihnen sehr dankbar.«

»Also in Ordnung. Ich gebe Ihnen Bescheid.«

Und das tat sie. In weniger als einer Stunde. Alles ist für nächsten Mittwoch abend arrangiert. Ich freue mich darauf. Es wird ein Mordsspaß, Fritz' Gesicht zu beobachten, wenn er Dol Bonner sieht, die an Wolfes rechter Seite sitzt und deren bernsteinfarbene Augen unter ihren langen dunklen Wimpern auf ihn zielen.

Was die Aufteilung der Schuld bei unserer Abhörerei betrifft, so ist das von Zeit zu Zeit immer noch ein Thema für ein Streitgespräch. Und was meine Streichung vom Programm an jenem Tag in der Stadt Albany betrifft, so bedurfte das keines Streitgesprächs. Da alle Arbeit von den 48 Detektiven in New York erledigt werden mußte, warum mich einschalten? Besonders, da ich mich als Zeitvertreib für Groom und den Staatsanwalt hatte nützlich machen können.

Das Fenster für den Tod

1

Nero Wolfe thronte hinter seinem Schreibtisch und starrte den Besucher im roten Ledersessel finster an. Ich hatte mich in meinem Drehstuhl mit dem Rücken zu meinem Schreibtisch gedreht und war mit gezücktem Notizblock startbereit. Das Starren ersparte ich mir.

Wolfes Starren beruhte zum Teil auf allgemeinen Prinzipien, noch mehr allerdings darauf, daß sich David R. Fyfe nicht telefonisch angemeldet hatte. Man sollte meinen, das spiele keine Rolle. Denn: Da lag das Büro im ersten Stock des alten Sandsteinhauses in der 35. Straße. Da saß Nero Wolfe in seinem geliebten Mammutsessel und schärfte sein Federmesser an dem alten Wetzstein, den er in einer Schublade aufbewahrte. Da hockte ich, Archie Goodwin, begierig danach, mein Brot zu verdienen, indem ich jeder seiner kleinsten Launen innerhalb der Grenzen der Vernunft nachkam. Da wirkte Fritz Brenner in der Küche und bereitete den Lunch zu, immer auf dem Sprung, uns Bier zu bringen, wenn der Summer einmal kurz und einmal lang ertönte. Da pflegte Theodore Horstmann in den Gewächshäusern oben auf dem Dach die zehntausend Orchideen. Und da in dem roten Ledersessel saß ein Bursche, der einen Detektiv beauftragen wollte, sonst wäre er wohl nicht zu uns gekommen. Ohne ihn oder andere wie ihn, wären Fritz, Theodore und ich auf Stellungssuche, und nur Gott weiß, was Wolfe dann tun würde. Dennoch starrte Wolfe ihn an. Der Klient in spe hätte sich telefonisch anmelden sollen.

Er kauerte auf der äußersten Kante des roten Ledersessels, ohne sich anzulehnen, seine schmalen Schultern nach vorn geneigt. Sein blasses, schmales Gesicht wirkte mitgenommen. Ich hätte sein Alter auf fünfzig geschätzt, aber die meisten Leute wirken älter als sie sind, wenn die Umstände sie zu einem Privatdetektiv treiben. Nachdem er seinen Namen, seine Adresse und seinen Beruf angegeben hatte – er war Direktor des englischen Zweigs des Audubon-Gymnasiums in der Bronx –, erklärte er mit müder, behutsamer Stimme, daß er Wolfe bitten möchte, eine vertrauliche Familienangelegenheit zu untersuchen.

»Ehegeschichten?« Wolfe stieß einen Laut aus, der seinem Stieren nicht nachstand.

»Nein.« Er schüttelte den Kopf. »Keine Eheangelegenheit. Ich bin Witwer, mit zwei Kindern auf der Oberschule. Es handelt sich um meinen Bruder Bertram – seinen Tod. Er starb Samstag nacht an Lungenentzündung. Es wird – ich muß das näher erklären.«

Wolfe warf mir einen Blick zu. Wenn er Fyfe erklären ließe, bedeutete das vielleicht Arbeit. Und Wolfe haßte Arbeit, besonders, wenn der Bankauszug rosig aussah. Aber ich preßte die Lippen zusammen, als ich seinem Blick begegnete, und er seufzte und wandte sich wieder an den Klienten. »Tun Sie das«, murrte er.

Fyfe begann, und ich schrieb. Sein Bruder Bertram war nach einer Abwesenheit von zwanzig Jahren plötzlich vor einem Monat unangemeldet in New York aufgetaucht, hatte ein Apartment im Churchill-Towers-Hotel genommen und sich mit seiner Familie in Verbindung gesetzt – mit seinem älteren Bruder David, der jetzt die Geschichte erzählte, mit seinem jüngeren Bruder Paul und seiner Schwester Louise, der jetzigen Mrs. Vincent Tuttle. Sie alle waren sehr froh gewesen, ihn nach so vielen Jahren wiederzusehen, einschließlich Tuttles, des Schwagers, und sie waren auch sehr erfreut gewesen, als sie hörten, daß er das große Los gewonnen hatte – dies war nicht Davids Ausdruck, er nannte es eine Goldgrube –, als er auf eine sechs Kilometer lange Erzader mit Uran in der Nähe eines Ortes namens Black Elbow in Kanada gestoßen war. Es ist immer eine frohe Nachricht, wenn ein Familienmitglied Erfolg gehabt hat.

Sie hatten Bertram also willkommen geheißen, ihren Bruder Bert, und mit ihm einen jungen Mann namens Johnny Arrow, der ihn von Kanada herbegleitet hatte und mit ihm zusammen in der Churchill-Towers-Wohnung lebte. Bert hatte sich recht brüderlich benommen und Anteil an alten Erinnerungen und Beziehungen genommen. Er hatte sich sogar an Paul, der Makler war, wegen des Verkaufs eines alten Hauses in Mount Kisco, in dem sie alle geboren waren und ihre Kindheit verbracht hatten, gewandt. Offensichtlich war Bert in den Schoß der Familie zurückgekehrt. Vor zehn Tagen hatte er sie eingeladen, mit ihm am Samstag zu Abend zu essen und anschließend ein Theater zu besuchen, aber am Donnerstag hatte er sich mit Lungenentzündung zu Bett gelegt. Er weigerte sich, ins Krankenhaus zu gehen, und bestand darauf, daß alle ins Churchill zum Dinner kommen sollten und auch die Theaterkarten in Anspruch nehmen sollten. So versammelten sie sich in seinem Apartment am späten Samstag nachmittag und führten das Programm aus. Nach der Vorstellung kehrten sie zu einem kleinen Champagnerimbiß in die Wohnung zurück.

Das heißt, vier von ihnen kehrten zurück – Schwester Louise und ihr Mann, Johnny Arrow aus Kanada und Bruder David selbst. Der jüngere Bruder Paul hatte darauf bestanden, daß Bert nicht mit der Pflegerin alleingelassen werden sollte und war in der Wohnung zurückgeblieben. Als die vier heimkehrten, fanden sie eine peinliche Situation vor. Paul war verschwunden, und die Pflegerin hatte eine zerrissene Uniform und Male an ihrem Hals, an Wangen und Handgelenken. Sie hatte den Arzt angerufen und um ihre Ablösung gebeten. Sie beabsichtigte, sofort zu gehen, sobald ihre Vertretung da sei. Schwester Louise nahm einige ihrer Bemerkungen übel auf und befahl der Krankenschwester, auf der Stelle zu gehen, was diese auch tat. Louise telefonierte mit dem Arzt und erklärte, daß sie bei ihrem Bruder bleiben würde, bis eine andere Pflegerin käme. Johnny Arrow machte sich davon und ließ nun David, Louise und ihren Mann Vincent Tuttle am Schauplatz zurück; und nachdem David Bert auf seinem Krankenlager betrachtet und festgestellt hatte, daß Bert fest unter der Wirkung des Morphiums schlief, das ihm die Schwester auf Verordnung des Arztes verabreicht hatte, machte er sich auf den Heimweg.

Louise und Tuttle richteten sich für die Nacht in dem Zimmer ein, das wohl Johnny Arrow gehörte, waren jedoch noch nicht ganz eingeschlafen, als ein Summen Tuttle an die Wohnungstür rief, wo Paul auf der Schwelle stand. Paul erzählte, daß er von Johnny Arrow unten in der Bar angegriffen worden sei, und zeigte eine Anzahl Quetschungen als Beweis vor. Arrow war von zwei Polizisten abgeführt worden. Paul glaubte, daß sein Kiefer gebrochen sei und möglicherweise auch noch ein paar Rippen. Er fühlte sich außerstande, nach Hause nach Mount Kisco zu fahren. So bereiteten sie ihm auf der Couch im Wohnzimmer eine Lagerstatt, und innerhalb von dreißig Sekunden begann er fest zu schnarchen. Nach einem weiteren Blick in Berts Zimmer legten sich auch Louise und Tuttle wieder zu Bett. Gegen sechs Uhr früh wurden sie von Paul geweckt. Er war von der Couch gerollt und deshalb aufgewacht, hatte nach Bert sehen wollen und ihn tot vorgefunden. Sie telefonierten sofort mit dem Pförtner, damit er einen Arzt holte, denn Bert hatte auf dem alten Hausarzt bestanden, den er von seiner Kindheit her noch kannte, aber sie wollten nicht darauf warten, bis er aus Mount Kisco in die Stadt gelangte. Natürlich riefen sie ihn gleichfalls an, und er kam auch später.

Wolfe wurde nervös. Seine Unruhe äußerte sich dadurch, daß er mit einer Fingerspitze Kreise in der Größe eines Zehncentstücks auf seine Sessellehne malte. »Ich hoffe«, brummelte er, »daß beide Ärzte jetzt Ihren Besuch bei mir und diese lange Erzählung rechtfertigen können. Oder zumindest einer von ihnen.«

»Nein, Sir«, David Fyfe schüttelte den Kopf. »Sie fanden

alles in Ordnung. Mein Bruder starb an Lungenentzündung. Dr. Buhl – der Arzt aus Mount Kisco, Dr. Frederick Buhl – unterschrieb den Totenschein, und mein Bruder wurde Montag, also gestern, in der Familiengruft beigesetzt. Natürlich war, da die Schwester ihren Patienten so plötzlich im Stich gelassen hatte, die Lage ein wenig – hm, peinlich, doch kamen keine ernsthaften Zweifel auf.«

»Was, zum Teufel, wollen Sie dann von mir?«

»Das will ich Ihnen gerade auseinandersetzen.« Fyfe räusperte sich, und als er fortfuhr, klang seine Stimme noch rücksichtsvoller als zuvor. »Nach der gestrigen Bestattung bat uns dieser Bursche Arrow, heute morgen um elf Uhr in dem Apartment zu erscheinen, um der Testamentseröffnung beizuwohnen. Natürlich kamen wir. Louise brachte ihren Mann mit. Ein Rechtsanwalt war da, ein Mann namens McNeil, der von Montreal mit dem Flugzeug gekommen war, und er hatte das Testament mitgebracht. Es war mit den üblichen rechtlichen Floskeln verbrämt, aber im wesentlichen besagte es, daß Bert sein gesamtes Vermögen Paul, Louise und mir vermachte und diesen Mann Arrow zum Testamentsvollstrecker ernannte. Die Höhe des Vermögens wurde nicht genannt, doch Berts Erzählungen nach hatte ich die Uranerzader auf mehr als fünf Millionen Dollar geschätzt, möglicherweise auf das Doppelte.

Wolfes Nervosität legte sich.

»Dann«, fuhr Fyfe fort, »holte der Rechtsanwalt ein weiteres Schriftstück aus seiner Aktentasche. Er sagte, es handle sich um die Kopie eines Vertrages zwischen Bertram Fyfe und Johnny Arrow, den er, der Rechtsanwalt, vor einem Jahr aufgesetzt habe. Er las es vor. Es enthielt eine Einleitung über die gemeinsamen fünfjährigen Uranschürfungen der beiden und ihre gemeinschaftliche Entdeckung der Black-Elbow-Erzader. Doch der Kernpunkt war, daß beim eventuellen Tod des einen der gesamte Besitz an den Überlebenden fallen sollte, einschließlich aller Güter, die der Verstorbene durch sein Einkommen aus dem Besitz der Mine erworben hatte. Ich habe Ihnen nicht den Wortlaut wiedergegeben, es klang alles sehr juristisch, aber das war jedenfalls der Sinn.

Danach ergriff Johnny Arrow das Wort. Er erklärte, daß Bert nichts besessen hätte, das nicht mit dem Einkommen aus der Black-Elbow-Grube erworben worden sei, und daß deshalb alles jetzt in sein Eigentum übergegangen sei, einschließlich der beträchtlichen Bankguthaben in Kanada. Doch habe sich Bert, als er nach New York kam, etwa dreißig- oder vierzigtausend Dollar auf eine New Yorker Bank überweisen lassen, und er, Arrow, beabsichtige nicht, den Rest davon zu beanspruchen. Das wäre die Erbmasse, und wir könnten sie haben.«

David Fyfe machte eine verzagte kleine Geste.

»Dieser Arrow ist großzügig, dachte ich, da er auch dieses Geld hätte beanspruchen können. Wir stellten dem Rechtsanwalt einige Fragen, brachen dann auf und begaben uns in ein Restaurant zum Lunch. Paul war fürchterlich wütend. Mein Bruder Paul ist impulsiv. Er wollte zur Polizei gehen und aussagen, daß Bert unter verdächtigen Umständen gestorben sei, und sie um eine Untersuchung bitten. Seine Theorie bestand darin, daß Arrow beobachtet habe, wie Bert sich mit seiner Familie aussöhnte, und Angst hatte, Bert könne uns größere Geschenke machen, möglicherweise sogar Anteile an dem Minenbesitz an uns abtreten. Arrow hätte dann diese Anteile nicht mehr beanspruchen können, wenn Bert vor ihm sterben sollte. Deshalb beschloß Arrow, daß Bert jetzt sterben müsse. Vincent Tuttle, der Mann meiner Schwester, wandte ein, daß, selbst wenn die Theorie nicht von der Hand zu weisen sei, Arrow nicht danach gehandelt haben könnte, da zwei achtbare Ärzte sich einig waren, daß Bert an Lungenentzündung gestorben war. Louise und ich pflichteten ihm bei. Aber Paul war hartnäckig. Er spielte darauf an, daß er etwas wüßte, was wir nicht wußten. Aber er hatte schon immer eine Vorliebe für Geheimnistuerei. Er blieb dabei, daß wir zur Polizei gehen sollten, und wir stritten hin und her, und schließlich schlug ich eine Kompromißlösung vor. Ich regte an, Nero Wolfe mit einer Untersuchung zu beauftragen. Würde Nero Wolfe dabei etwas entdecken, das polizeiliche Ermittlungen rechtfertigen könnte, würden wir uns Paul anschließen. Andernfalls sollte Paul die Sache vergessen. Paul willigte ein und erklärte sich bereit, Ihre Entscheidung anzunehmen. Deshalb bin ich also zu Ihnen gekommen. Ich weiß, daß Ihre Honorare hoch sind, aber dieser Fall verlangt keine mühevolle Arbeit... äh, ich meine, er wird schon nicht so schwierig sein. Es ist doch ein ziemlich einfaches Problem, nicht wahr?«

Wolfe grunzte. »Könnte sein. Es ist keine Leichenschau abgehalten worden?«

»Nein, nein. Um Himmels willen, nein.«

»Das hätte der erste Schritt sein sollen, aber jetzt ist es dazu zu spät, ohne die Hilfe der Polizei zu beanspruchen. Vor der Bestattung hätte eine Obduktion zur Befriedigung medizinischer Neugierde vorgenommen werden können, aber die Exhumierung erfordert natürlich eine richterliche Vollmacht. Wenn ich Sie richtig verstehe, wollen Sie, daß ich Ermittlungen in dieser Sache anstelle und zu einer Entscheidung gelange, ohne die Aufmerksamkeit der Polizei auf den Fall zu lenken.«

Fyfe nickte nachdrücklich. »Das stimmt. Das stimmt haargenau. Wir wollen keinen Skandal... keinerlei Gerüchte...«

»Das wollen die Leute nie«, bemerkte Wolfe trocken. »Aber Ihr Auftrag könnte einen Skandal hervorrufen. Sie verstehen natürlich, daß es – falls ich Beweise für eine Gaunerei finden sollte – nicht mehr in Ihrem Belieben steht, dies zu verbergen oder zu enthüllen. Ich will mich nicht verpflichten, Gründe für einen Mordverdacht zu verheimlichen, falls ich sie finde. Sollte meine Untersuchung zu der begründeten Annahme führen, daß Sie selbst das Verbrechen begangen haben, so steht es mir frei, zu handeln, wie es mir richtig erscheint.«

»Natürlich.« Fyfe bemühte sich mit ziemlichem Erfolg um ein Lächeln. »Nur weiß ich, daß ich kein Verbrechen begangen habe, und bezweifle, daß es sonst jemand tat.

Mein Bruder Paul ist ein wenig stürmisch. Sie müssen ihn selbstverständlich kennenlernen, und er möchte Sie auch sprechen.«

»Ich muß mit allen sprechen.« Wolfes Ton war grämlich. Schon wieder Arbeit. Er griff nach dem rettenden Strohhalm. »Aber unter den gegebenen Umständen muß ich um einen Vorschuß als Zeichen Ihres Vertrauens bitten. Sagen wir ein Scheck über tausend Dollar?«

Das war kein schlechter Abschreckungsversuch, da der Direktor einer Oberschule mit zwei unmündigen Kindern wahrscheinlich keine Tausenddollarscheine lose herumliegen hatte und der Auftrag somit nicht zustande kommen würde. Aber Fyfe versuchte nicht einmal zu feilschen. Er schluckte und schluckte noch einmal, nachdem er sein Scheckbuch und seinen Füllhalter hervorgeholt hatte, einen Scheck ausgefüllt und seinen Namen daruntergesetzt hatte. Ich stand auf, nahm den Scheck, und reichte ihn Wolfe.

»Es ist ein bißchen hart«, stellte Fyfe fest, »aber es ist nicht zu ändern. Es ist die einzige Möglichkeit, Paul zufriedenzustellen. Wann wollen Sie mit ihm sprechen?«

Wolfe warf einen Blick auf den Scheck und schob ihn unter seinen Briefbeschwerer, einen versteinerten Holzklotz, den einstmals ein Mann namens Duggan benutzt hatte, um den Schädel seiner Frau einzuschlagen. Er blickte auf die Wanduhr; in zwanzig Minuten würde es vier Uhr sein, Zeit für seine Nachmittagsschicht in den Gewächshäusern.

»Zuerst«, erklärte er seinem Klienten, »muß ich mit Dr. Buhl sprechen. Können Sie dafür sorgen, daß er um sechs Uhr hier ist?«

David Fyfes Blick drückte Zweifel aus. »Ich kann es ja mal versuchen. Dr. Buhl müßte sich von Mount Kisco bis hierher bemühen, und er ist ein sehr beschäftigter Mann. Können Sie ihn nicht übergehen? Er bestätigte den Tod.«

»Es ist unmöglich, ihn zu übergehen. Ich muß mit ihm sprechen, ehe ich mich um die anderen kümmere. Wenn er um sechs Uhr hier sein kann, treffen Sie für die anderen eine Verabredung für halb sieben. Für Ihren Bruder und Ihre Schwester und Mr. Tuttle und Mr. Arrow.«

Fyfe erstarrte. »Guter Gott«, protestierte er, »nicht Arrow! Außerdem würde er sowieso nicht kommen.« Er schüttelte nachdrücklich den Kopf. »Nein, ich kann ihn nicht fragen.«

Wolfe zuckte mit den Schultern. »Dann übernehme ich das. Und es wäre besser... Richtig. Unsere Unterhaltung könnte sich sehr in die Länge ziehen, und ich esse um halb acht zu Abend. Wenn Sie dafür sorgen können, daß Dr. Buhl um neun Uhr hier ist, dann bestellen Sie die anderen für halb zehn Uhr zu mir. Damit haben wir die ganze Nacht zur Verfügung, falls wir sie brauchen. Natürlich gibt es mehrere Punkte, Mr. Fyfe, die ich jetzt noch mit Ihnen klären könnte – zum Beispiel die peinliche Situation, die Sie vorfanden, als Sie nach dem Theaterbesuch in das Apartment zurückkamen, und die Versöhnung Ihres Bruders Bertram mit seiner Familie –, aber ich habe jetzt eine Verabredung. Und außerdem können wir diese Punkte ja heute abend ausführlicher besprechen. Für den Augenblick genügt es, wenn Sie Mr. Goodwin freundlicherweise die Adressen und Telefonnummern aller Beteiligten angeben.« Nero schob seinen ungeheuren Wanst in seinem Sessel vor, griff nach dem Federmesser und fing wieder an, es auf dem Wetzstein zu schleifen. Er hatte mit dieser Arbeit begonnen, und er beabsichtigte, sie, allen zum Trotz, jetzt auch zu beenden.

»Ich habe die Lage geschildert«, sagte Fyfe in schärferem Ton. »Ich ließ durchblicken, daß Paul in der Wohnung zurückgeblieben war, um sich der Pflegerin zu nähern. Ich mißbillige seine Art, mit Frauen umzugehen, aufs äußerste. Aber ich habe ja schon gesagt, daß er ungestüm ist.«

Wolfe strich zart mit seinem Daumen über die Schneide des Messers.

»Was soll die Bemerkung über die Versöhnung bedeuten?« fragte Fyfe.

»Nur, daß Sie diesen Ausdruck gebraucht haben.«

Wolfe wetzte schon wieder sein Messer. »Warum bedurfte es einer Versöhnung? Dieser Punkt mag unwesentlich sein, aber das sind ja die meisten Punkte, die bei einer Untersuchung angeschnitten werden. Es hat auf jeden Fall Zeit bis heute abend.«

Fyfe runzelte die Stirn. »Es ist eine alte Wunde«, sagte er mit müder Stimme. »Der Punkt ist vielleicht gar nicht so unwesentlich, denn er könnte Pauls Haltung erklären. Ich nehme an, daß wir bei jeder Andeutung eines Skandals überempfindlich reagieren. Lungenentzündung ist ein heikles Thema für uns. Mein Vater starb vor zwanzig Jahren an Lungenentzündung, aber die Polizei nahm an, daß er ermordet wurde. Und nicht nur die Polizei. Er lag in einem Schlafzimmer im Parterre unseres Hauses in Mount Kisco, es war Januar, und in einer stürmischen, eiskalten Nacht öffnete jemand zwei Fenster und ließ sie weit offen. Ich fand ihn tot um fünf Uhr früh. Der Schnee lag fast einen halben Meter hoch auf dem Fußboden. Und auch auf dem Bett lag Schnee. Meine Schwester Louise, die meinen Vater in jener Nacht betreute, schlief fest auf einer Couch im Nebenzimmer. Es wurde vermutet, daß der heiße Kakao, den sie um Mitternacht zu sich genommen hatte, ein Schlafmittel enthielt, aber das konnte nicht bewiesen werden. Die Fenster waren nicht verriegelt und hätten ebenso von außen geöffnet werden können – tatsächlich wurden sie das wohl auch. Mein Vater war bei einigen seiner Maklergeschäfte sehr gerissen vorgegangen, und es gab Leute in der Gemeinde, die – hm –, die ihn nicht mochten.«

Fyfe wiederholte die bescheidene kleine Handbewegung.

»Verstehen Sie, da liegt also die Zufälligkeit. Unglücklicherweise hatte mein Bruder Bert – er war damals erst zweiundzwanzig – sich mit meinem Vater gestritten und lebte nicht zu Hause. Er wohnte in einem Gasthaus, das eine Meile entfernt war, und arbeitete in einer Garage. Die Polizei glaubte, genug Beweise gegen ihn zu haben, um ihn wegen Mordes verhaften und vor Gericht bringen zu können. Aber die Beweise waren keinesfalls eindeutig, und er wurde freigesprochen. Auf jeden Fall hatte er ein Alibi. In jener Nacht hatte er bis zwei Uhr mit einem Freund Karten gespielt – mit Vincent Tuttle nämlich, der später meine Schwester heiratete –, in Tuttles Zimmer in dem Gasthaus. Kurz nach zwei Uhr hatte es aufgehört zu schneien. Die Fenster mußten aber geraume Zeit vor dem Ende des Schneefalls geöffnet worden sein. Bert nahm uns manches übel, was wir als Zeugen vor Gericht ausgesagt hatten – ich meine Paul, Louise und ich –, obgleich wir lediglich die Wahrheit sagten, zum Beispiel, über Berts Streit mit Vater. Alle Leute wußten davon. Am Tag nach seinem Freispruch verließ Bert die Stadt, und wir hörten nichts mehr von ihm, nicht ein Wort in zwanzig Jahren. Deshalb gebrauchte ich den Ausdruck: versöhnt.«

Wolfe hatte das Federmesser wieder in die Tasche gesteckt und legte den Wetzstein in die Schublade.

»Eigentlich«, sagte Fyfe, »hat Arrow unrecht, wenn er meint, daß Bert nichts besaß, das nicht aus dem Einkommen der Erzmine stammt. Bert hatte nie seinen Anspruch auf das Erbe unseres Vaters geltend gemacht. Man konnte ihn nicht finden, und wir haben uns nie um die Verteilung gekümmert. Sein Anteil belief sich auf ungefähr sechzigtausend Dollar und beträgt inzwischen mehr als doppelt soviel. Er wird jetzt natürlich zwischen Paul, Louise und mir aufgeteilt, aber ich habe eigentlich keine Freude daran. Ich kann ganz offen sagen, Mr. Wolfe, daß ich Berts Rückkehr bedauerte. Sie riß wieder eine alte Wunde auf, und jetzt – sein Tod, wie es dazu kam, und Paul, der sich so aufführt...«

Es war eine Minute vor vier Uhr. Wolfe schob seinen Stuhl zurück und stand auf. »Ja, in der Tat, Mr. Fyfe«, stimmte er zu. »Ein Ärgernis zu Lebzeiten und ein Betrübnis im Tod. Bitte geben Sie Mr. Goodwin die nötigen Einzelheiten, und rufen Sie uns an, wenn Sie die Vorbereitungen für heute abend getroffen haben.« Er steuerte auf die Tür zu.

2

Ein wenig in der Vergangenheit herumzustochern ist oft eine Hilfe, selbst in Fällen, die es – oberflächlich betrachtet – nicht erfordern. Nachdem sich Fyfe verabschiedet hatte, führte ich einige Telefongespräche mit verschiedenen Stellen und erzielte eine mäßige Ernte nutzloser Auskünfte. David übte an der Audubon-Oberschule seit zwölf Jahren ein Lehramt aus und war seit vier Jahren Direktor der Schule. Pauls Maklerbüro in Mount Kisco war zwar keine Goldgrube, aber offenbar kreditwürdig. Vincent Tuttles Drugstore, ebenfalls in Mount Kisco beheimatet, gehörte ihm selbst und florierte offensichtlich. David hatte weder Adresse noch Telefonnummer der Pflegerin, Anne Goren, angegeben, und Wolfe wollte doch die ganze Gesellschaft haben. Ich fand beides im Telefonverzeichnis von Manhattan. Anne Goren war als staatlich anerkannte Pflegerin registriert. Die beiden ersten Male, als ich ihre Nummer wählte, ertönte das Besetztzeichen, und die nächsten drei Male erhielt ich überhaupt keine Antwort. Auch Johnny Arrow konnte ich nicht erreichen. Anrufe für die Churchill-Towers-Apartments laufen über die Zentrale des Churchill-Hotels, und ich hinterließ die Nachricht, daß Johnny Arrow uns anrufen sollte. Schließlich, als Fritz schon zum Abendessen rief, bekam ich Tim Evarts an die Strippe, den stellvertretenden Hausdetektiv vom Churchill-Hotel, und stellte ihm ein paar diskrete Fragen. Die Antworten waren sowohl pro als auch contra Johnny Arrow. Pro: Die Miete des Luxusapartments in den Towers wurde bezahlt, und das Personal der Bar und des Restaurants mochte Johnny gern, besonders seine Trinkgelder. Contra: Arrow hatte Samstag nacht in der Bar eine Schlägerei mit einem Burschen angezettelt und war von der Polizei abgeführt worden. Tim meinte, vom sportlichen Gesichtspunkt aus sei es eine vorzügliche Darbietung gewesen, aber die Churchill-Bar sei nicht der richtige Platz dafür.

Fyfe hatte telefonisch mitgeteilt, daß alle Vorkehrungen getroffen worden waren. Um neun Uhr, als Dr. Frederick Buhl eintraf, waren Wolfe und ich im Eßzimmer gerade fertig geworden – wir hatten ungefähr vier Pfund Lachssalat nach Wolfes eigenem Rezept verkraftet – und saßen nun wieder im Büro. Die Türglocke rief mich in den Flur, und als ich die Außenbeleuchtung einschaltete und durch das Guckloch in der Tür spähte, erlebte ich gleich eine doppelte Überraschung. Dr. Buhl, wenn er es war, war kein zittriger alter Bauernquacksalber, sondern ein aufrechter, grauhaariger, gutgekleideter würdiger Herr. Und neben ihm stand ein junges weibliches Wesen, dessen Vorzüge für sich selbst sprachen und selbst bei einem flüchtigen Blick sogleich ins Auge sprangen. Ich öffnete die Tür. Der Mann trat zur Seite, um seine Begleiterin eintreten zu lassen, folgte dann und sagte, daß er Dr. Buhl sei und eine Verabredung mit Nero Wolfe habe. Kein Hut bedeckte seinen würdigen grauen Haarschopf, der Garderobenständer ging leer aus, und deswegen führte ich beide den Flur entlang ins Büro. Drinnen blieb Dr. Buhl stehen und sah sich um, ging dann auf Nero Wolfes Schreibtisch zu und stellte sich sehr reserviert vor: »Ich bin Frederick Buhl. David Fyfe bat mich, hierherzukommen. Was bedeutet dieser ganze Unfug?«

»Ich weiß es nicht«, nuschelte Wolfe. Er pflegt seine Stimme nach den Mahlzeiten immer auf niedrigste Lautstärke einzustellen. »Man hat mich beauftragt, mich damit zu beschäftigen. Setzen Sie sich doch, Sir. Und die junge Dame?«

»Sie ist die Pflegerin, Miss Anne Goren. Setzen Sie sich, Anne.« Sie saß bereits auf einem Stuhl, den ich ihr zurechtgerückt hatte. Ich revidierte ein wenig meine Ansicht über Paul Fyfe. Wahrscheinlich war er zu ungestüm vorgegangen, aber die Versuchung war auf jeden Fall beträchtlich gewesen. Und die Male an ihrem Hals, an den Wangen und Handgelenken mußten nur sehr oberflächlich gewesen sein, da keine Spuren sichtbar waren. Außerdem ist eine Schwesterntracht bestimmt viel herausfordernder als das geblümte Baumwollkleid, das sie gerade trug, zusammen mit einem passenden Bolerojäckchen. Selbst in dem Baumwollkleid hätte ich sie – aber lassen wir das. Sie war dienstlich hier. Sie dankte mir kühl für den Stuhl, ohne zu lächeln.

Dr. Buhl in dem roten Sessel erkundigte sich: »Nun, worum geht es?«

»Hat Ihnen Mr. Fyfe denn nichts erzählt?« nuschelte Wolfe.

»Er sagte, daß Paul etwas Verdächtiges hinter Berts Tod argwöhnt und deshalb zur Polizei gehen wollte. David, Louise und Vincent Tuttle hatten ihm das nicht ausreden können und waren schließlich übereingekommen, Sie mit der Untersuchung zu beauftragen und Ihre Entscheidung anzunehmen. Er, David, habe mit Ihnen gesprochen, und Sie hätten darauf bestanden, mich zu sehen. Ich halte das für völlig überflüssig. Ich bin ein angesehener Arzt, und ich habe einen Totenschein unterschrieben.«

»Das habe ich vernommen«, murmelte Wolfe. »Aber wenn meine Entscheidung endgültig sein soll, muß sie auch wohlbegründet sein. Ich habe mit keinem Gedanken die Richtigkeit des von Ihnen ausgestellten Totenscheins bezweifelt. Aber es gibt da ein paar Fragen. Wann sahen Sie Bertram Fyfe zuletzt lebend?«

»Samstag abend. Ich war eine halbe Stunde bei ihm und ging um zwanzig Minuten nach sieben. Die anderen waren auch da und aßen im Wohnzimmer zu Abend. Er hatte sich geweigert, ins Krankenhaus zu gehen. Ich hatte ihn unter ein Sauerstoffzelt gelegt, er stieß es aber immer wieder fort. Er wollte es nicht haben. Ich konnte ihn nicht dazu überreden, darunter zu bleiben, und Miss Goren auch nicht. Er litt beträchtliche Schmerzen, das sagte er wenigstens, aber seine Temperatur war kaum erhöht. Er war ein sehr schwieriger Patient. Er konnte nicht schlafen, und ich trug der Schwester auf, ihm ein Viertelgran Morphium zu verabreichen, sobald die Gäste gegangen waren, und, falls es noch nicht wirken sollte, später noch ein Viertelgran. Die Nacht zuvor hatte er ein halbes Gran erhalten.«

»Dann fuhren Sie nach Mount Kisco zurück?«

»Ja.«

»Dachten Sie daran, daß er in jener Nacht sterben könnte?«

»Natürlich nicht.«

»Waren Sie nicht überrascht, als Sie am Sonntag morgen von seinem Tod erfuhren?«

»Gewiß war ich das.« Buhl preßte seine Handflächen fest gegen die Stuhllehnen. »Mr. Wolfe, ich lasse mir dieses Verhör nur David Fyfe zuliebe gefallen. Sie ermüden mich. Ich praktiziere nunmehr seit mehr als dreißig Jahren, und mehr als die Hälfte meiner Patienten hat mich auf die eine oder andere Weise überrascht: durch zu vieles oder zu weniges Bluten, durch Hautausschlag nach einer Tablette Aspirin, durch wenig Temperatur bei hohem Pulsschlag, durch Am-Leben-Bleiben, wenn sie zum Tode verdammt schienen, und durch Sterben, wenn sie leben sollten. Das sind Erfahrungen, die jeder praktische Arzt macht. Ja, Bertram Fyfes Tod kam überraschend, aber er war keineswegs ohne Beispiel. Ich untersuchte die Leiche mit großer Sorgfalt, einige Stunden nach Eintritt des Todes, und fand nicht das geringste, was mich an der Todesursache zweifeln ließ. Deshalb stellte ich den Totenschein aus.«

»Warum untersuchten Sie dann die Leiche mit so großer Sorgfalt?« Wolfe nuschelte immer noch.

»Weil die Pflegerin den Verstorbenen mitten in der Nacht verlassen hatte – gezwungen wurde, ihn zu verlassen –, und es mir nicht gelungen war, eine Stellvertreterin zu bekommen. Ich hätte günstigstenfalls jemanden am nächsten Tag beschaffen können. Unter den Umständen hielt ich es für besser, eine gründliche Untersuchung vor der Ausstellung des Totenscheins vorzunehmen.«

»Und für Sie steht es außer allem Zweifel, daß Lungenentzündung die Todesursache war? Lungenentzündung ohne Begleitumstände?«

»Nein, natürlich nicht. Außer allem Zweifel etwas feststellen zu können, ist in meinem Beruf eine Seltenheit, Mr. Wolfe. Aber ich war überzeugt, daß es korrekt war, den Totenschein auszustellen. Alle erkennbaren Symptome deuteten darauf hin, daß Bertram Fyfe – in der Laiensprache ausgedrückt – an einer Lungenentzündung gestorben war. Ich bin nicht spitzfindig. Vor langer Zeit starb einer meiner Patienten an Lungenentzündung, aber es war damals eine kalte Winternacht, und jemand hatte die Fenster seines Zimmers geöffnet und den Schneesturm eindringen lassen. Aber diesmal war es eine heiße Sommernacht, und die Fenster waren geschlossen. In der Wohnung befand sich eine Klimaanlage, und ich hatte die Pflegerin angewiesen, den Regler auf eine Zimmertemperatur von fünfundzwanzig Grad Celsius einzuschalten. Ein Patient, der an Lungenentzündung leidet, braucht Wärme. Die Pflegerin hat sich daran gehalten. In dem Fall, den ich zuerst beschrieb, waren die geöffneten Fenster sicher ein zusätzlicher Faktor, aber in diesem Fall gab es keinen Anhaltspunkt für einen solchen Umstand.«

Wolfe nickte beifällig.»Sie haben den Punkt bewundernswürdig aufgeklärt, Doktor, aber Sie haben ein weiteres Problem aufgeworfen: die Klimaanlage. Was ist, wenn jemand nach dem Fortgang der Pflegerin den Regler auf die niedrigste Stufe einstellte? Konnte damit das Zimmer so weit ausgekühlt werden, daß Ihr Patient starb, obgleich Sie erwarteten, daß er am Leben blieb?«

»Ich würde das verneinen. Ich erwog diese Möglichkeit. Mr. und Mrs. Tuttle haben mir versichert, daß sie den Regler nicht angefaßt haben und daß die Zimmertemperatur gleichmäßig blieb. Und überhaupt hätte die Klimaanlage in einer so schwülen Nacht die Luft nicht in einem solchen Maße abkühlen können. Ich wollte mir auch in diesem Punkt meine eigene Meinung bilden. Da ja keine Pflegerin mehr für den Patienten sorgte, vereinbarte ich mit dem Hotel, die Zimmertemperatur Samstag nacht zu überwachen. Nachdem der Regler sechs Stunden lang auf seiner niedrigsten Stufe gestanden hatte, herrschte dort eine Temperatur von sechzehn Grad Celsius – zu niedrig für einen Patienten mit Lungenentzündung, selbst wenn er gut zugedeckt ist, aber keineswegs tödlich.«

»Ich verstehe«, murmelte Wolfe, »Sie verließen sich nicht ausschließlich auf die Versicherung von Mr. und Mrs. Tuttle.«

Buhl lächelte. »Ist das ganz fair? Ich verließ mich auf die Angaben der beiden, wie Sie sich auf meine verlassen. Ich wollte nur gründlich sein. Ich bin von Natur aus gründlich.«

»Eine ausgezeichnete Eigenschaft. Ich besitze sie ebenfalls. – Hatten Sie irgendeinen Verdacht, begründet oder unbegründet, daß jemand beabsichtigte, der Lungenentzündung Ihres Patienten ein wenig nachzuhelfen, um ihn zu töten?«

»Nein. Ich folgte nur meinem Hang zur Gründlichkeit.«

Wolfe nickte. »Gut.« Er seufzte tief auf, und als er damit fertig war, drehte er seinen Kopf, um die Pflegerin ins Auge zu fassen. Während der Unterhaltung hatte sie kerzengerade mit erhobenem Kinn und im Schoß gefalteten Händen dagesessen. Sie wandte mir ihr Profil zu. Es gibt nicht viele weibliche Kinne, die sowohl von vorn als auch im Profil genießbar sind.

Wolfe ergriff das Wort. »Eine Frage, Miss Goren – oder zwei. Stimmen Sie mit allem, was Dr. Buhl mir berichtet hat, überein – mit allem, wovon Sie Kenntnis hatten?«

»Ja, das tue ich.« Ihre Stimme war ein wenig belegt, aber sie hatte sie auch noch nicht benutzt.

»Ich hörte, daß Paul Fyfe sich Ihnen näherte, während die anderen im Theater waren. Sie wiesen ihn zurück. Trifft das zu?«

»Ja.«

»Haben Sie deswegen Ihre Pflichten in irgendeiner Form vernachlässigt?«

»Nein. Der Patient schlief fest unter dem Einfluß von Beruhigungsmitteln.«

»Können Sie mir mit irgendwelchen Hinweisen helfen? Ich bin von David Fyfe beauftragt worden zu entscheiden, ob irgend etwas bei dem Tod seines Bruders eine polizeiliche Untersuchung rechtfertigt. Können Sie mir etwas mitteilen, ganz gleich was, das mir bei meiner Entscheidung dienlich sein könnte?«

Ihre Augen glitten von ihm zu Buhl und wieder zurück. »Nein, das kann ich nicht«, sagte sie. Sie erhob sich. Natürlich wird von einer Schwester erwartet, daß sie ohne viel Geräusch aufsteht, doch diese schwebte einfach hoch. »Ist das alles?«

Wolfe antwortete nicht, und sie setzte sich in Bewegung. Buhl stand ebenfalls auf. Als sie auf halbem Weg zur Tür war, rief Wolfe, beträchtlich über die Lautstärke eines Gemurmels: »Miss Goren, einen Augenblick!« Sie drehte sich um. »Setzen Sie sich bitte«, lud er sie ein.

Sie zögerte, sah Buhl an und nahm wieder auf ihrem Stuhl Platz. »Ja?« fragte sie.

Wolfe betrachtete sie kurz und wandte sich dann an Buhl. »Ich hätte Sie schon anfangs fragen können, warum Sie Miss Goren mitgebracht haben. Das schien völlig unnötig, da Sie keine Unterstützung brauchen, um mit mir zu verhandeln, und es sicherlich wenig rücksichtsvoll war, Miss Goren in eine so heikle Angelegenheit hineinzuziehen. Ich schloß daraus, daß Sie von mir Fragen erwarteten, die zwar Miss Goren beantworten konnte, nicht aber Sie. Deshalb mußte Miss Goren Sie begleiten. Offenbar habe ich diese Fragen nicht erwähnt, aber ich habe eine kleine Falle dafür aufgestellt. Als ich Miss Goren fragte, ob sie mir etwas erzählen könne, sah sie Sie an. Ganz eindeutig hält sie etwas zurück, und Sie wissen, was es ist. Ich kann es nicht aus Ihnen herausquetschen, weder mit Bestechung noch mit Drohung, aber meine Neugierde ist geweckt worden und muß auf irgendeine Weise gestillt werden. Vielleicht halten Sie es für besser, das freiwillig zu besorgen.«

Buhl, seine Ellbogen auf die Sessellehnen gestützt, rieb seine feine gerade Nase zwischen Daumen und Zeigefinger. Er ließ seine Hand fallen. »Sie sind wirklich kein Hohlkopf«, sagte er. »Sie haben natürlich recht. Ich hatte erwartet, daß Sie etwas aufs Tapet bringen, das die Anwesenheit von Miss Goren erforderlich machen würde. Ich war erstaunt, daß Sie es nicht taten. Ich bin durchaus bereit, diese Frage selbst anzuschneiden. Hat man Ihnen gegenüber nichts von den Wärmflaschen erwähnt?«

»Nein, Sir, von Wärmflaschen hat man mir nichts erzählt.«

»Dann nehme ich an, daß Paul – aber das spielt keine Rolle. Erzählen Sie ihm davon, Anne.«

»Er weiß es ja bereits«, sagte sie verächtlich. »Einer von ihnen hat ihn doch engagiert.«

»Erzählen Sie es mir trotzdem«, schlug Wolfe vor, »damit ich die Aussagen vergleichen kann.« Wolfe hat weder Pauls noch meine Art, mit Frauen umzugehen.

»Nun gut.« Ihr hübsches Kinn reckte sich hoch. »Ich gab dem Patienten zwei Wärmflaschen, eine auf jeder Seite seiner Brust, und wechselte das Wasser alle zwei Stunden. Ich hatte es gerade wieder gewechselt – als mir Mrs. Tuttle befahl, zu gehen. Sonntag abend kam Paul Fyfe zu mir in die Wohnung – ich habe ein kleines Apartment in der Achtundvierzigsten Straße, das ich mit einer Freundin, auch einer Schwester, teile. Er sagte mir, als er den Tod seines Bruders am frühen Morgen festgestellt habe, habe er die Bettdecken aufgeschlagen und die Wärmflaschen darunter gefunden. Sie seien aber leer gewesen. Er habe sie deshalb ins Badezimmer gebracht. Später habe sie seine Schwester, Mrs. Tuttle, gesehen, ihn gerufen und die Pflegerin beschuldigt, sie habe vergessen, die Flaschen nachzufüllen. Sie werde das dem Arzt berichten. Er, Paul, fragte seine Schwester, warum sie denn nicht selbst das Wasser gewechselt habe, ehe sie zu Bett gegangen war, und sie sagte, das habe sie nicht für nötig gehalten, weil die Pflegerin es, ehe sie ging, gerade erst neu aufgefüllt hatte.«

Miss Gorens Stimme war jetzt nicht mehr belegt. Sie war deutlich, fest und bestimmt. »Paul behauptete, er habe seiner Schwester gesagt, daß er selbst die Wärmflaschen ins Bad getragen und dort ausgeleert habe. Diese Erklärung habe er ihr aus der Eingebung des Augenblicks gegeben, um sie davon abzuhalten, sich beim Doktor zu beschweren. Doch seitdem sei ihm klargeworden, daß das ein Fehler gewesen sei, denn die leeren Flaschen könnten mit dem Tod seines Bruders zusammenhängen. Er lud mich zum Dinner ein, damit wir das besprechen könnten. Wir standen an der Wohnungstür, da ich ihn nicht hereingebeten hatte, und ich schlug ihm einfach die Tür vor der Nase zu. Am nächsten Tag rief er dreimal an, und gestern abend kam er noch einmal zu meiner Wohnung, aber ich öffnete ihm nicht. Deshalb erzählte er den Vorfall seinem Bruder David und veranlaßte ihn, Sie aufzusuchen. Nun, wie fällt der Vergleich der Aussagen aus?«

Wolfe sah sie stirnrunzelnd an. »Pfui«, stieß er hervor und ließ von ihr ab. Er wandte sich an Buhl. »Das ist es also«, grollte er. Buhl nickte. »Miss Goren rief mich am Sonntag abend an und erzählte mir davon, und gestern erzählte sie es mir noch einmal. Das ist ganz natürlich, da ihre berufliche Tätigkeit in Frage gestellt wurde. Wundern Sie sich, daß ich von Ihnen diese Frage erwartet habe?«

»Nein, bestimmt nicht. Aber ich habe nichts von diesem Vorfall gewußt. Besteht die Möglichkeit, daß Miss Goren tatsächlich vergessen haben kann, Wasser in die Flaschen zu füllen?«

»Nicht die geringste, da sie sagt, daß sie die Wärmflaschen gefüllt hat. Sie hat im Mount-Kisco-Hospital gelernt, und ich kenne Miss Goren sehr gut. Ich wende mich immer an sie, falls sie zur Verfügung steht, wenn ich in New York einen Patienten habe. Diese Möglichkeit kann ausgeschaltet werden.«

»Entweder lügt Paul Fyfe, oder jemand nahm die Flaschen aus dem Bett, leerte sie und legte sie wieder zurück. Das scheint mir sinnlos zu sein. Sicherlich konnte das doch keinen entscheidenden Einfluß auf den Zustand des Patienten haben, oder?«

»Nein. Entscheidend nicht.« Buhl strich mit einer Hand über sein würdevolles graues Haar. »Aber es konnte einen Einfluß auf Miss Gorens Ruf als Schwester haben, und ich fühle mich dafür verantwortlich. Ich habe ihr den Fall übertragen. Sie haben mich nicht nach meiner Meinung gefragt, aber ich biete sie Ihnen an. Ich meine, Bertram Fyfe starb an Lungenentzündung, ohne irgendwelche zusätzlichen Umstände, außer denen, für die er selbst sorgte – seine Weigerung, ins Krankenhaus zu gehen, seine Ablehnung des Sauerstoffzelts, vielleicht auch sein launenhaftes Beharren darauf, seine Dinnergäste trotz seiner Krankheit zu empfangen. Er war bereits als Junge eigensinnig und hat sich offensichtlich inzwischen nicht geändert. Was die Wärmflaschen angeht, so glaube ich, daß Paul Fyfe lügt. Ich will ihn nicht verleumden, aber sein eigenartiges Benehmen Frauen gegenüber ist in seinem Heimatort allgemein bekannt. Eine Frau, die ihm gefällt, reizt ihn nicht nur, nein, er ist von ihr geradezu besessen. Es würde zu seinem eigenartigen Betragen Miss Goren gegenüber passen, daß ihm, als er die Wärmflaschen im Bett sah, der Einfall kam, sie als Waffe gegen Miss Goren zu benutzen. Deswegen trug er sie ins Bad und leerte sie aus.«

»Dann«, wandte Wolfe ein, »war er ein Esel, wenn er seiner Schwester erzählte, daß er sie ausgeleert hatte.«

Buhl schüttelte den Kopf. »Das war nur ein Manöver. Er konnte Miss Goren so mit diesem ihr erwiesenen Dienst imponieren und ihr doch gleichzeitig drohen, ihre angebliche Nachlässigkeit bloßzustellen. Ich will nicht behaupten, daß Paul kein Esel sei – besessene Leute sind es meistens. Ich behaupte lediglich, daß er seiner Schwester die Wahrheit sagte und Miss Goren belog. Ich glaube, daß er selbst die Flaschen entleert hat. Wie ich hörte, wird er heute abend mit den anderen hierherkommen. Ich bitte Sie, alle wissen zu lassen, daß jeder Versuch, Miss Goren der Nachlässigkeit zu bezichtigen, von mir sehr übelgenommen und starken Widerspruch finden wird. Ich werde ihr zu einer Verleumdungsklage raten und sie dabei unterstützen. Sollten Sie vorziehen, daß ich es ihnen selbst –«

Die Glocke an der Haustür läutete. Ich stand auf, ging in den Flur, um einen Blick nach draußen zu werfen, und eilte wieder zurück.

»Sie sind da«, verkündete ich. »David Fyfe, zwei Männer und eine Frau.«

Wolfe warf einen Blick auf die Wanduhr. »Zehn Minuten zu spät. Führen Sie sie herein!«

»Nein!« Anne Goren war aufgesprungen. »Ich will nicht! Ich will nicht mit ihnen in einem Zimmer sein! Dr. Buhl, bitte!«

Ich muß sagen, ich konnte es ihr nachfühlen. Ich war zwar nicht besessen, aber ich stimmte ihr voll und ganz bei. Nach einem sekundenlangen Zögern tat Dr. Buhl das ebenfalls und sagte es Wolfe. Wolfe musterte sie und entschied, die Sache ohne sie zu erledigen.

»In Ordnung«, willigte er ein. »Archie, führen Sie Miss Goren und Dr. Buhl ins Vorzimmer, und wenn die anderen hier versammelt sind, lassen Sie die beiden Herrschaften hinaus.«

»Ja, Sir.« Als ich im Begriff stand, die Tür zum Vorzimmer zu öffnen, läutete die Türglocke zum zweitenmal. Paul natürlich mit seinem Ungestüm. Hätte er gewußt, wer hier war, wäre er wahrscheinlich durch die Glasscheibe gesprungen.

3

Als ich an meinem Schreibtisch saß, nachdem ich die Neuankömmlinge herein- und Buhl und Anne Goren hinausgeführt hatte, zog ich meinen Notizblock hervor. Mir schien, daß die Untersuchung eines Todesfalles, der selbst den behandelnden Arzt überrascht hatte, zu einer Studie über das Liebesleben eines Maklers auszuarten drohte. Und das war keineswegs ein Auftrag, den Wolfe seines Genies für würdig hielt, Honorar hin, Honorar her. Ich war gespannt auf das, was sich daraus entwickeln würde.

Pauls äußere Erscheinung wurde dem ihm vorausgeeilten Ruf nicht gerecht. Er war bestimmt zwanzig Zentimeter kleiner als ich, breitschultrig, ein wenig untersetzt und glaubte wahrscheinlich, wie Napoleon auszusehen. Das hätte er vielleicht auch ein bißchen, wären nicht sein linkes Auge so blau und die Wangen auf beiden Seiten so geschwollen gewesen. Offensichtlich hatte Johnny Arrow beide Fäuste gebraucht. Paul und die Tuttles saßen in einer Stuhlreihe vor Wolfes Schreibtisch, der Ledersessel war David überlassen worden. Louise war größer als ihre beiden Brüder und sah besser aus. Für eine Frau in mittleren Jahren war sie bestimmt kein übler Anblick, obgleich sie ein wenig knochig und ihr Haar zu kurz geschnitten war. Was ihren Mann, Tuttle, anbetraf, so hatte er überhaupt keine Haare mehr. Sein glänzender Glatzkopf, der steil anstieg, beherrschte seine ganze Erscheinung und ließ Einzelheiten wie Augen, Nase und Kinn unwichtig erscheinen. Man mußte sich schon sehr darauf konzentrieren, wenn man sie betrachten wollte.

Als ich Buhl und Anne Goren verabschiedet hatte und wieder hinter meinem Schreibtisch Platz nahm, sagte Wolfe gerade: »... und Dr. Buhl erklärte, daß seiner Meinung nach Ihr Bruder an Lungenentzündung starb, ohne verdächtige Nebenumstände. Da er bereits diese Todesursache bestätigt hat, stehen wir immer noch dort, wo wir anfingen.« Er faßte Paul scharf ins Auge. »Ich hörte, daß Sie darauf bestehen, die Polizei um eine Untersuchung zu bitten. Ist das richtig?«

»Ja. Das ist verdammt richtig.« Paul hatte einen Bariton, den er in voller Stimmfülle erklingen ließ.

»Und die anderen sind nicht Ihrer Meinung.« Wolfe sah David an. »Sie sind nicht einverstanden, Sir?«

»Ich habe es Ihnen ja bereits gesagt«, Davids Stimme hörte sich müder an denn je, »daß ich eine Polizeiuntersuchung ablehne.«

»Und Sie, Mrs. Tuttle?«

»Gewiß, ich auch.« Sie stutzte die Worte mit hoher dünner Stimme zurecht. »Ich halte nichts davon, Unheil heraufzubeschwören. Mein Mann ebenfalls nicht.« Ihr Kopf fuhr zur Seite. »Vince?«

»Du hast recht, meine Liebe«, rasselte Tuttle, »ich stimme dir immer zu, auch wenn ich nicht deiner Meinung bin. Dieses Mal bin ich es.«

Wolfe wandte sich wieder an Paul. »Dann scheint es in Ihrer Hand zu liegen. Falls Sie zur Polizei gehen, was wollen Sie ihr denn erzählen?«

»Denen werde ich viel erzählen.« Bei der Deckenbeleuchtung sah Pauls blaues Auge viel schlimmer aus, als es in Wirklichkeit war. »Zum Beispiel, daß Dr. Buhl uns am Samstag abend die Versicherung gab, Berts Zustand sei befriedigend, wir könnten ruhig ins Theater gehen und das Stück genießen. Und ein paar Stunden später war Bert tot. Zum Beispiel, daß dieser Kerl Arrow einen Flirt mit der Schwester anfing, sie ihm schöne Augen machte, und er die Möglichkeit gehabt haben konnte, das Morphium gegen irgend etwas anderes zu vertauschen, das sie Bert einspritzen sollte. Dr. Buhl sagte uns, er habe Morphium verordnet. Ich würde der Polizei erzählen, daß Arrow jetzt in mehreren Millionen Dollar schwimmt, von denen er auch nicht einen Cent gesehen hätte, solange Bert lebte. Dann würde ich erzählen, daß Arrow feststellte, wie gut Bert sich wieder mit uns vertrug, und daß ihm das nicht in den Kram paßte, wie er deutlich zeigte.«

Paul hielt inne und preßte seine Fingerspitzen sanft gegen sein Kinn. »Das Sprechen tut mir weh«, erklärte er. »Dieser verfluchte Raufbold. Schauen Sie mich nur an, ich bin angeblich keine Schönheit. Sie sehen mich allerdings so an, als ob Sie mich fragen wollten, ob Bert mein Lieblingsbruder gewesen sei. Beim Himmel, nein. Ich kam mit Bert nicht eben gut aus, als wir noch Kinder waren, und seitdem habe ich ihn zwanzig Jahre nicht mehr gesehen. Also bitte. Ich kann Ihnen ebensogut gleich sagen, was los ist. Ein Mörder darf aus seinem Verbrechen keinen Gewinn schlagen, und falls Arrow Bert tötete, wäre dieser Vertrag null und nichtig. Alles würde zu Berts Erbmasse gehören und damit uns. Das ist offenkundig, warum es also verschweigen? Ich brauche der Polizei nichts davon zu erzählen, denn die weiß das ja sowieso.«

»Du solltest nicht so reden, Paul«, ermahnte David ihn scharf.

»Stimmt«, pflichtete Tuttle bei, »das ist nicht die richtige Art.«

»Ach, halt den Mund!« gebot Paul seinem Schwager. »Wer bist du denn schon?«

»Er ist mein Mann«, fauchte Louise. »Er könnte dir eine Menge Dinge beibringen, wenn dir etwas beizubringen wäre.«

Ein richtiges Familienidyll. Wolfe ergriff die Führung. »Ich räume ein«, sagte er zu Paul, »daß Sie die Neugierde der Polizei reizen könnten, aber Vermutungen reichen nicht aus. Haben Sie sonst noch etwas in Reserve?«

»Nein, für meinen Geschmack reicht es.«

»Aber nicht für mich.« Wolfe lehnte sich zurück, zog einen Scheffel voll Luft ein und stieß sie wieder aus. »Wollen einmal sehen, ob wir noch etwas finden. Um welche Zeit kamen Sie am Samstag abend in die Wohnung Ihres Bruders?«

»Samstag nachmittag gegen fünf Uhr.« Die untere Hälfte von Pauls Gesicht verzerrte sich plötzlich, und ich dachte, er habe einen Krampf, bis mir klar wurde, daß er nur zu grinsen versuchte, was bei einem wunden Kiefer wirklich ein Problem ist. »Aha – wer merkt was?« sagte er. »Wo war ich um neun Minuten vor neun am neunten August? Okay – ich verließ mit meinem Wagen Mount Kisco um Viertel vor vier und fuhr nach New York. Als erstes hielt ich bei Schramms Laden in der Madison Avenue, um zwei Liter von ihrer Mango-Eiscreme zu kaufen, die ich für eine Party am Sonntag in Mount Kisco verwenden wollte. Dann fuhr ich in die Zweiundfünfzigste Straße und parkte dort den Wagen. Das ist an Samstagnachmittagen erlaubt. Von dort aus ging ich zum Churchill-Hotel, wo ich kurz nach fünf Uhr in Berts Apartment eintraf. Ich kam so früh, weil ich mit der Schwester telefoniert hatte, mir ihre Stimme gefiel, und ich beabsichtigte, sie kennenzulernen, ehe die anderen kamen. Nichts zu machen. Dieser Kerl Arrow saß mit ihr im

Wohnzimmer und erzählte ihr Abenteuer aus seiner Urangräberzeit. Alle zehn Minuten schlich sie sich für einen kurzen Augenblick ins Krankenzimmer und kehrte dann zurück, um noch mehr über Schürfungen zu hören. Dann kam Dave und dann Louise und Vince, und wir fingen um Viertel vor sieben gerade mit dem Dinner an, als Dr. Buhl eintraf. Noch mehr gefällig?«

»Sie dürfen Ihre Geschichte ruhig zu Ende erzählen.«

»Wie Sie wollen. Buhl war ungefähr eine halbe Stunde bei Bert drinnen, und als er ging – ich sagte Ihnen ja schon, was er uns versicherte. Wir aßen nicht nur, wir tranken auch, und vielleicht übertrieb ich das ein wenig. Ich dachte, es wäre nicht recht, die Schwester mit Bert allein zu lassen, und als die anderen zum Theater aufbrachen, blieb ich. Ich glaubte, wenn die Schwester Urangräbergeschichten mag, wollte sie auch gern über andere Dinge aufgeklärt sein, aber das war offenbar nicht so. Nach einem kleinen – äh, einigen Bemerkungen hin und her ging sie in Berts Zimmer und schloß die Tür hinter sich ab. Sie erzählte meiner Schwester später, ich hätte an die Tür geschlagen und ihr gedroht, die Tür aufzubrechen, wenn sie nicht herauskäme. Aber ich erinnere mich nicht mehr so genau daran. Immerhin, zu dieser Zeit war Bert für die Welt so gut wie tot, betäubt von Morphium. *Wenn* es Morphium gewesen ist. – Sie kam wieder heraus, und wir redeten miteinander, und ich kann sie auch angefaßt haben, aber die Male, die sie den anderen zeigte, als sie aus dem Theater kamen, die muß sie sich selbst zugefügt haben. So betrunken war ich auch wieder nicht, nur ein bißchen angeheitert. Schließlich ergriff sie den Telefonhörer und drohte, die Zentrale zu bitten, jemanden heraufzuschicken, wenn ich nicht ginge. Da machte ich mich davon. Wollen Sie noch mehr?«

»Nur zu.«

»Ich ging nach unten in die Bar, setzte mich an einen Tisch und nahm einen Drink. Zwei oder drei Drinks. Irgend etwas erinnerte mich an die Eiscreme, die ich in den Kühlschrank des Apartments gelegt hatte, und ich überlegte mir, ob ich nach oben gehen sollte, um sie zu holen, als plötzlich Arrow neben mir stand und mir befahl, aufzustehen. Er packte meine Schulter, riß mich hoch, schrie mir zu, in Deckung zu gehen, und dann schlug er mich zusammen. Ich weiß nicht, wie oft er mich traf, aber Sie brauchen mich ja nur anzusehen. Endlich zerrten sie ihn von mir weg, und ein Polyp erschien. Ich verdrückte mich aus der Bar und nahm den Fahrstuhl nach oben. Vince ließ mich in das Apartment ein. Dieser Teil ist ein wenig verschwommen, aber ich weiß, daß sie mich auf eine Couch legten, denn ich wachte auf, als ich von der Couch rollte, nur wurde ich nicht richtig dabei wach. Mir war so, als ob ich verletzt wäre und die Schwester sehen wollte, und deshalb ging ich in Berts Zimmer. Die Fenstervorhänge waren zugezogen, und ich knipste das Licht an und trat ans Bett. Mit seinem offenen Mund sah er wie tot aus. Ich zog die Decke herunter und fühlte nach seinem Herzen. Er war tot. Neben ihm lagen zwei Wärmflaschen, an jeder Seite eine. Sie schienen leer zu sein. Deshalb nahm ich eine davon in die Hand, und sie *war* leer. Ich dachte mir, daß die Schwester nachlässig gewesen sei, weil ich sie geärgert hatte, und daß so etwas nun doch zu weit ginge. Die andere Flasche war ebenfalls leer, und ich nahm sie mit ins Bad, ehe ich –«

»Paul!« Es war Louise. Sie starrte ihn an. »Du hast mir gesagt, daß du sie ausgeleert hast!«

»Sicher.« Er grinste sie an oder versuchte es wenigstens. »Ich wollte nicht, daß du es dem Arzt meldest. Warum, zum Teufel, darf ein Mann nicht einmal ritterlich sein?« Er wandte sich wieder an Wolfe. »Sie sagten, daß ich Ihnen noch etwas anderes erzählen könne. Okay. Das ist es. Gefällt's Ihnen?«

»Du hast also Louise angelogen?« schnarrte Tuttle.

»Oder du lügst jetzt«, sagte David, und seine Müdigkeit war plötzlich verschwunden. »Du hast mir nichts davon erzählt!«

»Natürlich nicht. Verdammt noch mal, ich wollte eben ritterlich sein.«

Sie fielen über ihn her und krächzten sich gegenseitig an; das reinste Familienidyll. Mit Louises dünnem Sopran, Pauls Bariton, Tuttles Schnarren und Davids Falsett gaben sie ein feines Quartett ab.

Wolfe schloß die Augen und kniff die Lippen zusammen, ließ sie alle eine Weile gewähren und zerschmetterte dann die Schallmauer. »Gewäsch! Sofort aufhören!« Er knöpfte sich wieder Paul vor. »Sie, Sir, reden von Ritterlichkeit! Ich habe noch nicht erwähnt, daß Miss Goren und Dr. Buhl bereits bei mir gewesen sind. Miss Goren erzählte mir von Ihren Besuchen in ihrer Wohnung und Ihren Anrufen, also lassen wir Ihre Ritterlichkeit einmal beiseite. Zwei Punkte stehen noch zur Debatte. Zuerst einmal: Fanden Sie die Wärmflaschen leer vor oder leerten Sie sie selbst?«

»Ich fand sie leer. Ich sagte meiner Schwester –«

»Ich weiß, was Sie Ihrer Schwester erzählt haben. Angenommen, Sie fanden die Wärmflaschen leer vor, so wäre es sicher kindisch, das der Polizei als Indiz anzubieten. Dr. Buhl erklärte mir, selbst wenn Miss Goren versäumt haben sollte, die Wärmflaschen mit heißem Wasser zu füllen, hätte das keine erhebliche Wirkung auf den Patienten gehabt. So spielt es auch für mich keine Rolle, das ist der zweite Punkt. Aber Ihre Vermutung, daß das Morphium durch etwas anderes ersetzt wurde – das könnte in der Tat von Bedeutung sein, wenn Sie es irgendwie untermauern können. Können Sie das?«

»Das ist nicht meine Aufgabe, überlassen Sie das doch der Polizei.«

»Nein, das hat keinen Zweck. Eine Mutmaßung reicht für eine Privatermittlung aus. Aber als Mittel, um einen Mann offiziell unter Mordverdacht zu stellen, ist sie unzulässig. Zum Beispiel wäre es eine alberne Mutmaßung, wenn ich annähme, daß Sie – ohne etwas von der Vereinbarung zwischen Ihrem Bruder und Mr. Arrow zu ahnen, in der Annahme, ein Drittel seines Vermögens zu erben – Ihren Bruder töteten. Aber damit könnte ich gewiß nicht –«

»Das lassen Sie auch besser bleiben«, schnitt ihm Paul das Wort ab. Sein Gesicht verzerrte sich wieder, in dem Versuch zu grinsen. »Ich wußte von dieser Vereinbarung.«

»Ja? Wer erzählte Ihnen denn davon?«

»Ich«, sagte David. »Bert sagte es mir, und ich gab es an Paul und Louise weiter.«

»Sehen Sie«, Wolfe breitete die Hände aus, »da zerplatzen alle meine Vermutungen.« Er schüttelte den Kopf und sah Paul an. »Ich fürchte, Sie wollen das Feuer ohne Munition eröffnen. Aber ich habe mich nun einmal verpflichtet, Ermittlungen anzustellen, und ich will nicht kneifen.« Er drehte sich zu David um. »Ich weiß, was Sie von dem Ganzen halten, Mr. Fyfe, deshalb erwarte ich auch nichts Bedeutendes von Ihnen. Aber einige Fragen können nicht schaden. Was wissen Sie über das Morphium?«

»Überhaupt nichts, außer, daß Dr. Buhl uns erklärte, er habe der Schwester etwas dagelassen, was Bert nach unserem Weggang gegeben werden sollte.«

»Gingen Sie in das Zimmer Ihres Bruders, nachdem Dr. Buhl aufgebrochen war?«

»Ja, wir alle – Paul, Louise, Vincent und ich. Wir sagten ihm, daß das Dinner ausgezeichnet gewesen sei und wie sehr wir bedauerten, daß er uns nicht ins Theater begleiten könne.«

»Wo hielt sich Mr. Arrow gerade auf?«

»Ich weiß es nicht. Ich glaube, er wollte sein Hemd wechseln.«

»Betrat er, nachdem sich Dr. Buhl verabschiedet hatte, noch einmal das Zimmer Ihres Bruders?«

»Ich weiß es nicht.« David schüttelte den Kopf. »Das weiß ich beim besten Willen nicht.«

Wolfe grunzte. »Nicht, daß es ihn belasten würde. – Was geschah, als Sie wieder aus dem Theater zurückkamen? Ging Mr. Arrow dann in das Zimmer Ihres Bruders?«

»Das glaube ich nicht. Falls er es tat, habe ich es nicht gesehen.« David runzelte die Stirn. »Ich habe Ihnen ja die Lage bereits geschildert: Die Schwester war sehr aufgeregt und sagte, daß sie Dr. Buhl wegen einer Ablösung angerufen habe. Als sie uns das Vorgefallene schilderte, machte sich Arrow davon, das heißt, er verließ das Apartment. Dann stritt sich meine Schwester mit der Pflegerin herum und schickte sie fort. Danach rief meine Schwester Dr. Buhl an und erklärte ihm, daß ihr Mann und sie bei dem Kranken bleiben würden bis zum Eintreffen einer neuen Pflegerin. Kurz darauf ging ich nach Hause. Ich wohne in Riverdale.«

»Aber vorher sahen Sie noch einmal nach Ihrem Bruder?«

»Ja.«

»Wie ging es ihm zu dieser Zeit?«

»Er schlief fest, atmete zwar geräuschvoll, aber sonst schien alles in Ordnung. Als Louise Dr. Buhl anrief, sagte er ihr, daß Bert ein halbes Gran Morphium bekommen habe und wahrscheinlich nicht vor dem Morgen aufwachen werde.«

Wolfe wandte den Kopf. »Mrs. Tuttle, Sie haben gehört, was Ihre Brüder vorgetragen haben. Haben Sie etwas zu berichten oder hinzuzufügen?«

Sie hatte ein wenig Mühe, sich zu fassen. Ihr Mund zuckte, und ihre Hände waren fest in ihrem Schoß zusammengekrampft. Sie begegnete Wolfes Blick, erwiderte aber nichts, bis sie plötzlich aufschrie: »Es ist nicht meine Schuld! Keiner wird mir die Schuld zuschieben können!«

Wolfe zog eine Grimasse. »Warum sollte man das, gnädige Frau?«

»Weil sie es bei meinem Vater auch getan haben! Wissen Sie, was meinem Vater zugestoßen ist?«

»Ich weiß, wie er starb. Ihr Bruder erzählte es mir.«

»Damals gaben sie mir die Schuld – sie alle! Weil ich ihn pflegte, vor Erschöpfung eingeschlafen war, deswegen nicht mehr in sein Zimmer ging und die geöffneten Fenster nicht bemerkte. Sie haben mich sogar gefragt, ob ich ein Schlafmittel in meinen Kakao getan hatte, um recht fest zu schlafen! Als ob ein vierundzwanzigjähriges Mädchen ein Schlafmittel braucht, um zu schlafen!«

»Nun, meine Liebe«, Tuttle tätschelte ihre Schulter, »das ist alles vergangen und vergessen. In Berts Zimmer gab es Samstag nacht keine offenen Fenster.«

»Aber ich habe die Pflegerin fortgeschickt!« Sie richtete ihre Worte an Wolfe. »Und ich sagte Dr. Buhl, daß ich die Verantwortung übernehmen würde. Dann ging ich zu Bett und schlief ein, ohne nach den Wärmflaschen gesehen zu haben. Und sie waren leer!« Sie fuhr mit ihrem Kopf zu ihrem jüngeren Bruder herum. »Sag die Wahrheit, Paul, die ganze Wahrheit! Waren die Flaschen leer?«

Auch er legte ihr beruhigend die Hand auf die Schulter. »Nimm's nicht so schwer, Lou. Natürlich waren sie leer, auf mein Pfadfinderehrenwort. Aber das hat ihn nicht getötet, und das habe ich auch nie behauptet.«

»Keiner gibt dir die Schuld«, versicherte ihr Tuttle. »Und warum solltest du nicht schlafen gehen? Es war bereits ein Uhr morgens, und Dr. Buhl hatte gesagt, daß Bert die ganze Nacht durchschlafen werde. Glaub mir, meine Liebe, du machst aus einer Mücke einen Elefanten.«

Sie beugte den Kopf und barg das Gesicht in den Händen. Ihre Schultern begannen zu zittern. Für Wolfe ist eine Dame in Not nur ein Weibsbild mit einem hysterischen Anfall. Er starrte sie einen Augenblick lang prüfend und mißtrauisch an und wandte sich dann ihrem Mann zu.

»Was das Schlafengehen betrifft, Mr. Tuttle, so sagten Sie, daß es bereits ein Uhr war. Das war also, nachdem Paul Sie aus dem Bett getrommelt hatte, damit Sie ihn einließen?«

»Ja.« Mr. Tuttle streichelte beruhigend den Arm seiner Frau. »Es kostete allerhand Zeit, Pauls Geschichte anzuhören und ihn auf die Couch zu betten. Dann warfen wir einen Blick in Berts Zimmer, sahen, daß er schlief, und legten uns selbst wieder zu Bett.«

»Haben Sie fest durchgeschlafen, bis Paul Sie gegen sechs Uhr früh weckte?«

»Meine Frau schon, glaube ich. Sie war übermüdet. Sie hat sich wohl hin und wieder bewegt, aber ich glaube nicht, daß sie aufwachte. Ich ging einige Male ins Bad, das tue ich nachts fast immer, aber davon abgesehen schlief ich, bis Paul uns rief. Als ich das zweite Mal ins Bad ging, öffnete ich Berts Zimmertür, hörte nichts und ging deshalb nicht hinein. – Ist das wichtig?«

»Nicht sonderlich.« Wolfes Blick wanderte zu Louise, auf der Hut vor Gefahr, und dann zurück zu ihm. »Ich denke an Mr. Arrow und versuche alle Möglichkeiten zu erwägen. Er hatte natürlich einen Schlüssel zum Apartment, konnte während der Nacht die Zimmer betreten haben, um etwas zu holen, und wieder fortgegangen sein. Wäre das möglich?«

Tuttle dachte nach. Um ihn beim Nachdenken zu beobachten, mußte ich mich anstrengen, seinen glänzenden Schädel zu vergessen und mich auf seine Gesichtszüge zu konzentrieren. Es wäre einfacher gewesen, hätten seine Augen, seine Nase und sein Mund oben auf dem Kopf gesessen.

»Schon möglich«, räumte er ein, »aber ich bezweifle es. Er hätte auch durch das Wohnzimmer gehen müssen, und dort lag Paul auf der Couch. Allerdings war Paul ziemlich hinüber.«

»Ich war *völlig* hinüber«, bestätigte Paul. »Er hätte mich schon noch einmal zusammenschlagen müssen, damit ich ihn bemerkt hätte.« Er schielte zu Wolfe hinüber. »Aber das ist ein Gedanke! Was sollte er dort wohl noch holen?«

»Nichts. Ich stelle nur Fragen. Mr. Tuttle, wann haben Sie Mr. Arrow dann das nächste Mal gesehen?«

»Am selben Morgen. Sonntag morgen kam er gegen neun Uhr in das Apartment, kurz nachdem Dr. Buhl eingetroffen war.«

»Wo war er die Nacht über gewesen?«

»Das weiß ich nicht. Ich habe ihn nicht gefragt, und er hat nichts erzählt. Es war – nun, es war im Angesicht des Todes. Er stellte uns eine Menge Fragen, von denen ich einige reichlich unverschämt fand, doch unter den Umständen machte ich Zugeständnisse.«

Wolfe lehnte sich zurück, schloß die Augen und senkte das Kinn. Die Brüder beobachteten ihn. Tuttle kümmerte sich um seine Frau, streichelte ihre Schulter und murmelte ihr etwas zu, und bald darauf gab sie ihr Gesicht frei und hob den Kopf. Er zog ein sauberes Taschentuch aus seiner Brusttasche, und sie nahm es und begann damit ihr Gesicht abzutupfen. Ihre Wangen zeigten nicht die leisesten Tränenspuren.

Wolfe öffnete die Augen und ließ sie in die Runde schweifen. »Ich betrachte es als zwecklos«, verkündete er, »Sie noch länger aufzuhalten. Ich hatte gehofft, daß es möglich sei, bereits heute abend zu einer Entscheidung zu kommen.« Er richtete seinen Blick auf Paul. »Aber Ihre Mutmaßungen über das Morphium verlangen natürlich diskrete Nachforschungen. Ich würde Ihnen keinen Dienst erweisen, wenn ich Sie einer Verleumdungsklage aussetzte.« Sein Blick wanderte zu David und dann hinüber zu Tuttle. »Übrigens habe ich noch nichts von Dr. Buhls Bitte erwähnt, nämlich Ihnen mitzuteilen, daß Dr. Buhl Miss Goren zu einer solchen Klage raten und sie unterstützen wird, falls sie von Ihnen der Nachlässigkeit bezichtigt wird. Sie behauptet, die Wärmflaschen vor Ihrem Weggang mit warmem Wasser gefüllt zu haben, und er glaubt ihr. Sie hören von mir, wahrscheinlich am –«

Die Türglocke klingelte. Wenn wir Gesellschaft im Büro haben, spielt Fritz immer den Pförtner; aber ich hatte so eine Vorahnung, was bei mir häufiger vorkommt, erhob mich deshalb und erreichte den Flur noch rechtzeitig, um Fritz auf seinem Weg zur Haustür abzufangen. Die Außenbeleuchtung war eingeschaltet, und durch das Guckloch erspähte ich einen Unbekannten – ein breitschultriges Individuum ungefähr meines Alters und ungefähr meiner Größe. Ich erklärte Fritz, daß ich mich um dieses Individuum kümmern werde, öffnete die Tür nur so weit, wie es die Sicherheitskette erlaubte, und fragte durch den Spalt: »Kann ich etwas für Sie tun?«

Eine sanfte, schleppende Stimme schlüpfte hindurch. »Ich denke schon. Mein Name ist Arrow. Johnny Arrow.

Ich möchte mit Nero Wolfe sprechen. Wenn Sie die Tür öffnen, würden Sie mir einen Gefallen tun.«

»Ja, aber ich muß ihn erst fragen. Warten Sie eine Minute.« Ich schloß die Tür, zog ein Stück Papier aus der Tasche und schrieb »Arrow« darauf, kehrte ins Büro zurück, trat an Wolfes Schreibtisch und reichte ihm das Papier. Die Besucher machten schon Anstalten zum Aufbruch.

Wolfe beäugte den Zettel. »Verdammt«, murrte er, »ich dachte, ich hätte jetzt Feierabend. Aber vielleicht kann ich... also gut.« Ich will gestehen, daß man mich der Nachlässigkeit zeihen könnte, da ich wußte, was Samstag nacht in der Churchill-Bar vorgefallen war. Aber ich bestreite, daß ich vorsätzlich gehandelt habe. Ich respektiere das Mobiliar im Büro genauso wie Wolfe oder Fritz das tun. Ich ließ mir nur nicht genügend Zeit zum Nachdenken, als ich an die Haustür ging, dem Uranprinzen aufschloß, ihn ins Büro geleitete und dann zur Seite trat, um den Ausdruck auf den Gesichtern der anderen zu beobachten. In dem Augenblick, als Arrow Paul Fyfe entdeckte und sich auf ihn stürzte, stand ich zu weit entfernt. So kam es, daß einer von den gelben Stühlen dran glauben mußte. Zum Trost erhielt ich eine prächtige Darstellung, wie Pauls Kiefer an beiden Seiten zusammengestaucht worden war. Arrow versetzte ihm eine linke Gerade, hart genug, um ihn aus dem Gleichgewicht zu werfen, schwang dann seine Rechte und schleuderte ihn damit zwei Meter weit gegen den gelben Stuhl. Als er ihn wieder hochzerren wollte, wahrscheinlich, um sich das andere Auge vorzuknöpfen, griff ich ein, legte Arrow von hinten meinen Arm um den Hals und stemmte mein Knie in seinen Rücken. Tuttle stand mir bei und versuchte, Arrow am Ärmel zu ziehen. David strich um uns herum, offenbar mit der Absicht, sich dazwischenzustellen, eine ausgesprochen miserable Methode. Louise stieß schrille Laute aus.

»Okay«, erklärte ich ihnen, »zurück mit euch. Ich habe ihn fest umklammert.« Arrow strengte sich an, sich aus meinem Griff zu winden, begriff aber, daß es nur darum ging, was zuerst brechen würde, sein Genick oder sein Rücken, und hörte damit auf. Wolfe ergriff angewidert das Wort und empfahl den Brüdern, zu gehen. Paul hatte sich wieder aufgerappelt, und eine Sekunde lang dachte ich, daß er Arrow einen Stoß versetzen wollte, während ich ihn festhielt; aber David packte ihn am Arm und zog ihn mit sich fort. Tuttle ging zu Louise und drängte sie hinaus, und David setzte Paul in Bewegung. An der Tür zum Flur drehte sich David protestierend zu Wolfe um: »Sie hätten ihn nicht hereinlassen sollen. Das hätten Sie voraussehen müssen!« Als sie im Flur waren, ließ ich Arrow aus meiner Umklammerung frei und gab der Familie das Abschiedsgeleit. Als sie die Türschwelle überquerte, wünschte ich ihnen allen gute Nacht, aber der Wunsch wurde nur von David erwidert.

Im Büro hatte sich Johnny Arrow inzwischen im roten Ledersessel niedergelassen und bewegte seinen Kopf behutsam vor und zurück, um sein Genick zu überprüfen. Ich mag etwas zu gründlich gewesen sein, aber bei einem völlig Fremden kann man nie gründlich genug sein.

4

Ich saß mit dem Rücken zum Schreibtisch und musterte dieses vielseitig veranlagte Subjekt. Er war Uranmillionär, also von allermodernster Art. Er war ein chronischer Kieferzerschmetterer, ganz egal, wo er sich gerade aufhielt. Er erkannte eine hübsche Schwester, wenn er sie traf, und handelte dementsprechend. Und man hatte ihn als Kandidaten für den elektrischen Stuhl vorgeschlagen. Ein ganz schöner Ruf für einen solchen Jüngling. Er sah eigentlich nicht schlecht aus, wenn man sich nicht gerade auf diesen Zigarettenreklametyp festgelegt hat. Sein Gesicht und seine Hände waren nicht so rauh und verwittert, wie ich es bei einem Mann, der fünf Jahre in der Wildnis damit zugebracht hatte, Steine herumzuwälzen, erwartet hätte. Doch seit der Entdeckung von Black Elbow hatte er ja auch genügend Zeit gehabt, sich wieder auszubügeln.

Er hörte auf, mit seinem Kopf zu kreisen, und erwiderte meinen Blick mit einem neugierigen Starren aus braunen Augen, die in ihren Winkeln Fältchen vom vielen Blinzeln nach Uran hatten. »Das war eine recht feste Umarmung«, sagte er ohne Feindseligkeit in seiner sanften gedehnten Sprechweise. »Ich dachte, mein Genick wäre gebrochen.«

»Das hätte nichts geschadet«, rügte ihn Wolfe streng. »Sehen Sie sich den Stuhl da an.«

»Oh, ich werde für den Stuhl bezahlen.« Er zog ein beachtliches Bündel Geldnoten hervor. »Wieviel macht es?«

»Mr. Goodwin wird Ihnen die Rechnung schicken.« Wolfe blickte finster drein. »Mein Büro ist keine Arena für Gladiatoren. Ich nehme an, Sie kamen auf die Botschaft hin, die wir für Sie hinterließen.«

Er schüttelte den Kopf. »Ich habe keine Botschaft erhalten. Wenn Sie sie im Hotel hinterließen – dort bin ich seit heute früh nicht mehr gewesen. Worum ging es?«

»Nur, daß ich Sie sprechen wollte.«

»Ich habe sie nicht bekommen.« Er hob eine Hand, um die linke Seite seines Halses zu massieren. »Ich kam, weil *ich Sie* sprechen wollte.« Er betonte ein Wort, indem er es langzog. »Ich wollte auch diesen Paul Fyfe noch einmal sprechen, aber ich wußte nicht, daß er hier war, das war ein reiner Glückszufall. Ich wollte ihn wegen einer Gaunerei sprechen, die er an einer meiner Freundinnen ausprobieren versuchte. Sie wissen über die Wärmflaschen Bescheid?«

Wolfe nickte. »Und warum wollten Sie mich sprechen?«

»Weil ich hörte, Sie brauen eine Geschichte zusammen, daß ich meinen Partner Bert Fyfe umgebracht haben soll.« Die braunen Augen hatten sich ein wenig zusammengezogen. Offenbar konnten sie auch noch etwas anderes als Uran kritisch betrachten. »Ich wollte Sie nur fragen, ob Sie vielleicht auch noch meine Hilfe brauchen.«

Wolfe brummte: »Ihre Informationen sind falsch, Mr. Arrow. Man hat mich beauftragt, zu untersuchen und zu entscheiden, ob irgendwelche Umstände bei Mr. Fyfes Tod eine polizeiliche Untersuchung rechtfertigen. Dafür brauche ich Hilfe. Hier wird nichts zusammengebraut, wie Sie sich ausdrückten. Natürlich war Ihr Angebot ironisch gemeint, aber ich brauche Ihre Hilfe wirklich. Sollen wir fortfahren?«

Arrow lachte. Kein schallendes Gelächter, nur ein kleines leichtes Kichern, das zu seiner gedehnten Sprechweise paßte. »Das kommt darauf an, wie«, sagte er. »Wie wollen Sie fortfahren?«

»Mit einem Informationsaustausch. Ich brauche einige Auskünfte, und Sie wünschen vielleicht ebenfalls welche. Zuerst einmal nehme ich an, daß Sie Ihre Informationen von Miss Goren bezogen haben. Sollte ich mich irren, berichtigen Sie mich. Sie müssen nach vier Uhr heute nachmittag mit ihr zusammengekommen sein. Zweifellos glaubte sie, den Tatbestand genau wiedergegeben zu haben. Wenn sie Ihnen aber den Eindruck vermittelte, daß ich Sie mit bösartiger Absicht verfolge, irrt sie sich. Darf ich Sie fragen, ob die Auskünfte, denen wir Ihren Besuch verdanken, von Miss Goren stammen?«

»Gewiß stammen sie von ihr. Wir speisten zusammen, als Dr. Buhl sie aus dem Restaurant holte, um mit ihr hierherzukommen.«

Ich begehe einen Fehler, wenn ich es so darstelle, als ob er bereitwilligst mit Wolfe zusammenarbeiten wollte. Er prahlte nur. Er genoß es, daß er jemandem erzählen konnte, Miss Goren habe ihm erlaubt, sie zum Dinner auszuführen.

»Dann«, sagte Wolfe, »hätten Sie sich aber klarmachen müssen, daß Miss Gorens Bericht recht einseitig sein müßte, obwohl ich nicht behaupte, daß sie ihn absichtlich gefärbt hat. Ich will nur sagen – und darauf kann ich Ihnen Brief und Siegel geben –, daß ich bis jetzt im Hinblick auf Bertram Fyfes Tod nicht die Spur eines Beweises gegen Sie gefunden habe. Lassen Sie uns zu Tatsachen übergehen. Was wissen Sie über die Wärmflaschen? Nicht, was Ihnen irgend jemand erzählt hat, auch nicht Miss Goren, sondern was Sie aus eigener Beobachtung wissen.«

»Überhaupt nichts. Ich habe sie nie gesehen.«

»Sie auch nicht angefaßt?«

»Natürlich nicht. Warum sollte ich sie wohl anfassen?« Sein schleppender Tonfall beschleunigte sich nicht. »Und wenn Sie mir diese Frage stellen, nur weil dieser Paul Fyfe behauptet, sie leer gefunden zu haben, so hat das nichts mit Tatsachen zu tun.«

»Möglicherweise. Ich bin kein Idiot. Wann haben Sie Bertram Fyfe zuletzt lebend gesehen?«

»Samstag abend, ehe wir uns auf den Weg zum Theater machten. Ich ging nur für eine Minute zu ihm ins Zimmer.«

»Miss Goren war bei ihm?«

»Ja, natürlich.«

»Sie gingen nicht zu ihm, als Sie aus dem Theater zurückkamen?«

»Nein. Wollen Sie wissen, warum nicht?«

»Das weiß ich bereits. Sie trafen das an, was Mr. David Fyfe eine peinliche Situation nennt, und Sie machten auf dem Fuß kehrt, um Paul Fyfe zu suchen. Trifft das zu?«

»Gewiß. Und ich fand ihn auch. Nachdem ich mir angehört hatte, was Miss Goren von ihm zu berichten wußte, hätte ich ihn auch die ganze Nacht gesucht. Aber das brauchte ich nicht. Ich fand ihn unten in der Bar.«

»Und fielen über ihn her?«

»Sicher. Ich suchte ihn nicht, um ihm die Schuhe zu putzen.« Das sanfte kleine Kichern plätscherte wieder angenehm und friedlich hervor. »Wahrscheinlich sollte ich froh sein, daß sich ein Polizist einmischte, denn ich war verdammt wütend.« Er sah mich mit freundlichem Interesse an: »Das war aber eine recht nette Umarmung, die Sie mir verpaßt haben.«

»Und dann?« fragte Wolfe. »Wie ich hörte, kehrten Sie nicht mehr in das Apartment zurück.«

»Gewiß nicht. Ein anderer Polizeibeamter kam noch dazu, aber ich war immer noch wütend und wollte nicht, daß man mich festhielt, und dann wurden sie wütend. Sie legten mir Handschellen an, und einer von ihnen schleppte mich zu einer Polizeiwache und sperrte mich ein. Ich wollte ihnen nicht sagen, wen ich geschlagen habe und warum, und vermutlich versuchten sie, ihn zu finden, damit er eine Anzeige erstatten könnte. Endlich ließen sie mich ans Telefon, und ich veranlaßte einen Anwalt, zur Wache zu kommen und mich loszueisen. Ich ging darauf in das Apartment und traf diesen Paul Fyfe dort und diesen Tuttle mit seiner Frau. Und Bert war tot. Der Doktor war auch da.«

»Sein Tod war natürlich ein Schock für Sie.«

»Ja, das war es. Das wäre es nicht gewesen, wenn ich ihn getötet hätte, stimmt's?« Johnny Arrow kicherte. »Wenn Sie es wirklich ehrlich meinen und mich nicht hereinlegen wollen, dann lassen Sie sich eins sagen, Mister: Bert und ich haben uns fünf Jahre lang zusammen herumgetrieben. Das war ein ziemlich hartes Unternehmen. Wir sind nie verhungert, aber oft waren wir nahe daran. Keiner hat uns geholfen. Als wir auf Black Elbow stießen, mußte hart und schnell gehandelt werden, um die Anrechte unter Dach und Fach zu bringen, und keiner von uns hätte das allein zuwege gebracht. Damals ließen wir unsere Vereinbarung von einem Rechtsanwalt aufsetzen, damit, falls einem von uns etwas zustoßen sollte, sich kein Außenseiter einmischen und Ärger stiften konnte. Es hatte sich ergeben, daß wir einander mochten, selbst wenn wir uns ärgerten. Deshalb kam ich auch mit ihm nach New York, als er mich darum bat. Für mich selbst gab es nichts in New York zu tun. Unsere gesamten Geschäfte hätten wir in Black Elbow und Montreal erledigen können. Ich bin gewiß nicht mit ihm hierhergekommen, um ihn zu töten.«

Wolfe betrachtete ihn ungerührt. »Dann kam er also nicht geschäftlich nach New York?«

»Nein, Sir. Er erwähnte etwas von einer persönlichen

Angelegenheit. Als wir hier ankamen, setzte er sich mit seiner Schwester und seinen Brüdern in Verbindung. Ich ahnte, daß irgend etwas aus der Vergangenheit an ihm nagte. Er fuhr einige Male nach Mount Kisco und nahm mich mit. Wir sind das ganze Gelände in einem Cadillac abgefahren. Wir suchten sein Geburtshaus auf und durchstreiften es – jetzt lebt dort eine italienische Familie. Wir tranken Eiscreme-Soda in Tuttles Drugstore. Wir wollten eine Frau besuchen, die ein Gasthaus geführt hatte, in dem er früher einmal wohnte, aber sie war schon vor Jahren fortgezogen. Gerade erst letzte Woche fand er heraus, daß sie in Poughkeepsie wohnte, und wir fuhren dorthin.«

Es dauerte eine ganze Weile, bis er das Ganze herausgebracht hatte, weil er sein Tempo noch immer nicht beschleunigte. Allerdings hatte es den Vorteil, daß er sich nicht mit Atemholen aufzuhalten brauchte. »Ich erzähle wohl eine Menge daher«, sagte er, »aber ich erzähle von Bert. Fünf Jahre lang habe ich nicht viel geredet, außer mit ihm, und jetzt, denke ich, sollte ich *über* ihn reden.«

Er legte seinen Kopf zur Seite, um einen Moment nachzudenken, und fuhr dann fort: »Ich möchte nicht hereingelegt werden, und ich möchte keinen anderen hereinlegen, aber ich glaube, ich habe mich über das, was aus seiner Vergangenheit an ihm nagte, zu unbestimmt ausgedrückt. Er hat mir davon erzählt, als wir eines Tages in Kanada unter einem Felsen saßen. Er sagte, daß er, wenn wir wirklich Erfolg haben würden, vielleicht nach Hause ginge, um sich um eine nicht zu Ende geführte Sache zu kümmern. Wissen Sie, wie sein Vater starb und daß man ihn wegen Mordes vor Gericht stellte?«

Wolfe bejahte.

»Nun, er hat mir davon erzählt. Er sagte, er habe niemals sein Erbteil beansprucht, weil er nicht an dem Durcheinander, von dem er fortgelaufen sei, Anteil nehmen wollte. Wenn Sie Bert gekannt hätten, verwunderte Sie das nicht. Er sagte, daß er sich immer eingeredet habe, es ausgelöscht und vergessen zu haben, aber jetzt, da es so aussah, als ob wir ganz groß herauskommen würden, dachte er daran, zurückzugehen und sich umzusehen. Und das tat er. Falls er eine bestimmte Person im Sinn hatte, so sagte er es mir nie. Aber mir fielen einige Dinge auf. Als er seiner Familie vortrug, was er beabsichtigte, beobachtete er ihre Gesichter. Es war ihnen unangenehm, als er verkündete, sich eine vollständige Abschrift der Zeugenaussagen seiner Gerichtsverhandlung besorgen zu wollen. Als er ihnen erzählte, daß er die Frau, die früher das Gasthaus leitete, aufgesucht habe, war ihnen das noch viel unangenehmer. Mir schien, als ob er versuchte, ihnen einen Köder anzubieten.«

Seine Augen zogen sich zusammen, und die Fältchen vertieften sich. »Aber kommen Sie nicht auf die Idee, daß ich irgend jemanden verdächtigen will. Der Arzt sagte, Bert starb an Lungenentzündung, und ich schätze, er ist ein guter Arzt. Ich wollte es nur nicht im dunkeln lassen, warum Bert nach New York kam. Haben Sie noch mehr Fragen?«

Wolfe schüttelte den Kopf. »Im Moment nicht. Vielleicht später. Aber ich schlug einen Informationsaustausch vor. Wollen Sie etwas wissen?«

»Das nenne ich aber höflich.« Es klang, als ob er es auch so meinte. »Ich denke nicht.« Er erhob sich und blieb einen Augenblick stehen. »Nur, Sie sagten doch, daß Sie keine Beweise gefunden hätten, um jemanden zu – wie war noch das Wort?«

»Beschuldigen.«

»Stimmt. Warum lassen Sie dann die Sache nicht fallen? Das taten Bert und ich immer, wenn sich herausstellte, daß ein Gebiet unergiebig war. Wir ließen es fallen.«

»Ich sagte nicht, daß dieses Gebiet unergiebig ist.« Wolfe war verdrießlich. »Im Gegenteil, und das ist das Verwünschte dabei. Es gibt einen geheimnisvollen Umstand, den ich aufklären muß, ehe ich es fallenlassen kann.«

»Und der wäre?«

»Ich habe Sie bereits danach gefragt, und Sie bestreiten,

etwas davon zu wissen. Falls ich Sie noch einmal danach fragen möchte, werde ich mich lieber vorher bewaffnen. – Mr. Goodwin wird Ihnen die Rechnung für den Stuhl schicken, wenn wir den Betrag wissen. Guten Abend, Sir.«

Er wollte zwar noch mehr über den geheimnisvollen Umstand wissen, erfuhr aber nichts. Als er das Gebiet unergiebig fand, ließ er es fallen, und ich ging in den Flur, um ihm die Tür aufzuhalten. Nachdem er die Schwelle überschritten hatte, wandte er sich zu mir um: »Das war tatsächlich 'ne nette Umarmung.«

Im Büro saß Wolfe mit geschlossenen Augen in seinem Sessel zurückgelehnt und runzelte die Stirn. Ich verstaute den zerbrochenen Stuhl in einer Ecke, stellte die anderen an ihre Plätze, ordnete meinen Schreibtisch für die Nacht, verschloß den Safe und näherte mich ihm. »Was bedeutete dieser Versuch, ihn wütend zu machen? Falls es da einen geheimnisvollen Umstand gibt, muß ich geschlafen haben. Nennen Sie ihn mir.«

Er murmelte, ohne seine Augen zu öffnen: »Wärmflaschen.«

Ich reckte mich und gähnte. »Verstehe. Sie zwingen sich zur Arbeit, finden kein Problem und basteln sich eins zusammen. Vergessen Sie's. Geben Sie sich mit den tausend Dollar zufrieden – für acht Stunden Arbeit kein schlechter Schnitt – und stimmen Sie für nein. Fall erledigt.«

»Das kann ich nicht. Es gibt da ein Problem.« Er öffnete die Augen. »Wer entleerte die Flaschen, und warum?«

»Paul, zum Beispiel. Warum nicht?«

»Weil ich nicht daran glaube. Sehen Sie von seinen wiederholten Beteuerungen einmal ab, obgleich sie überzeugend genug klangen, und vergegenwärtigen Sie sich die Situation. Er betritt das Zimmer seines Bruders und findet ihn tot. Er schlägt die Bettdecke zurück und sieht die leeren Wärmflaschen. Er will seine Schwester und seinen Schwager rufen, aber ihm fällt ein, daß man die leeren

Flaschen als Waffe gegen Miss Goren gebrauchen könnte. Er will nicht, daß seine Schwester darauf aufmerksam wird, deshalb bringt er sie ins Bad, ehe er sie ruft. Klingt das glaubwürdig?«

»Gewiß. Aber –«

»Bitte, das Aber bearbeite ich. Aber versuchen Sie es einmal so herum: Er tritt ins Zimmer seines Bruders, findet ihn tot. Er schlägt die Bettdecke zurück, um nach dem Herzen zu fühlen. Die Flaschen liegen dort, mit Wasser gefüllt. Als er sie sieht, ersinnt er eine Kriegslist – und vergessen Sie nicht, er steht unter der Wirkung eines Schocks, weil er gerade eine Leiche gefunden hat, während er, aller Wahrscheinlichkeit nach, seinen Bruder schon auf dem Wege der Besserung glaubte. Er ersinnt sogleich, ehe er die andern ruft, den Plan, die Flaschen ins Bad zu bringen und dort auszuleeren, um irgendwann in der Zukunft zu Miss Goren gehen zu können und ihr zu sagen, daß er sie leer gefunden habe, und das führt er dann auch aus. Nehmen Sie das als glaubwürdig an?«

»Es klingt ein bißchen überspannt«, gestand ich, »so wie Sie es beschreiben.«

»Ich beschreibe es so, wie es geschehen sein mußte, *falls* es geschah. Ich behaupte, es war nicht so. Er bemerkte die Wärmflaschen nur, *weil* sie leer waren. Wären sie gefüllt gewesen, hätte er wahrscheinlich überhaupt keine Notiz davon genommen. Schließlich stand er an einem Totenbett. Zweifellos gibt es Menschen, die in einem solchen Augenblick zu einer solchen Verschlagenheit fähig sind, aber er ist nicht einer von ihnen. Ich bin zu der Annahme gezwungen, daß er die Flaschen leer fand, und wo stehe ich jetzt?«

»Ich muß es mir überlegen«, sagte ich und setzte mich.

»Es wird Ihnen nicht gefallen.« Er war bitter. »Mir auch nicht. Wenn ich mir meine Selbstachtung erhalten will – eine Pflicht, die sich nicht übertragen läßt –, muß ich weiterforschen. Hat Miss Goren schuld? Legte sie die Flaschen leer ins Bett?«

»Nein, Sir. Ich beabsichtige, sie zu heiraten. Außerdem

glaube ich es nicht. Sie ist tüchtig, und keine tüchtige gelernte Schwester würde jemals einen solchen Fehler machen.«

»Ich bin ganz Ihrer Meinung. Da wären wir also. Gegen Mitternacht, kurz bevor sie ging, füllte Miss Goren die Flaschen mit heißem Wasser und legte sie ins Bett. Gegen sechs Uhr früh fand Paul Fyfe die Flaschen dort im Bett, aber sie waren leer. Jemand hat sie fortgenommen, entleert und zurückgelegt. Erklären Sie mir das.«

»Sehen Sie mich nicht so an, ich habe es schließlich nicht getan. Warum soll ich es denn erklären?«

»Sie können es nicht. Anzunehmen, daß es in mörderischer Absicht geschah, wäre unerhört. Es ist unerklärlich. Und alles Unerklärliche auf einem Totenbett ist unheilvoll, besonders auf dem Totenbett eines Millionärs. Ehe ich überhaupt die Frage erwägen kann, wer es tat, muß ich die Frage beantworten, warum er es tat.«

»Nicht unbedingt«, wandte ich ein. »Stecken Sie den Tausender ein, aber stimmen Sie nicht für nein. Stimmen Sie für ja und lassen Sie Paul die Sache der Polizei übergeben. Damit haben Sie den Auftrag erledigt.«

»Pfui! Meinen Sie das ehrlich?«

Ich gab auf. »Nein. Sie stecken fest. Die Polypen würden lediglich feststellen, daß die Schwester die Flaschen leer hinterlassen hat und es nicht zugeben will. Und Johnny Arrow würde die ganze verdammte Mordabteilung der Reihe nach zusammenschlagen.« Mir kam ein plötzlicher Verdacht und ich beäugte Wolfe. »Oder machen Sie nur Reklame für sich selbst? Wissen Sie vielleicht schon, wer die Flaschen ausgeleert hat, oder glauben es zu wissen und erwarten von mir, daß mir einleuchten soll, wie genial Sie wieder einmal waren?«

»Nein. Ich weiß weder aus noch ein. Ich tappe vollkommen im finstern. Es ist mehr als geheimnisvoll, es ist übernatürlich.« Er sah auf die Uhr. »Es ist Zeit, zu Bett zu gehen, und jetzt muß ich mich mit dieser Ungeheuerlichkeit schlafen legen. Zuerst jedoch noch einige Anweisungen für Sie für morgen früh. Ihren Notizblock, bitte.«

5

Am Mittwoch morgen, nachdem ich wie gewöhnlich in der Küche mit Fritz gefrühstückt hatte, da Wolfe sich – auch wie üblich – das Frühstück auf sein Zimmer hatte bringen lassen, machte ich mich daran, die Anweisungen auszuführen. Sie waren einfach, doch ihre Ausführung entpuppte sich als nicht zu leicht. Der erste und wichtigste Punkt war, Dr. Buhl anzurufen und ihn für elf Uhr ins Büro zu bestellen. Um diese Zeit beendete Wolfe gewöhnlich seine Morgenvisite in den Gewächshäusern. Buhl sollte Anne Goren mitbringen. Aber ich konnte ihn bis Mittag einfach nicht erwischen. Von neun bis zehn Uhr bekam ich nur den Kundendienst der Post an den Apparat und die Auskunft, daß er Krankenbesuche mache. Ich hinterließ ihm die Nachricht, mich anzurufen, was er aber nicht tat. Von zehn Uhr an erreichte ich seine Sprechstundenhilfe. Die ersten drei Male war sie am Apparat noch höflich und mitfühlend, wurde beim viertenmal aber ein wenig ruppig: Dem Doktor, der immer noch seine Runde mache, sei meine Bitte um Rückruf mitgeteilt worden, aber sie könne es auch nicht ändern, wenn er zu beschäftigt sei. Als er schließlich anrief, konnte ich nicht gut von ihm verlangen, mit Miss Goren um elf Uhr zu kommen, da es bereits ein Viertel vor zwölf war. Deshalb schlug ich drei Uhr vor und erhielt eine glatte Absage. Weder um drei Uhr noch zu einer anderen Zeit. Er habe Wolfe alles erzählt, was es über Bertram Fyfes Tod zu berichten gab; aber wenn Wolfe mit ihm am Telefon sprechen wolle, könne er vielleicht zwei Minuten erübrigen. Wolfe lehnte natürlich ab. Also eine völlige Pleite.

Am Ende holte ich nach dem Lunch den Wagen aus der Garage und fuhr die vierzig Meilen über die West-Side-Autobahn und die Sawmill-River-Parkway-Abfahrt nach Mount Kisco. Buhls Praxis lag in einem großen weißen Haus inmitten eines ausgedehnten grünen Rasens. Man hatte mir gesagt, daß er mich nach seiner Nachmittagssprechstunde, die von zwei bis vier Uhr dauerte, empfangen könne. Aber als ich ankam, saßen immer noch fünf Patienten im Wartezimmer. So konnte ich eine hübsche Weile lang meinen Lesehunger mit Zeitschriften stillen, ehe mich die Schwester, die seit mindestens sechzig Jahren bei ihm tätig sein mußte, zu ihm durchschleuste.

Buhl saß hinter einem Schreibtisch und sah zwar müde, aber immer noch würdevoll aus. Er sagte mir unverblümt: »Ich muß Krankenbesuche machen und habe mich schon verspätet. Was gibt es jetzt schon wieder?«

Ich kann auch unverblümt sein. »Eine Frage«, sagte ich, »die von einem Verwandten des Verstorbenen aufgeworfen wurde. Konnte jemand das Morphium durch etwas anderes ersetzt haben? Mr. Wolfe will den Fall nicht der Polizei übergeben, ohne diesen Punkt selbst untersucht zu haben. Doch wenn Sie vorziehen, daß –«

»Morphium? Sie meinen das Morphium, das Bert Fyfe verabreicht wurde?«

»Ja, Sir. Da die Frage –«

»Dieser verdammte Trottel! Paul, natürlich. Vollkommen absurd. Wann soll denn etwas anderes an die Stelle des Morphiums getan worden sein und durch wen?«

»Keine näheren Erklärungen.« Ich setzte mich unaufgefordert. »Aber Mr. Wolfe kann nicht so einfach darüber hinweggehen, deshalb wünscht er ein paar kleine Auskünfte. Haben Sie das Morphium der Schwester persönlich übergeben?«

Nach dem Blick, den er mir zuwarf, erwartete ich, daß er mich dahin schicken werde, wo der Pfeffer wächst, aber dann änderte er offensichtlich seine Meinung und beschloß, die Sache hinter sich zu bringen.

»Das Morphium«, sagte er, »stammte aus einer Flasche in meiner Tasche. Ich nahm zwei Viertelgran-Tabletten aus der Flasche, gab sie der Schwester und ordnete an, eine davon dem Patienten zu verabreichen, sobald die Gäste gegangen waren, und die andere, falls nötig, eine Stunde später. Sie sagte mir, daß sie die Tabletten wie besprochen verabreicht habe. Die Annahme, daß sie durch etwas anderes ersetzt worden seien, ist phantastisch.«

»Ja, Sir. Wo bewahrte sie die Tabletten bis zu der Zeit der Verabreichung auf?«

»Das weiß ich nicht. Sie ist eine fähige Schwester und absolut verläßlich. Wollen Sie, daß ich sie frage?«

»Nein, danke, das werde ich selbst tun. Bestehen irgendwelche Zweifel bezüglich Ihrer Morphiumflasche? Könnte an ihr herumgepfuscht worden sein?«

»Ziemlich unwahrscheinlich. Nein.«

»Haben Sie kürzlich einen neuen Vorrat angebrochen – ich meine, haben Sie die Flasche neu aufgefüllt?«

»Nein. Seit mindestens zwei Wochen nicht. Wahrscheinlich sogar noch länger.«

»Würden Sie sagen, daß irgendeine Möglichkeit – sagen wir eins zu einer Million – besteht, daß Sie die Tabletten aus der falschen Flasche genommen haben?«

»Nein. Nicht eins zu einer Milliarde.« Seine Brauen hoben sich. »Ist das alles nicht ein wenig weit hergeholt? Aus dem, was mir David gestern erzählte, entnahm ich, daß sich Pauls Verdacht gegen den Mann, der mit Bert nach New York kam, richtete – gegen Mr. Arrow.«

»Vielleicht, aber Mr. Wolfe will gründlich sein. Er ist ein gründlicher Mann.« Ich stand auf. »Vielen Dank, Doktor. Falls Sie sich wundern, daß ich nur wegen dieser Kleinigkeiten hierhergefahren bin: Mr. Wolfe ist auch vorsichtig. Er erörtert nicht gern Fragen über einen unerwarteten Tod am Telefon.«

Ich verließ ihn, ging zum Wagen zurück und rollte davon. Die Straße zur Parkway-Ausfahrt führte mich durch die Ortsmitte, und an einem roten Backsteinbau, einem Eckhaus in sehr guter Lage, entdeckte ich das Schild: TUTTLES DRUGSTORE! Dieser Laden war für ein Telefongespräch genausogut wie jeder andere Platz, deshalb parkte ich ein wenig weiter hinter dem Häuserblock und ging zu Fuß zurück. Auch von innen machte der Laden einen guten Eindruck, modern und sauber eingerichtet, mit wohlgefülltem Lager und reichlicher Kundschaft; ein halbes Dutzend Kunden hockte auf Barstühlen an der Soda-Bar, und drei oder vier weitere waren im Laden verstreut. Einer von ihnen wurde von dem Besitzer, Vincent Tuttle, persönlich bedient. Ich stellte mich in eine Telefonzelle, wählte das Amt, nannte die mir bestbekannte Nummer, und nach einer Minute ertönte Wolfes Stimme in meinem Ohr.

»Von einer Zelle aus«, erklärte ich ihm, »in Tuttles Drugstore in Mount Kisco. Um Dr. Buhls Worte zu zitieren: Der Austausch des Morphiums ist absurd und phantastisch. Was die Herkunft betrifft, so nahm er zwei Viertelgran-Tabletten aus seinem eigenen Vorrat und gab sie der Schwester. Soll ich weitermachen?«

»Nein.« Es war ein Knurren, wie immer, wenn man ihn im Gewächshaus störte. »Oder doch, ja. Aber zuerst noch ein paar Nachforschungen in Mount Kisco. Während Ihrer Abwesenheit habe ich das Problem der Wärmflaschen unter die Lupe genommen und könnte auf die Lösung gestoßen sein. Oder auch nicht. Suchen Sie Mr. Paul Fyfe auf und fragen Sie ihn, was mit der Eiscreme geschehen ist. Sie erinnern sich doch.«

»Ja, er kaufte sie in Schramms Laden, um sie nach Mount Kisco für eine Party mitzunehmen, brachte sie in Berts Wohnung mit und legte sie in den Kühlschrank. Sie wollen wissen, was mit ihr geschah? Verraten Sie mir, weshalb, damit ich eine Ahnung habe, hinter was ich her bin.«

»Nein. Sie sind zwar verschwiegen, aber es besteht kein Anlaß, Sie unnötigen Strapazen auszusetzen.«

»Sie haben recht, und ich bedanke mich herzlichst für Ihre Fürsorge. Tuttle ist gerade hier, soll ich mit ihm anfangen?«

Er verneinte, sagte, ich solle zuerst Paul aufsuchen, und legte dann auf. Als ich die Zelle und den Laden verließ und mich auf den Weg zu Pauls Maklerbüro machte, durchforschte ich mein Gehirn nach einer Verbindung zwischen Schramms berühmter Mango-Eiscreme und den Wärmflaschen in Bert Fyfes Bett – aber, falls es eine gab, konnte ich sie nicht entdecken.

Im zweiten Stock eines alten Holzhauses über einem

Lebensmittelladen machte ich Paul ausfindig. Sein Büro bestand aus einem kleinen Zimmer mit zwei Schreibtischen und einigen verschrammten alten Stühlen, die ihm wahrscheinlich bei der Aufteilung des väterlichen Erbes zugefallen waren. Hinter dem kleineren Schreibtisch saß eine Frau mit einem langen dünnen Hals und großen Ohren, doppelt so alt wie Paul, die selbst bei einem Mann wie ihm nichts zu befürchten hatte. Paul saß hinter dem anderen Schreibtisch und erhob sich nicht bei meinem Eintritt.

»Sie?« murrte er. »Haben Sie was Neues?«

Ich warf einen Blick auf die Frau, die in einigen Papieren herumstöberte. Er befahl ihr, zu gehen, und sie schmiß einfach einen Briefbeschwerer auf den Papierstoß, erhob sich und ging. Überhaupt keine Reize.

Als sich die Tür hinter ihr geschlossen hatte, erwiderte ich ihm: »Ich habe nichts. Ich bin nur hinter etwas her. Mr. Wolfe schickte mich hierher, um Dr. Buhl wegen des Morphiums und Sie wegen der Eiscreme zu fragen. Das letzte, was wir davon hörten, war, daß sie immer noch im Kühlschrank in Ihres Bruders Wohnung lag. Was geschah dann damit?«

»Ach, um Himmels willen!« Er gaffte mich an, zumindest mit seinem gesunden Auge. Es war schwer zu sagen, was das andere, das blaugeschlagene, tat. »Was, zum Teufel, hat das damit überhaupt zu tun?«

»Ich weiß es nicht. Bei Mr. Wolfe kenne ich mich manchmal selbst nicht mehr aus. Aber es ist sein Wagen, sein Benzin und seine Reifen, und er zahlt mein Gehalt, so tue ich ihm eben den Gefallen. Das ist auch für Sie der bequemste und schnellste Weg, es sei denn, mit der Eiscreme geschah etwas, was Sie lieber für sich behalten wollen.«

»Mit der Eiscreme ist überhaupt nichts los, verdammt noch mal!«

»Dann brauche ich mich nicht erst bei Ihnen niederzulassen. Haben Sie sie für die Sonntagsparty mit nach Mount Kisco genommen?«

»Nein. Ich bin erst Sonntag nacht nach Mount Kisco zurückgekommen.«

»Aber Sie kamen am nächsten Tag, am Montag, wieder nach New York zur Beerdigung – und um Miss Goren noch einmal zu besuchen. Haben Sie die Eiscreme mitgenommen?«

»Passen Sie auf«, sagte er, »wir wollen Miss Goren aus dem Spiel lassen.«

»Ganz meine Meinung«, stimmte ich warm zu. »Ich bin ganz und gar für Ritterlichkeit. Aber was geschah mit der Eiscreme?«

»Ich weiß es nicht, und ich schere mich den Teufel drum.«

»Haben Sie sie wieder gesehen oder in der Hand gehabt, nachdem Sie sie am Samstag nachmittag in den Kühlschrank gelegt hatten?«

»Nein. Und wenn Sie mich fragen, ist das Ganze Unfug. Ich weiß nicht, wie dieser fette Trottel Wolfe zu seinem Ruhm gekommen ist, aber wenn dies seine Art ist, eine Untersuchung durchzu – he, was soll dieser Aufbruch?«

Ich war bereits an der Tür. Während ich die Klinke runterdrückte, drehte ich mich zu ihm um und sagte höflich: »Nett, Sie gesprochen zu haben«, und verschwand.

Wieder in Tuttles Drugstore, stellte ich fest, daß die Kundschaft gewechselt hatte, das Geschäft aber immer noch kräftig im Schwung war. Tuttles glänzender Schädel tauchte hinter einem Kosmetikschaukasten auf. Ich fing seinen Blick auf, ging zu ihm und erklärte ihm, daß ich ihn ein paar Minuten sprechen wolle, wenn er frei sei. Dann begab ich mich an die Soda-Bar und bestellte ein Glas Milch. Es war fast leer, als er mich rief und mir zuwinkte. Ich leerte das Glas und folgte ihm in einen Raum hinter der Trennwand. Er lehnte sich gegen einen Ladentisch und drückte seine Überraschung aus, mich in Mount Kisco zu sehen.

»Eine Reihe kleiner Besorgungen«, erläuterte ich. »Ich sollte Dr. Buhl wegen des Morphiums fragen und Sie wegen der Eiscreme. Ich habe Paul Fyfe bereits gefragt. Sie erinnern sich doch noch, er kaufte eine Portion Eiscreme bei Schramm am Samstag nachmittag, brachte sie mit in Berts Wohnung und legte sie in den Kühlschrank, in der Absicht, sie später mit nach Hause zu nehmen.«

Tuttle verbesserte mich: »Ich erinnere mich, daß er davon sprach. Was ist damit?«

»Mr. Wolfe möchte wissen, was aus dem Zeug geworden ist. Paul sagt, er weiß es nicht. Er sagt, daß er sie nicht mehr zu Gesicht bekam, nachdem er sie in den Kühlschrank gelegt hatte. Und Sie?«

»Ich habe sie überhaupt nie gesehen.«

»Ich dachte, Sie hätten es vielleicht. Sie und Ihre Frau blieben über Nacht dort. Am Sonntag morgen entdeckten Sie den Tod Ihres Schwagers, aber selbst dann mußten Sie doch etwas gegessen haben. Ich dachte, Sie hätten im Kühlschrank etwas für das Frühstück gesucht und dabei die Eiscreme bemerkt.«

»Wir haben uns das Frühstück raufschicken lassen.« Tuttle runzelte die Stirn. »Es gab dort keine Kochgelegenheit. Aber jetzt, da ich darüber nachdenke, fällt mir ein, daß Paul die Eiscreme am Samstag abend am Abendbrottisch erwähnte. Er meinte, meine Eiscreme hier könne überhaupt nicht mit Schramms Eiscreme verglichen werden, und er fragte mich, warum ich deren Ware nicht führe. Ich erwiderte, daß Schramms Produkte nur in ihren eigenen Geschäften verkauft würden, und außerdem sei das Eis zu teuer. Dann, glaube ich, sprach meine Frau am Sonntag davon, als sie an den Kühlschrank ging, um Eisstücke für die Getränke zu holen.«

»Haben Sie am Sonntag davon gegessen? Oder sie mit nach Hause genommen?«

»Nein. Ich sagte doch, daß ich sie nie zu Gesicht bekommen habe. Wir blieben bis Montag in dem Apartment und kehrten nach der Beerdigung heim.«

»Sie wissen nicht, was aus ihr geworden ist?«

»Nein. Ich nehme an, sie ist immer noch dort. Wenn nicht dieser Arrow ... warum fragen Sie nicht ihn?«

»Das werde ich. Aber zuerst, da ich nun schon einmal hier bin, möchte ich gern Ihre Frau fragen. Ist sie da?«

»Sie ist in der Wohnung oben in der Iron Hill Road. Ich kann sie anrufen und Sie anmelden, oder Sie können mit ihr selbst von hier aus telefonieren. Aber ich verstehe nicht, was diese Eiscreme mit dem Tod meines Schwagers zu tun hat. Wo ist da der Zusammenhang?«

Mir schien, daß diese Reaktion ein wenig spät kam, aber das konnte daran gelegen haben, daß er als angeheirateter Verwandter sich nicht einmischen wollte. »Keinen blassen Schimmer«, sagte ich. »Ich bin nur Laufjunge. Warum holen wir nicht Ihre Frau an den Apparat, damit ich sie nicht aufzusuchen und zu stören brauche?«

Er drehte sich zu einem Apparat auf dem Ladentisch um, wählte eine Nummer, und als die Verbindung hergestellt war, erklärte er seiner Frau, daß ich sie etwas fragen wolle. Dann reichte er mir den Hörer. Louise, die keine angeheiratete Verwandte war, protestierte sofort, wie lächerlich es sei, sie wegen einer solchen Lappalie zu behelligen, aber nach einigem Hin und Her erzählte sie mir, was sie wußte, und das war so gut wie nichts. Sie habe die Eiscreme nie gesehen, obgleich sie wahrscheinlich die Packung bemerkt habe. Als sie am Sonntag nachmittag Eis aus dem Kühlschrank holte, habe sie eine große Papiertüte im untersten Fach entdeckt, und als sie ins Wohnzimmer kam, habe sie ihrem Mann und ihrem Bruder David, die beide anwesend waren, gegenüber erwähnt, daß das wohl Pauls Eiscreme sein müsse, und habe ihnen davon angeboten. Sie hätten beide abgelehnt, und sie habe nicht in die Papiertüte hineingesehen. Sie wisse nicht, was damit geschehen sei. Ich dankte ihr, legte auf, dankte ihrem Mann und ging.

Nächste Station: Achtundvierzigste Straße, Manhattan.

6

In Anbetracht der Parkmöglichkeit oder vielmehr der Parkunmöglichkeit, hatte ich es aufgegeben, den Wagen für Besorgungen im Stadtzentrum zu benutzen. Ich verließ also die Autoschnellstraße an der Sechsundvierzigsten Straße und fuhr in die Garage. Von dort aus hätte ich einen Lagebericht an Wolfe telefonieren können, aber unser Haus liegt nur eben um die Ecke, und statt zu telefonieren, erschien ich in eigener Person und wurde mit einer Überraschung empfangen. Auf mein Klingeln hin öffnete nicht Fritz, sondern Saul Panzer. Saul, dessen Riesennase die Hälfte seines schmalen kleinen Gesichts einnimmt, sieht auf den ersten Blick so aus, als ob er nicht zwei und zwei zusammenzählen könne. In Wirklichkeit kann er beinahe alles. Er ist nicht nur von den vier oder fünf Detektiven, auf die Wolfe manchmal zurückgreift, der beste; er ist der beste, den es überhaupt gibt.

»So«, begrüßte ich ihn, »jetzt haben Sie wohl endlich meinen Posten, he? Bitte führen Sie mich ins Büro.«

»Sind Sie angemeldet?« fragte er und schloß die Haustür. Dann folgte er mir den Flur entlang und hinein in die gute Stube.

Wolfe saß an seinem Schreibtisch und grunzte mich an: »So früh schon zurück?«

»Nein, Sir«, erklärte ich ihm. »Dies ist nur eine Stippvisite, nachdem ich den Wagen in der Garage abgestellt habe. Wollen Sie einen Bericht über Paul und Mr. und Mrs. Tuttle, ehe ich weitermache?«

»Ja. Wörtlich, bitte.«

Bei ihm bedeutet »wörtlich« nicht nur jedes einzelne Wort, sondern auch alle Bewegungen und jeden Gesichtsausdruck, und ich ließ mich nieder und versorgte ihn damit. Er ist der beste Zuhörer, den ich kenne. Er stützt dabei die Ellenbogen auf die Sessellehnen, sein Kinn ruht auf seiner Faust, und seine Augen sind halb geschlossen. Als ich fertig war, schwieg er einen Moment und nickte dann. »Zufriedenstellend. Machen Sie mit den anderen weiter. Da Sie den Wagen ja nicht brauchen – darf Saul ihn benutzen?«

Das war nicht so freundschaftlich gemeint, wie es klang. Es stand seit langem fest, daß der Wagen sein einziger Besitz war, über den ich allein bestimmen konnte.

»Für wie lange?« erkundigte ich mich.

»Für heute und möglichst auch noch morgen.«

Ich sah auf meine Armbanduhr: Achtzehn Uhr fünfundfünfzig. »Von heute ist nicht mehr viel übrig. Okay, kann ich erfahren, wozu?«

»Im Augenblick nicht. Es wird wohl eine Jagd von Pontius zu Pilatus. Wie steht's mit Ihrem Abendbrot?«

»Weiß nicht.« Ich erhob mich. »Wenn ich die Eiscreme finde, kann ich die ja verspeisen.« Ich steuerte auf die Tür zu, drehte mich um und schlug vor: »Saul kann seine Jagdbeute meinetwegen auch verspeisen.« Dann trabte ich davon.

Nachdem ich in der Zehnten Avenue ein Taxi erwischt hatte und stadtauswärts über die Achtundvierzigste Straße zur East Side fuhr, gestand ich mir ein, daß Wolfe eine Spur gefunden haben mußte, da Sauls Tagessatz bei 50 Dollar lag, ein ziemlicher Brocken aus einem mageren Tausender. Aber ich entdeckte noch immer keine Verbindung zwischen der Eiscreme und den Wärmflaschen. Natürlich konnte er Saul auf eine völlig andere Fährte gesetzt haben, und was seine Geheimnistuerei anbelangte, so ging sie mir schon seit langem nicht mehr auf die Nerven. Ich registrierte sie nur.

Die Nummer in der Achtundvierzigsten Straße zwischen der Lexington Avenue und der Dritten Avenue gehörte zu einem alten vierstöckigen gelbgestrichenen Backsteinhaus. Im Hausflur waren zwei Namensschilder in den Schlitz neben dem obersten Klingelknopf gequetscht – »Goren« und »Poletti«. Ich klingelte, und als der Summer ertönte, drückte ich die Tür auf, trat ein und erklomm zwei enge Treppen, die mit Teppichen ausgelegt und zur Abwechslung einmal sehr sauber waren. Als ich auf dem obersten Treppenabsatz angekommen war, empfing mich eine Überraschung, denn auf der Türschwelle stand jemand, der weder Goren noch Poletti hieß. Es war Johnny Arrow, der mich aus zusammengekniffenen Augen anstarrte. »Oh«, sagte er. »Ich dachte, es wäre vielleicht dieser Paul Fyfe.«

Ich trat vor. »Wenn es recht ist, möchte ich gern Miss Goren sprechen.«

»Wozu?«

Er hatte einen kleinen Dämpfer nötig. »Also wirklich«, setzte ich an, »erst gestern prahlten Sie damit, sie zum Dinner ausgeführt zu haben. Erzählen Sie mir heute bloß nicht, daß Sie bereits zum Wachhund befördert worden sind. Ich möchte Miss Goren etwas fragen.«

Eine Sekunde lang glaubte ich, er wolle sich nach dem Inhalt der Frage erkundigen, und das war wohl auch seine Absicht, aber statt dessen entschloß er sich, zu kichern. Er bat mich einzutreten, führte mich durch einen Türbogen in das Wohnzimmer, das typisch weiblichen Krimskrams aufwies, verschwand und war in einer Minute zurück.

»Sie zieht sich gerade um«, berichtete er. Er setzte sich. »Ich hörte Sie etwas von Prahlen sagen.« Sein langgezogener Ton war freundlich. »Wir sind gerade vom Kegeln gekommen, und jetzt wollen wir uns eine Futterkrippe suchen. Ich hätte Sie beinahe angerufen.«

»Sie meinen, Nero Wolfe angerufen.«

»Nein, Sie. Ich wollte Sie fragen, wo Sie den Anzug gekauft haben, den Sie gestern abend trugen. Jetzt würde ich Sie gern fragen, wo Sie den herhaben, den Sie gerade tragen, aber das ist wohl ein wenig zu persönlich.«

Ich war ein Menschenfreund. Da mir einleuchtete, daß es einen Burschen nach fünf Jahren im Urwald in arge Verlegenheit versetzte, sich plötzlich in New York für seine Liebste herausstaffieren zu müssen – besonders, da er nur zehn Millionen Dollar zusammenkratzen konnte –, gab ich ihm einen ungeschminkten Bericht von den Sockenbis zu den Oberhemden. Wir waren gerade bei den Zierwesten angelangt, pro oder contra, als Anne Goren hereinschwebte. Bei ihrem Anblick bereute ich den

Fingerzeig, den ich ihm gegeben hatte. Ich hatte große Lust, sie selbst zum Dinner auszuführen – wenn ich nicht im Dienst gewesen wäre.

»Es tut mir leid, daß ich Sie warten ließ«, entschuldigte sie sich höflich. »Worum geht es?«

»Nur ein paar Kleinigkeiten«, erwiderte ich. »Ich sprach heute nachmittag mit Dr. Buhl und hatte erwartet, daß er Sie anrufen würde. Aber da Sie nicht zu Hause waren, konnte er es nicht. Als erstes zu dem Morphium, das er Ihnen Samstag für Bertram Fyfe gab. Er sagte, daß er zwei Viertelgran-Tabletten aus seiner eigenen Flasche nahm und sie Ihnen mit seinen Anweisungen übergab. Ist das richtig?«

»Warten Sie eine Minute, Anne.« Arrow kniff wieder einmal seine Augen zusammen. »Was soll das Ganze bedeuten?«

»Nichts Besonderes.« Ich begegnete seinem Blick trotz der zusammengekniffenen Augen. »Mr. Wolfe braucht die Auskunft, um diesen Fall aufzuklären, das ist alles. – Haben Sie etwas dagegen, sie uns zu geben, Miss Goren? Ich fragte Dr. Buhl, wo Sie die Tabletten bis zu ihrer Verabreichung aufbewahrten, und er sagte mir, daß ich mich damit an Sie wenden solle.«

»Ich legte sie auf eine Untertasse, die ich auf die Kommode im Krankenzimmer stellte. Das ist so üblich.«

»Sicher. Macht es Ihnen was aus, das Ganze noch einmal durchzugehen? Von dem Augenblick an, als Dr. Buhl Ihnen die Tabletten gab?«

»Er gab sie mir kurz vor seinem Aufbruch, und als er gegangen war, stellte ich mich vor die Kommode und legte sie auf die Untertasse. Ich hatte Anweisungen, ihm eine zu geben, sobald die Gäste fort waren, und die andere eine Stunde später, falls es angezeigt schien. Und das habe ich getan.« Sie war kühl und geschäftsmäßig. »Um zehn Minuten nach acht Uhr legte ich eine Tablette in meine Spritze und füllte sie mit einem Kubikzentimeter destilliertem Wasser. Das injizierte ich in den Arm des Patienten. Eine Stunde später schlief er, aber ein wenig unruhig, und ich verfuhr mit der anderen Tablette genauso. Das beruhigte ihn vollkommen.«

»Haben Sie irgendeinen Grund zu der Annahme, daß die Tabletten in der Untertasse von irgend jemandem ausgetauscht wurden? Daß diejenigen, die Sie dem Patienten verabreichten, nicht dieselben waren, die Dr. Buhl Ihnen gab?«

»Ganz gewiß nicht.«

»Hören Sie«, sagte Johnny Arrow in seinem schleppenden Ton, »das ist eine ziemlich häßliche Frage. Ich denke, jetzt ist es genug.«

Ich grinste ihn an. »Sie sind zu empfindlich. Wenn die Polizei den Fall jemals in die Finger bekommt, hämmern sie für Stunden auf ihr herum. Fünf Personen gestanden, nach Dr. Buhls Aufbruch im Krankenzimmer gewesen zu sein, Sie eingeschlossen, und die Polypen würden das mit ihr durchexerzieren, vorwärts, rückwärts, seitwärts, rauf und runter. Ich möchte ihr nicht den Appetit fürs Abendessen verderben, deshalb frage ich sie bloß, ob sie etwas Verdächtiges sah. Oder etwas hörte. Sie hörten nichts, Miss Goren?«

»Nein, nichts.«

»Dann wäre das erledigt. Nun der nächste Punkt. Sie mögen oder Sie mögen nichts darüber wissen, daß Paul Fyfe Eiscreme in die Wohnung mitbrachte und in den Kühlschrank legte. Es wurde beim Dinner erwähnt, aber Sie waren nicht dabei. Wissen Sie, was mit der Eiscreme geschah?«

»Nein.« Ihr Ton verschärfte sich. »Das klingt ziemlich albern. Eiscreme?«

»Ich scheine oft albern zu reden. Beachten Sie das bitte nicht. Mr. Wolfe möchte über die Eiscreme Bescheid wissen. Sie können mir nichts darüber sagen?«

»Nein. Ich habe nie davon gehört.«

»Okay.« Ich wandte mich an Arrow. »Das gilt auch für Sie. Was wissen Sie über die Eiscreme?«

»Nichts.« Er kicherte. »Mit mir können Sie so bösartig werden, wie Sie wollen, nach der Umschlingung von gestern abend, aber versuchen Sie nicht, mich wieder von hinten zu fassen. Ich behalte Sie lieber im Auge.«

»Von vorn gebrauche ich einen anderen Trick. Sie erinnern sich, daß Paul Fyfe die Eiscreme beim Dinner erwähnte?«

»Ich denke schon. Ich hatte es ganz vergessen!«

»Aber Sie haben sie nicht gesehen oder angefaßt?«

»Nein.«

»Und nicht gehört, was damit geschehen ist?«

»Nein.«

»Dann will ich Sie um einen Gefallen bitten. Sie tun sich selbst damit auch einen, weil es der schnellste Weg ist, mich wieder loszuwerden. Wohin gehen Sie zum Dinner?«

»Ich habe bei Rusterman einen Tisch reservieren lassen.«

Er lernte seine Lektionen in weltmännischem Benehmen wirklich schnell, wahrscheinlich mit Annes Hilfe. »Das ist fein«, erklärte ich, »weil es nur einen Häuserblock entfernt liegt. Ich möchte, daß Sie mich zu dem Churchill-Towers-Apartment mitnehmen und mich einen Blick in den Kühlschrank werfen lassen.«

Es war gut, daß ich mir die Mühe gemacht hatte, ihn über Schneider und Herrenmodeartikel aufzuklären, sonst hätte er es mir wahrscheinlich abgeschlagen, und ich hätte Tim Evarts, den Hausdetektiv, überreden müssen, mir gefällig zu sein. Er sträubte sich zwar etwas, aber Anne legte sich ins Zeug und sagte, daß es weniger Zeit kosten würde, darauf einzugehen, als sich mit mir herumzustreiten, und das entschied es. Es hatte den Anschein, daß Anne in den kommenden Jahren noch eine Reihe Dinge entscheiden würde, und ich beschloß deshalb, sie ihm dann und dort zu überlassen. Sie erlaubte ihm, ihr eine gelbe gestrickte Stola um ihre bloßen Schultern zu legen, und er nahm einen schwarzen Homburg vom Tisch. Auf unserem Weg nach unten und im Taxi hätte ich ihm allerhand über schwarze Homburgs einpauken können; aber in Annes Gegenwart hielt ich es für ratsamer, darüber hinwegzugehen.

Das Churchill-Towers-Apartment im 32. Stock hatte ein Foyer so groß wie mein Schlafzimmer, und das Wohnzimmer hätte Platz für drei Billardtische mit genügend Ellbogenfreiheit geboten. Es gab einen Innenflur zwischen dem Wohnzimmer und den Schlafgemächern. Neben einem langen eingebauten rostfreien Stahlbüfett gab es in der Anrichte einen großen Speiseschrank, einen noch größeren Kühlschrank und eine Tür zu einem Müllschlucker, aber keine Kochgelegenheit. Arrow und Anne standen in der Schwingtür, und ihre Ellenbogen berührten sich, während ich die Tür zum Kühlschrank öffnete.

Das obere Gefrierfach enthielt sechs Schieber mit Eiswürfeln und sonst nichts. In den unteren Fächern befanden sich einige Dutzend Flaschen – Bier und Mineralwasser – und fünf Flaschen Champagner, eine Schüssel voller Apfelsinen und ein Teller mit Weintrauben. Eine Papiertüte, groß oder klein, war nicht zu sehen und absolut keine Spur von Eiscreme. Ich schloß den Kühlschrank und öffnete die Tür zum Speiseschrank. Er enthielt nichts. Ich machte die Tür zum Müllschlucker auf und steckte meinen Kopf in den Schacht. Ein Geruch schlug mir entgegen, aber nicht der von Eiscreme.

Ich drehte mich zu dem Liebespärchen um. »In Ordnung«, erklärte ich ihnen. »Ich gebe es auf. Vielen Dank. Wie gesagt, war es der schnellste Weg, mich loszuwerden. Viel Vergnügen beim Dinner.« Sie machten mir Platz, und ich stieß durch die Schwingtür und verschwand.

Als Wolfe mich wegen des Abendessens gefragt hatte, wußte ich es. Ich konnte gegen acht Uhr dreißig zu Hause sein, denn an jenem Nachmittag hatte Fritz, der eine von Wolfes Lieblingsmahlzeiten zubereitete, acht Babyhummer, acht Avocadobirnen und jungen Blattsalat zusammengesucht. Wenn er das mit der richtigen Menge Schnittlauch, Zwiebeln, Knoblauch, Tomatenmark, Mayonnaise, Salz, Pfeffer, Paprika, Piment und trockenem Weißwein angemacht hatte, würde er brasilianischen Hummersalat à la Nero Wolfe präsentieren, und nicht einmal Wolfe hätte das Ganze bis zwanzig Uhr dreißig verdrücken können.

So war es auch. Ich fand ihn am Eßzimmertisch, als er im Begriff stand, sich an die Blaubeertorte mit Schlagsahne zu machen. Der Hummersalat war nicht zu sehen, aber Fritz, der mich hereingelassen hatte, kam bald darauf mit der großen Silberschüssel, und es war noch reichlich davon übriggeblieben. Während der Mahlzeiten verbannte Wolfe das Geschäft vom Tisch, nicht nur zu seinem eigenen Schutz, sondern auch zu dem der anderen, mich eingeschlossen. So konnte ich meinen Sinn darauf richten, wo er hingehörte, nämlich auf das angemessene Verhältnis der Zutaten eines jeden Bissens. Erst als das erledigt war und auch mein Anteil der Blaubeertorte, und wir über den Flur ins Büro gingen, wo Fritz uns bereits den Kaffee serviert hatte, bat Wolfe um einen Bericht. Ich gab ihn ihm. Als ich beim Höhepunkt ankam – dem leeren Kühlschrank, das heißt leer, was die Eiscreme betraf –, stand ich auf, um unsere Kaffeetassen nachzufüllen.

»Aber«, sagte ich, »wenn Sie nur wissen müssen, was damit geschehen ist, Gott weiß, warum, gibt es immer noch eine winzige Hoffnung. David stand nicht auf meiner Liste. Ich wollte Sie vom Churchill aus anrufen, um zu fragen, ob ich mit ihm auch einen Versuch machen sollte, aber ich wollte mir den Hummersalat nicht entgehen lassen. Soll ich ihn aufsuchen?«

Wolfe stieß wieder einen seiner typischen Grunzlaute aus. »Ich rief ihn heute nachmittag an, und um sechs war er hier. Er sagte, daß er nichts darüber wisse.«

»Dann ist das die ganze Ernte.« Ich nippte an meinem Kaffee.

»Dann hat also der Trick nicht funktioniert?«

»Es war kein Trick.«

»Was sonst?«

»Ein Fenster für den Tod. Ich denke, das war es. Ich will es für heute abend dabei belassen. Morgen werden wir weitermachen. – Archie!«

»Ja, Sir?«

»Ich mag Ihren scheelen Blick nicht. Wenn Sie vorhaben, mich zu hetzen, tun Sie's lieber nicht. Gehen Sie lieber raus.«

»Mit Vergnügen. Ich hole mir noch ein Stück Torte.« Ich nahm meine Tasse und steuerte auf die Küche zu.

Dort verbrachte ich den Rest des Abends, klönte mit Fritz über dieses und jenes bis um elf Uhr – unsere Zubettgehzeit –, marschierte dann ins Büro, um den Safe zu verschließen und Wolfe gute Nacht zu wünschen, und erklomm die zwei Treppen zu meinem Zimmer. Ich war für gewöhnlich immer recht zufrieden mit mir selbst, wenn ich mich nach der Tagesarbeit anschickte, zu Bett zu gehen, doch nicht an jenem Abend. Es war mir nicht gelungen, dem Schicksal der Eiscreme auf die Spur zu kommen. Ich hatte nicht die geringste Ahnung, was die Eiscreme für eine Rolle spielte. Ich wußte nicht, was dieses Fenster für den Tod bedeuten sollte, obgleich es damals vor zwanzig Jahren in einer Winternacht ein solches gegeben hatte. Eine der edelsten Pflichten eines Ehrenmannes ist es, die Millionäre daran zu hindern, hübsche Mädchen zu umgarnen, und ich hatte nicht einen Finger gegen Arrow gerührt. Und der ganze Fall war sowieso keinen Pfifferling wert, mit kaum einer mageren Aussicht, mehr als tausend Kröten daran zu verdienen. Es war ein blödes Spiel – von Anfang bis Ende. Gewöhnlich bin ich, kaum daß ich in den Federn liege, in zehn Sekunden eingeschlafen, aber in jener Nacht wälzte ich mich eine ganze Minute hin und her, ehe ich den richtigen Dreh fand.

Der Nachteil eines jeden Morgens ist der, daß er anbricht, ehe man wach ist. Alles ist so verschwommen und nebelhaft, bis ich mich gewaschen und angezogen habe, irgendwie in die Küche gestolpert bin und etwas Orangensaft zu mir genommen habe; aber richtig wach bin ich erst nach dem vierten Pfannkuchen und der zweiten Tasse Kaffee. Als ich mein Glas Orangensaft hob, gewahrte ich durch den verschwommenen Nebel, wie Fritz ein Tablett zurechtmachte, und schielte auf meine Armbanduhr.

»Mein Gott«, sagte ich. »Sie sind aber spät dran. Es ist ein Viertel nach acht!«

»Oh«, meinte er, »Wolfe ist schon fertig. Dies hier ist für Saul. Er ist bei Wolfe drinnen. Er sagte zwar, daß er schon gefrühstückt habe, aber Sie wissen ja, wie sehr er meine Würstchen liebt.«

»Wann ist er gekommen?«

»Gegen acht Uhr. Mr. Wolfe möchte, daß Sie heraufkommen, wenn Sie mit dem Frühstück fertig sind.« Er nahm das Tablett und ging.

Das brachte mich auf Trab. Ich war hellwach. Aber das war auch nicht gut, denn es hinderte mich daran, mein Frühstück zu genießen. Ich aß zwar die Wurst, vergaß aber, sie so richtig genußvoll zu kauen, und vergaß auch, den letzten Pfannkuchen mit Honig zu bestreichen, bis ich ihn schon zur Hälfte verspeist hatte. Ich hatte die *Times* vor mir und gab vor, darin zu lesen, was aber nicht stimmte. Es war gerade erst acht Uhr zweiunddreißig, als ich den letzten Schluck Kaffee hinunterstürzte und meinen Stuhl zurückstieß. Dann trat ich in den Flur und erklomm die Treppe zu Wolfes Zimmer. Die Tür stand offen, und ich ging hinein.

Wolfe saß barfuß in seinem gelben Pyjama an einem Tisch dicht am Fenster, und Saul, der auf Pfannkuchen und Würstchen herumkaute, saß ihm gegenüber. Ich näherte mich.

»Guten Morgen«, grüßte ich kühl. »Schuhputzen gefällig?«

»Archie«, begrüßte mich Wolfe.

»Ja, Sir, Anzug bügeln?«

»Ich weiß, daß dies keine Tageszeit für Sie ist, aber ich will mit der Sache weiterkommen. Schaffen Sie alle her, einschließlich Dr. Buhl. Sorgen Sie dafür, daß sie alle um elf Uhr hier sind. Wenn das nicht möglich ist, punkt zwölf Uhr. Sagen Sie, daß ich meine Entscheidung getroffen habe und sie verkünden möchte. Falls sich Dr. Buhl hartnäckig zeigt, sagen Sie ihm, daß die Entscheidung für ihn von beträchtlichem beruflichen Interesse sein werde und daß ich seine Anwesenheit dringendst wünsche. Wenn Sie ihn sofort anrufen, erreichen Sie ihn vielleicht, ehe er seine Krankenbesuche beginnt.«

»Ist das alles?«

»Ja. Ich brauche etwas mehr Zeit für Saul.«

Ich verließ die beiden.

7

Es war zwanzig Minuten vor zwölf, als Wolfe hereinkam, nachdem ich ihm durchs Haustelefon Bescheid gesagt hatte, daß die Gesellschaft vollzählig sei. Er marschierte zu seinem Schreibtisch und pflanzte sich dahinter auf. Am Telefon hatten Dr. Buhl und ich uns, nach einer heftigen Debatte, auf elf Uhr dreißig geeinigt, aber er kam trotzdem zehn Minuten zu spät.

Ich hatte David den roten Ledersessel zugeteilt, weil er das Oberhaupt der Familie war. Dr. Buhl und Paul und die Tuttles saßen in einer Stuhlreihe vor Wolfes Schreibtisch, und Paul saß neben mir. Ich wollte ihn griffbereit haben, falls es Johnny Arrow einfiel, eine neue Rechts-Links-Kombination an ihm auszuprobieren. Arrow und Anne saßen weiter hinten, Seite an Seite, hinter Dr. Buhl. Saul Panzer hatte drüben neben dem großen Globus einen der gelben Stühle inne, und seine Füße berührten nur mit den Zehenspitzen den Boden. Er sitzt immer so da, selbst wenn wir nur ein Pinocle-Spielchen machen.

Wolfe faßte David scharf ins Auge. »Ich wurde beauftragt«, begann er, »Ermittlungen über den Tod Ihres Bruders anzustellen und zu entscheiden, ob die Polizei um eine Untersuchung gebeten werden sollte. Meine Entscheidung lautet: ja. Es ist in der Tat ein Fall für die Polizei.«

Sie räusperten sich und tauschten Blicke. Paul drehte seinen Kopf und stierte Johnny Arrow an. Louise Tuttle griff nach dem Arm ihres Mannes. Dr. Buhl erklärte mit Bestimmtheit: »Ich greife diese Entscheidung an. Als der behandelnde Arzt verlange ich, Ihre Gründe zu hören.«

Wolfe nickte. »Selbstverständlich, Doktor. Es ist Ihr gutes Recht, das zu verlangen. Natürlich wird die Polizei auch meine Gründe hören wollen, ebenso die anderen Anwesenden, und der Einfachheit halber werde ich meinen Bericht für Inspektor Cramer vom Morddezernat in Ihrer Gegenwart diktieren.« Sein Blick glitt über die Anwesenden. »Es wäre besser, wenn mich keiner von Ihnen unterbricht. Falls es Fragen gibt, beantworte ich sie, wenn ich fertig bin. Archie, Ihren Notizblock bitte. Zuerst einen Brief an Mr. Cramer.«

Ich schwang mich in meinem Drehstuhl herum, um mir Notizblock und Federhalter zu angeln, kreiselte zurück, kreuzte die Beine und legte den Block auf meine Knie. So saß ich der Versammlung gegenüber. »Startklar«, verkündete ich.

»Lieber Mr. Cramer. Ich halte es für angebracht, Ihre Aufmerksamkeit auf den Tod eines Mannes namens Bertram Fyfe zu lenken, der in der letzten Samstagnacht in seinem Apartment in den Churchill-Towers starb. Um diese Ansicht zu stützen, lege ich Ihnen die Protokolle der vor kurzem geführten Unterredungen mit sieben Personen bei, deren Personalangaben und ebenfalls einen Bericht über mein Untersuchungsergebnis. Mit vorzüglicher Hochachtung.«

Er wies mit dem Finger auf mich. »Sie werden die Protokolle und die Personalangaben fertigstellen, und der Bericht wird Ihnen sagen, was beigefügt und was fortgelassen werden soll. Beginnen Sie mit dem Bericht auf meinen Geschäftsbogen in der üblichen Form. Verstanden?«

»Okay.«

Er lehnte sich zurück und holte tief Luft. »Der Bericht: Da drei der betroffenen Personen, einschließlich des Verstorbenen, den Namen Fyfe tragen, werde ich ihre Vornamen gebrauchen. Pauls Mutmaßung betreffs des Morphiums verdient meines Erachtens keine Beachtung. Die Annahme, einer der Anwesenden habe tödliche Tabletten, gleich welcher Art, mitgebracht, die den Morphiumtabletten so sehr glichen, daß sie, ohne den Verdacht der Schwester zu erregen, ausgetauscht werden konnten, wäre in der Tat überspannt. Nur einer, Tuttle, der Drogist, hätte sich solche Tabletten besorgen können, aber selbst dann hätte er eine Gelegenheit abwarten müssen, sie unbeobachtet austauschen zu können. Eine sehr wenig plausible Mutmaßung.«

»Einfach lächerlich«, warf Dr. Buhl ein. »Jede tödliche Substanz hätte Spuren hinterlassen, die ich entdeckt haben würde.«

»Das bezweifle ich, Doktor. Das ist eine Übertreibung, und ich würde Ihnen nicht raten, sie im Zeugenstand zu wiederholen. Ich bat Sie, mich nicht zu unterbrechen. – Archie?«

Ich sollte ihm die drei letzten Worte als Stichwort geben und tat, wie mir geheißen: »...sehr unwahrscheinliche Mutmaßung.«

»Ja. Deshalb wies ich nach einer Routineuntersuchung durch Mr. Goodwin einen Taschenspielertrick mit dem Morphium als Ausgeburt von Pauls boshafter Phantasie zurück. Und in der Tat hätte ich die ganze Angelegenheit darauf zurückgeführt, wäre da nicht ein vertrackter Haken gewesen: die Wärmflaschen. Absatz.

Ich war zu der Annahme gezwungen – und gewiß hätten Sie mir unter den gegebenen Umständen auch zugestimmt –, daß Paul die Wärmflaschen leer im Bett vorgefunden hatte. Das verwirrte mich. Nachdem die Schwester gegangen war, hatte jemand irgendwann während der Nacht die Flaschen aus dem Bett genommen, sie entleert und zurückgelegt. Aus welchem Grund? Das konnte nicht einfach beiseite geschoben werden. Ich quälte mich also damit herum. Ich schickte Mr. Goodwin nach Mount Kisco, um wegen des Morphiums Ermittlungen anzustellen, aber das war nur eine Routinemaßnahme. Für die leeren Wärmflaschen mußte irgendwie eine Erklärung gefunden werden. Ich betrachtete sie unter jedem möglichen Gesichtswinkel, in Zusammenhang mit jeder Äußerung, die jeder Betroffene mir vorgetragen hatte. Und von zwei Seiten kam mir die Erleuchtung. Die erste war eine mögliche Antwort auf die Frage: Welchen Zweck können leere Wärmflaschen in einem Bett besser erfüllen als volle Flaschen? Die zweite war die Tatsache, daß der Vater der Fyfes ebenfalls an Lungenentzündung gestorben war, nachdem jemand die Fenster geöffnet und ihn der Winterkälte ausgesetzt hatte. Ein Fenster für den Tod. Die Frage zusammen mit der Tatsache brachten mich auf einen Gedanken. Absatz.

Ich führte drei Telefongespräche – nein, vier. Ich rief den Geschäftsführer der Schramm-Filiale in der Madison Avenue an und fragte ihn, wie er zwei Liter Eiscreme an einem heißen Sommernachmittag verpacke, wenn der Kunde sie eine längere Strecke im Wagen mitnehmen wolle. Er erklärte, die Eiscreme würde in einen Pappbehälter gepackt, der Behälter in einen Karton auf ein Bett Trockeneis gesetzt und mit Trockeneisbrocken an allen Seiten und obenauf bedeckt. Er sagte, das sei bei ihnen eine feststehende Regel. Ich rief Dr. Vollmer an, der in dieser Straße wohnt, und auf seine Anregung hin telefonierte ich mit einem leitenden Angestellten einer Firma, die Trockeneis herstellt. Ich erfuhr,

a) daß mehrere Pfund Trockeneis unter der Decke eines Patienten, der an Lungenentzündung leidet, sicherlich seine Temperatur wesentlich und wahrscheinlich gefährlich senken würden,

b) daß jedoch nur ein unter Aufsicht durchgeführtes Experiment beweisen könne, wie gefährlich die Temperatur sinken würde, daß das Trockeneis jedoch den Tod des Patienten herbeiführen könne,

c) daß das Trockeneis die Haut verbrennen würde, selbst wenn man einen Stoff darunterlegt, und augenfällige Wundmale hinterließe,

d) und daß eine Gummiflasche zwischen Eis und Körper ein vortreffliches Mittel wäre, Verbrennungen zu vermeiden. Mein vierter Anruf –«

»Das ist unglaublich«, fiel Dr. Buhl ein. »Vollkommen unglaublich.«

»Ich stimme zu«, erklärte Wolfe ihm. »Ich mußte eine

Erklärung für etwas Unglaubliches finden. Absatz. Mein vierter Anruf galt David Fyfe, den ich bat, mich aufzusuchen. Als nächstes mußte ich erfahren, was mit der Eiscreme geschehen war. Die Hypothese, die ich mir bildete, war nutzlos, wenn sich herausstellte, daß das Paket am Sonntag unberührt gewesen war, und als Mr. Goodwin aus Mount Kisco anrief, trug ich ihm auf, diese Frage zu klären. Er tat es bei Paul, Mr. und Mrs. Tuttle, Miss Goren und bei Mr. Arrow, und sie alle leugneten jedes Wissen über den Verbleib der Eiscreme. Er –«

Louise Tuttles hohe, dünne Stimme schnitt ihm das Wort ab: »Das ist nicht wahr! Ich sagte Mr. Goodwin, daß ich sie am Sonntag im Kühlschrank sah!«

Wolfe schüttelte den Kopf. »Sie erzählten ihm, daß Sie eine große Papiertüte gesehen hätten, von der Sie annahmen, daß sie die Eiscreme enthielt. Sie sahen nicht in die Tüte hinein. Sie sahen nicht das Trockeneis.« Sein Blick hielt den ihren fest. »Oder?«

»Antworte nicht darauf«, fiel Tuttle abrupt ein.

»Nein, wirklich!« Wolfes Brauen hoben sich. »Sind wir bereits an einem Punkt angelangt, wo Fragen nicht mehr beantwortet werden dürfen? Sahen Sie in die Tüte hinein, Mrs. Tuttle?«

»Nein, ich tat es nicht!«

»Dann will ich fortfahren. – Archie?«

Ich gab ihm das Stichwort: »... Verbleib der Eiscreme. Er.«

»Ja. Er ging auch in das Apartment, sah in den Kühlschrank und fand keine Spur von der Eiscreme. Ich selbst hatte David gefragt, und auch er behauptete, nichts davon zu wissen. So nahm meine Hypothese jetzt Gestalt an. Jemand hatte sich die Eiscreme angeeignet und sprach nicht die Wahrheit. Falls das Trockeneis in der angedeuteten Weise benutzt worden war, um den Kranken zu töten, so konnte das natürlich nie bewiesen werden, da Trockeneis keinerlei Spuren hinterläßt, und meine Vermutung würde nie eine Bestätigung finden. Ich mußte das Problem von einer anderen Seite her anpacken. Tatsächlich hatte ich schon Anstalten dazu getroffen, als ich gewisse Fragen an David Fyfe richtete und Saul Panzer kommen ließ. Sie kennen Saul Panzer. Absatz.

Es waren einige Andeutungen gefallen, wie Sie den beigefügten Protokollen der Unterhaltungen entnehmen werden. Bert Fyfe hatte wegen des Mordes an seinem Vater vor Gericht gestanden und war freigesprochen worden. Er hatte die Zeugenaussagen seiner Schwester und seiner Brüder bei der Gerichtsverhandlung übelgenommen. Und die Hauptstütze seiner Verteidigung beruhte auf einem Alibi, für das sein Freund Vincent Tuttle sorgte, der aussagte, daß sie in dem Gasthaus, wo beide ihr Zimmer hatten, zusammen Karten gespielt hätten. Mr. Arrow zufolge war Bert nicht aus geschäftlichen Gründen nach New York gekommen, sondern, wie Arrow es ausdrückte, weil etwas an ihm von früher her nagte. Arrow selbst kam natürlich als Verdächtiger nicht in Frage, da er am Samstag die Nacht auf einer Polizeiwache verbrachte. Da gab es noch andere Punkte, deren Bedeutung Ihnen nicht entgehen wird – der wichtigste davon ist die Tatsache, daß Bert nicht nur die Wirtin, bei der er vor zwanzig Jahren ein Zimmer gemietet hatte, aufsuchen wollte, sondern keine Mühe scheute, sie zu sprechen, und sogar nach Poughkeepsie fuhr, weil sie inzwischen dorthin verzogen war. Wie Sie aus dem Protokoll meiner Unterhaltung gestern nachmittag mit David entnehmen können – das muß ich Ihnen noch geben, Archie –, hatte Bert in diesem Gasthaus nur kurze Zeit gewohnt, ungefähr zwei Monate, kaum eine ausreichende Zeitspanne, um eine so starke Beziehung zu festigen, daß er sie noch nach zwanzig Jahren so beharrlich suchen sollte. Die gerechtfertigte Folgerung war, daß er einen bestimmten Zweck damit verfolgte. Absatz.

Weitere vielsagende Hinweise lieferte David gestern nachmittag als Erwiderung auf meine Fragen. Nach dem Tod der Mutter war das Verhalten seines Vaters seinen Kindern gegenüber nicht sehr herzlich gewesen. Er hatte Bert befohlen, sein Elternhaus zu verlassen und nicht wiederzukommen. Er, David und auch Paul kamen schlecht mit ihrem Vater aus. Seiner Tochter hatte er die Erlaubnis verweigert, ihren Freund, Vincent Tuttle, zu heiraten, der damals Angestellter in einem Drugstore in Mount Kisco war, und hatte ihr befohlen, die Beziehung abzubrechen. Nach seinem Tod hatte sie Tuttle geheiratet und später den Drugstore mit ihrem Erbteil gekauft. Ich wußte natürlich aus einer früheren Unterredung, daß die Erbmasse zu gleichen Teilen unter den Kindern aufgeteilt worden war.«

Wolfe wandte den Kopf. »Ehe ich fortfahre, möchte ich Sie, Mr. Tuttle, bitten, mir zwei Fragen zu beantworten. Ist es wahr, daß Bert am Tag, bevor er krank wurde, in Ihrer Gegenwart davon sprach, Mrs. Dobbs, seine und Ihre frühere Zimmerwirtin, aufgesucht und mit ihr gesprochen zu haben?«

Tuttle befeuchtete seine Lippen mit der Zunge. »Ich glaube nicht«, krächzte er. Er räusperte sich. »Nicht, daß ich mich erinnern kann.«

»Aber natürlich sprach er davon, Vince«, rief David. Er sah Wolfe an. »Ich habe es Ihnen ja gestern erzählt.«

»Ich weiß. Ich teste nur sein Gedächtnis.« Er nahm Paul aufs Korn. »Erinnern Sie sich daran?«

»Ja.« Paul beäugte Tuttle. »Ja, Sie haben verdammt recht, daß ich mich daran erinnere. Er sagte später, daß er sie, sobald er wieder gesund sei, noch einmal aufsuchen werde.«

Wolfe grunzte. »Ich will Sie nicht fragen, Mrs. Tuttle.« Er faßte ihren Mann wieder scharf ins Auge. »Die andere Frage: Wo waren Sie gestern abend von sechs bis zehn Uhr?«

Das schlug ihn völlig nieder. Damit hatte er nicht gerechnet und war nicht darauf vorbereitet. »Gestern abend?« fragte er lahm.

»Ja. Von sechs bis zehn Uhr. Um Ihr Gedächtnis aufzufrischen: Gegen fünf Uhr dreißig verließ Mr. Goodwin Sie, nachdem er Sie und Ihre Frau nach der Eiscreme gefragt hatte.«

»Mein Gedächtnis ist vollkommen in Ordnung«, versicherte Tuttle, »aber so etwas brauche ich mir nicht gefallen zu lassen. Ich muß Ihnen über meine Handlungen keine Rechenschaft ablegen.«

»Dann lehnen Sie es also ab, zu antworten?«

»Sie haben kein Recht, mich auszufragen. Es geht Sie nichts an.«

»Sehr gut. Ich dachte lediglich, Sie hätten das Recht, eine Erklärung abzugeben. – Archie?«

Da es eine lange Unterbrechung gewesen war, gab ich ihm mehr als drei Worte. Ich sah auf meinen Notizblock »... daß die Erbmasse zu gleichen Teilen unter den Kindern aufgeteilt worden war.«

Wolfe nickte. »Absatz. Sie werden aus dem Protokoll meiner Unterredung mit Mr. Arrow ersehen, daß er als Zeuge dabei war, als Bert seinen Verwandten von dem Besuch bei seiner ehemaligen Wirtin berichtet hat. David bestätigte das gestern abend und nannte mir auch den Namen der Wirtin: Mrs. Robert Dobbs. Es war natürlich wünschenswert, zu erfahren, was Bert von Mrs. Dobbs gewollt hatte, und da Mr. Goodwin für andere Aufträge zur Verfügung stehen mußte, ließ ich Saul Panzer kommen und schickte ihn nach Poughkeepsie. David wußte die genaue Adresse der Wirtin nicht, und es dauerte eine Weile, bis Mr. Panzer sie ausfindig machte. Es war fast zehn Uhr, als er das Haus, in dem sie mit ihrer verheirateten Tochter lebt, fand. Als er sich der Haustür näherte, wurde sie geöffnet, und ein Mann trat heraus. Er trat Mr. Panzer in den Weg und wollte hören, wen Saul Panzer besuchen wolle. Mr. Panzer ist sehr mißtrauisch und äußerst verschwiegen, wie Sie wissen. Er erwiderte, daß er Jom Heaton besuchen wolle, denn er hatte den Namen von Mrs. Dobbs' Schwiegersohn bei seinen Nachforschungen erfahren. Daraufhin ging der Mann seines Wegs. Als Mr. Panzer mir später Bericht erstattete, beschrieb er mir den Mann, und die Beschreibung paßte auf Vincent Tuttle. Beide sind jetzt in meinem Büro, und Mr. Panzer identifiziert Mr. Tuttle als den Mann, den er gestern abend aus dem Haus treten sah.«

Wolfe wandte sich um. »Saul?«

»Ja, Sir. Bestimmt.«

»Mr. Tuttle, möchten Sie sich dazu äußern?«

»Nein.«

»Das ist sehr weise von Ihnen, glaube ich.« Er drehte sich wieder zu mir um. »Absatz. Ehe ich den vorhergehenden Absatz diktierte, fragte ich Mr. Tuttle, wo er gestern abend gewesen sei, und er weigerte sich, es mir zu sagen. Ich füge ebenfalls ein Protokoll des Gesprächs zwischen Mr. Panzer und Mrs. Dobbs bei. Ich muß gestehen, daß es alles andere als beweiskräftig ist. Mrs. Dobbs wollte den Mann, der gerade das Haus verlassen hatte, nicht näher beschreiben. Sie wollte nicht den Zweck von Bert Fyfes Besuch enthüllen. Sie wollte auf keinen Fall über die Geschehnisse in jener Winternacht vor zwanzig Jahren sprechen. Das läßt natürlich vielsagende Schlußfolgerungen zu.

War das Alibi, das Tuttle Bert gegeben hatte, ein Schwindel, und Bert wagte nicht, das zu bestreiten? Weiß Mrs. Dobbs, daß das Alibi ein Schwindel war? Verließ Tuttle und nicht Bert das Gasthaus in jener stürmischen Nacht? Hatte Mrs. Dobbs das bemerkt? Ging Tuttle zu dem Haus der Familie Fyfe, wurde von Louise eingelassen, löste ein Schlafmittel in ihrem Kakao auf, kehrte später zurück und öffnete die Fenster von außen? Ich beschuldige ihn nicht, aber die Fragen stellen sich von selbst. Ich war nicht beauftragt worden, Beweismaterial zur Überführung eines Mörders zu finden, sondern sollte nur entscheiden, ob eine Polizeiuntersuchung angebracht ist. Und ich glaube, sie ist es, wie Sie aus den aufgeführten Gründen ersehen können. Ich rief Sie heute morgen an, um vorzuschlagen, die Polizei in Poughkeepsie zu bitten, Mrs. Dobbs und ihr Haus zu überwachen. Ich sagte, ich würde Ihnen umgehend mitteilen, warum. Das ist hiermit geschehen. Absatz.

Viele Fragen stellen sich auch von selbst, was den Tod von Bert Fyfe betrifft. Nur eine Frage als Beispiel. Angenommen, Vincent Tuttle unternimmt es erneut, aus

Angst vor der Entdeckung eines früheren Verbrechens, einen Mann an Lungenentzündung sterben zu lassen. Diesmal benützt er kein offenes Fenster, sondern Trockeneis. Warum ließ er aber dann die Papiertüte in jener Nacht im Kühlschrank zurück, wahrscheinlich noch mit der Eiscreme darin? Beantworten Sie das, wie Sie wollen, da er selbst dazu nicht Stellung nimmt. Vielleicht wußte er gar nicht, daß es einen Müllschlucker in der Anrichte gibt. Und dann, als er ihn am Sonntag nachmittag entdeckte, nahm er die erste Gelegenheit wahr, um das Ding hineinzubefördern. Was das Trockeneis anbelangt, so hinterläßt es keine Spuren, deshalb gibt es kein Indiz dafür. Doch Spezialisten werden Sie sicherlich mit entscheidenden Schlußfolgerungen versorgen. Die Eisklumpen waren natürlich nicht in die Flaschen gefüllt worden, die schlaffen leeren Gummiflaschen wurden lediglich als Isolierung benutzt, um jede Berührung des Eises mit dem Körper zu verhindern. Wahrscheinlich kann Ihnen ein Spezialist sagen, in welcher Zeit kleine Trockeneisklumpen verdampft sind, aber dieser Punkt ist nicht wesentlich, da Mr. Tuttle in der Wohnung war und jederzeit die Möglichkeit hatte, den Rückstand, falls es einen gab, zu entfernen, ehe Paul die Leiche entdeckte. Diese und andere Fragen überlasse ich Ihnen! Ich habe den Auftrag, den man mir gab, ausgeführt, und ich glaube nicht, daß Sie es für nötig halten werden, mich um Rat zu fragen. Die gesamten Informationen, die ich besitze, gehen Ihnen deshalb mit diesem Schreiben zu.«

Wolfe stützte die Handflächen auf die Sessellehnen und nahm die Zuhörerschaft aufs Korn. »Das wär's«, erklärte er. »Ich wollte Ihnen berichten, aber dann nicht das Ganze noch einmal vor Mr. Cramer wiederkäuen. Deswegen das Diktat. Irgendwelche Fragen?«

David saß zusammengekauert im roten Ledersessel und starrte auf den Fußboden. Bei Wolfes Frage hob er langsam den Kopf und ließ seine Augen gemächlich über alle hingleiten, bis sein Blick schließlich auf Wolfe haften blieb. »Eigentlich sollte ich betrübt sein«, quetschte er hervor, »aber ich bin es nicht. Ich glaubte immer, Bert habe seinen Vater getötet. Ich glaubte, daß Vinces Alibi falsch sei, daß er log, um Bert zu retten, aber jetzt begreife ich es. Ohne das Alibi wäre Bert wahrscheinlich schuldig gesprochen worden, also hat es ihn gerettet, aber es hat auch Vince gerettet. Natürlich wußte Bert, daß es nicht stimmte, daß er und Vince den ganzen Abend beisammen gewesen waren, falls er jedoch angegeben hätte, daß Vince für eine Weile das Gasthaus verlassen habe, hätte das auch sein eigenes Alibi vernichtet. Das wagte er nicht – und er wußte auch nicht, daß Vince unseren Vater getötet hatte. Er mochte es vermutet haben, aber er wußte es nicht bestimmt. Jetzt ist mir alles klar. Ich verstehe selbst die Rolle, die Mrs. Dobbs spielte.« Er runzelte die Stirn. »Ich versuche mich an ihre Zeugenaussage zu erinnern. Sie behauptete, sie habe keinen der beiden hinausgehen hören, wahrscheinlich hörte sie aber doch etwas und wußte sogar, wer das Gasthaus verließ. Hätte sie aber ausgesagt, daß einer von ihnen das Haus verlassen habe, so hätte das Berts Alibi zerstört. Sie mochte Bert schrecklich gern und konnte unseren Vater nicht leiden. Es gab nicht viele, die ihn leiden konnten.«

Er wollte wohl noch etwas hinzufügen, änderte jedoch seinen Sinn, erhob sich und wandte sich an seinen Bruder. »War es diese Spur, die du verfolgt hast, Paul? Hattest du ihn im Verdacht?«

»Zum Teufel, nein!« stieß Paul rauh hervor. »Du weißt verdammt gut, was ich argwöhnte und wen ich im Verdacht hatte. Und wenn dieser Fettmops recht hat mit dem Trockeneis«, er schnellte aus seinem Stuhl und wirbelte zu Johnny Arrow herum, »warum konnte nicht er es gewesen sein? Er hatte einen Schlüssel zum Apartment! Ich habe nie gesagt, daß ich genau wußte, wie er es angestellt hat! Und wenn Sie – laß mich los!«

David war hervorgetreten und hatte Pauls Arm gepackt, und eine Sekunde lang dachte ich, Paul würde seinen älteren Bruder zusammenschlagen; aber offenbar kannte ihn David besser als ich. David sagte nichts, aber das war auch nicht nötig. Er umklammerte nur Pauls Arm, bugsierte ihn hinter den anderen Stühlen entlang und steuerte auf den Flur zu. Sie verschwanden, und Saul stand auf, um sie hinauszulassen.

»Ich habe keine Fragen«, sagte Dr. Buhl. Er erhob sich, sah auf Tuttle hinunter und dann auf Wolfe. »Mein Gott, nach zwanzig Jahren! Sie benutzten den Ausdruck: ein Fenster für den Tod. Jetzt haben Sie fürwahr eines geöffnet.« Er senkte seinen Blick. »Louise, Sie sind beinahe Ihr ganzes Leben meine Patientin gewesen. Brauchen Sie mich? Kommen Sie zurecht?«

»Mir geht es gut.« Ihre hohe, dünne Stimme unterdrückte mühsam ein Wimmern. »Ich kann es nicht glauben.«

Buhl wollte noch etwas sagen, ließ es aber und machte auf dem Absatz kehrt. Wolfe sprach zu Mann und Frau, den Besitzern eines gutgehenden Drugstores: »Wenn Sie keine Fragen haben, können Sie auch gehen.«

Louise biß sich auf die Lippen und zupfte ihren Mann am Ärmel. Er atmete tief, legte eine Hand auf ihre Schulter, hievte sich aus dem Stuhl, und sie erhoben sich gleichzeitig. Seite an Seite schritten sie auf die Tür zu, und ich überließ sie ebenfalls Saul. Als sie außer Sicht waren, warf Wolfe einen Blick in Richtung des Paares im Hintergrund und fragte scharf: »Na, habe ich Sie vielleicht hereingelegt?«

Verdammt will ich sein, wenn die beiden nicht Händchen hielten, und das immer noch, während sie aufstanden und zum Schreibtisch traten. Ich verstehe mich ausgezeichnet auf Händchenhalten, aber bitte nicht in aller Öffentlichkeit! Anne sah so aus, als ob sie gegen ihren Willen weinen würde. Glücklicherweise hielt sie Johnnys linke Hand, denn die rechte wollte er gebrauchen. Als sie vor dem Schreibtisch standen, streckte er sie aus und sagte: »Lassen Sie mich Ihre Hand schütteln, Mr. Wolfe.«

8

Zum Schluß sollte ich noch etwas klarstellen. Da Johnny und Anne bei jenem letzten Auftritt gar keine Rolle spielen mußten, warum hatte mir dann Wolfe aufgetragen, sie einzuladen? Ich brauchte ihn nicht erst zu fragen. Ich kenne ihn. Ein mieser Tausender ist ein recht dürftiges Honorar für eine Mörderjagd, und wenn Johnny Arrow eingeladen wurde, um den säuberlichen Vorgang zu beobachten, wie der Bursche, der seinen Partner getötet hatte, zur Strecke gebracht wurde, mochte er geneigt sein, seine Anerkennung durch Beisteuerung eines kleinen Klumpens Uran zu zeigen. Das war zweifellos beabsichtigt gewesen. Wochenlang hielt ich beim Durchblättern der Morgenpost Ausschau nach einem Kuvert mit seiner Heimatadresse. Es kam nie, und ich gab es auf, darauf zu warten.

Aber letzte Woche, genau vier Tage, nachdem die Geschworenen Vincent Tuttle des Mordes an Bertram Fyfes Vater schuldig gesprochen hatten – man hatte sich für diese Anklage entschieden, da es ein handfester Fall war, nachdem Mrs. Dobbs ein Geständnis abgelegt hatte –, erhielten wir einen Umschlag mit dem Absender »Fyfe-Arrow-Minengesellschaft, Montreal«, und als ich ihn aufriß und den Betrag auf dem Scheck erspähte, hob ich meine Brauen so hoch, wie es nur ging. Ein wirklich hübscher Batzen.

Ein Brief war nicht dabei, aber das war verständlich. Er hatte keine Zeit zum Briefeschreiben. Er war viel zu sehr damit beschäftigt, seiner Frau zu zeigen, wie man Uran schürft.

Die erste Erzählung wurde von
Margret Haas übertragen.
Die beiden übrigen Übersetzungen stammen von
Astrid Stange.

Inhalt

Serie Piper Spannung

Lawrence Block
Alte Morde rosten nicht
Roman. Aus dem Amerikanischen von Renée Mayer.
158 Seiten. Serie Piper 5523

Richard Oliver Collin
Römische Zustände
Roman. Aus dem Amerikanischen von Hilde Stallmach.
333 Seiten. Serie Piper 5514

»Ein erstklassiger Polit-Thriller: temporeich, makellos konstruiert und in hohem Maße unterhaltend.« Spectator

Carlo Fruttero / Franco Lucentini
Die Sonntagsfrau
Roman. Aus dem Italienischen von Herbert Schlüter.
527 Seiten. Serie Piper 5501

»So schön wie zwei Wochen Ferien in Italien.« Publishers Weekly

Lesley Grant-Adamson
Todesgesicht
Roman. Aus dem Englischen von Thomas Schlück.
317 Seiten. Serie Piper 5509

Von derselben Autorin liegt vor:

Tod auf dem Witwenpfad
Roman. Aus dem Englischen von Thomas Schlück.
190 Seiten. Serie Piper 5516

Piper 56/5aa

PIPER

Serie Piper Spannung

George Halban
Malik der Wolf

Roman. 357 Seiten. Serie Piper 5502

S. T. Haymon
Blaues Blut

Roman. Aus dem Englischen von Gabriele Broszat.
305 Seiten. Serie Piper 5505

Inspektor Ben Jurnet besucht auf Bullen Hall, dem einstigen Wohnsitz Anne Boleyns, eine Party zur Einführung des neuen Verwalters. Durch sein forsches Auftreten und die Ankündigung seines Plans, eine Biographie über einen auf mysteriöse Weise umgekommenen Boleyn-Vorfahren zu schreiben, stößt er alle Bewohner vor den Kopf. Am nächsten Morgen ist Jurnet wieder da, diesmal dienstlich: Man hat die Leiche des Verwalters im Schloßgraben gefunden.

Von derselben Autorin ist lieferbar:

Ritualmord

Roman. Aus dem Englischen von Christine Mrowietz.
266 Seiten. Serie Piper 5504

Richard Hey
Ein Mord am Lietzensee

Roman. 140 Seiten. Serie Piper 5558

Michael Innes
Appleby und Honeybath

Roman. Aus dem Englischen von Christine Boness.
186 Seiten. Serie Piper 5510

Serie Piper Spannung

Vom selben Autor sind lieferbar:

Lord Mullions Geheimnis

Roman. Aus dem Englischen von Uta Münch.
190 Seiten. Serie Piper 5519

»Ein Meister – er konstruiert eine Handlung, die sich wie ein elektrisch geladener Aal dreht und wendet: Es geht Schlag auf Schlag, und man kommt nicht mehr los.« The Times

Scheichs und Schlangen

Roman. Aus dem Englischen von Edith Massmann.
151 Seiten. Serie Piper 5513

Hilda Lawrence
Mord vierhändig

Roman. Aus dem Amerikanischen von Margitta de Hervás.
177 Seiten. Serie Piper 5528

Paolo Levi
Auf dem Holzweg

Roman. Aus dem Italienischen von Maja Pflug.
179 Seiten. Serie Piper 5508

»Dieser Kriminalroman ist spannend gebaut und pfiffig geschrieben.« FAZ

Vom selben Autor liegt vor:

Du springst nur einmal

Roman. Aus dem Italienischen von Klaus Prost.
155 Seiten. Serie Piper 5527

Ulf Miehe
Lilli Berlin

Roman. 228 Seiten. Serie Piper 5546

Serie Piper Spannung

Michael Molsner
Die Euro-Ermittler
Unternehmen COUNTER FORCE
Roman. 233 Seiten. Serie Piper 5520

Vom selben Autor sind lieferbar:

Die Euro-Ermittler
Bingo für Bonzen
Roman. 224 Seiten. Serie Piper 5530

Die Euro-Ermittler
Urians Spur
Roman. 268 Seiten. Serie Piper 5524
Natürlich fällt der Verdacht sofort auf Urian, den als geheilt entlassenen Triebmörder. Aber die Spur führt die Euro-Ermittler zu einem Verbrechen ganz anderer Dimension.

Und dann hab ich geschossen
Roman. 188 Seiten. Serie Piper 5533

Martin Page
Der Mann, der die Mona Lisa stahl
Roman. Aus dem Englischen von Vera Mansfeldt.
195 Seiten. Serie Piper 5536

Sara Paretsky
Deadlock
Roman. Aus dem Amerikanischen von Katja Münch.
246 Seiten. Serie Piper 5512
»Eine fesselnde, bündig erzählte Story – ein Top-Thriller.«
Publishers Weekly

Piper 56/7 c

PIPER

Serie Piper Spannung

Von derselben Autorin sind lieferbar:

Fromme Wünsche

Roman. Aus dem Amerikanischen von Katja Münch.
227 Seiten. Serie Piper 5517

Schadenersatz

Roman. Aus dem Amerikanischen von Uta Münch.
272 Seiten. Serie Piper 5507

»Ein Detektivspiel für Tüftler.« FAZ

Barbara Paul
Mordsalär

Roman. Aus dem Amerikanischen von Melanie Walz.
206 Seiten. Serie Piper 5543

»Hier wird endlich einmal nicht das soundsovielte Mafia-Komplott aufgedeckt, hier entlarvt eine Autorin scharfsichtig und unbarmherzig die Abgründe der menschlichen Seele. Pfiffig, bissig, witzig, spannend bis Seite 206!« J. J. Kellermann in SUMMIT

Julian Rathbone
Der Katafalk

Roman. Aus dem Englischen von Hilde Stallmach.
205 Seiten. Serie Piper 5515

»Julian Rathbones Geschichten gehören zum Besten, was es gegenwärtig gibt.« The Daily Telegraph

Vom selben Autor sind lieferbar:

Der Messerwerfer

Roman. Aus dem Englischen von Christine Penitzka.
158 Seiten. Serie Piper 5551

Grünfinger

Roman. Aus dem Englischen von Hilde Stallmach.
227 Seiten. Serie Piper 5526
Deutscher Krimipreis

Piper 56/9d

PIPER

Lust an der Spannung

Geschichten für schlaflose Nächte
Herausgegeben von Friedrich Kur.
470 Seiten. Serie Piper 5555

In diesem Lesebuch geht es um Mord und Totschlag, Diebstahl und Raub, Erpressung und Spionage. Die Täter müssen nicht in jedem Fall Schurken sein. Verbrechen können als Kurzschlußhandlung geschehen oder weil eine Situation unübersichtlich war. Oft sind die Opfer sogar selbst schuld, und zuweilen macht auch eine Leiche noch keinen Mord. Manche Täter sind deshalb ebenso Helden wie die Privat- und Polizeidetektive oder die gerechtigkeitsliebenden Amateure, die es mit dem großen Unbekannten, dem internationalen Konzern, dem wahnsinnigen Mörder oder dem alltäglichen Bösen aufnehmen und die ihrerseits in der Wahl ihrer Mittel auch nicht immer ganz zimperlich sind. Nachzulesen bei:
Lawrence Block, Richard Oliver Collin, Frederick Forsyth, Fruttero & Lucentini, Lesley Grant-Adamson, S. T. Haymon, Michael Innes, Hilda Lawrence, Paolo Levi, Arthur Machen, Ulf Miehe, Michael Molsner, Martin Page, Sara Paretsky, Barbara Paul, Julian Rathbone, Dorothy Sayers, Giorgio Scerbanenco, Rex Stout, Carolyn Wheat, Helmut Zenker.

Frederick Forsyth

Die Akte ODESSA

Roman. Aus dem Englischen von Tom Knoth.
395 Seiten. Geb.
(Auch in der Serie Piper 5522 lieferbar)

»... wiederum gelang ihm ein Thriller, der zwischen Fiction und Reportage dem Genre des Kriminalromans eine Spielart hinzufügt, die auch für Connaisseurs dieses Genres sensationell sein dürfte.«

Bayerischer Rundfunk

»... eine rasante Jagd, beschrieben mit dem heißen Atem der Fast-Authentizität, mit der fesselnden direkten Schreibe des gelernten Reporters – ein hochkarätiger Reißer mit Schmökerqualitäten.«

Welt am Sonntag

Die Hunde des Krieges

Roman. Aus dem Englischen von Norbert Wölfl.
436 Seiten. Geb.

»Anspruchsvolle Unterhaltung heißt: Spaß und Botschaft schließen sich nicht aus, sondern ergänzen sich. Anspruchsvolle Unterhaltung: In diese Kategorie ist auch der neue Roman von Frederick Forsyth einzureihen. Forsyth hat zugleich – ob gewollt oder ungewollt – gezeigt, wie langweilig sich das ganze Dokumentationstheater unserer Tage gegenüber seiner literarischen Technik ausnimmt. Zeitgeschichte und Erfindung sind bei Forsyth so brillant gemischt, daß man die Grenzen nicht sieht und sich letzten Endes fragen muß, ob man wirklich einen Roman vor sich hat oder eine Reportage aus unseren Tagen.«

Die Welt

Frederick Forsyth

In Irland gibt es keine Schlangen

Zehn Storys. Aus dem Englischen von Rolf und Hedda Soellner.
323 Seiten. Geb.

»... Die Geschichten haben eine ungewöhnliche Handlung, die in eine knappe, präzise Sprache übertragen wird und die voller überraschender Einfälle sind.
Ob Forsyth den von langer Hand geplanten Mord schildert oder den grausamen Schock durch unvorhersehbaren Zufall, eine verhängnisvolle Panne oder einen folgenreichen Selbstmord – am Ende dieser Geschichten kommt immer ein Knalleffekt – raffiniert, witzig oder auch schockierend. Auch in diesen Erzählungen, die man hintereinander verschlingt, erweist sich Forsyth als Meister des Nervenkitzels.«

Buch aktuell

Der Lotse

Aus dem Englischen von Rolf und Hedda Soellner.
75 Seiten mit Illustrationen von Chris Foss.
Serie Piper 5503

In der Weihnachtsnacht des Jahres 1957 fliegt ein junger englischer Pilot von einem Militärflughafen in Norddeutschland zu einem kurzen Urlaub nach Hause. Da fällt plötzlich über der Nordsee die elektrische Anlage aus. Dem Piloten bleibt nur die Hoffnung, durch ungewöhnliche Flugmanöver auf sich aufmerksam zu machen, um so jemanden zu finden, der ihn auf die nächste Piste lotst...

Der Schakal

Roman. Aus dem Englischen von Tom Knoth.
438 Seiten. Serie Piper 5511

»Ein Roman von elektrisierender Spannung.« Neue Zürcher Zeitung

»Einer der wenigen Thriller, den man wegen der Dichte in Aktion und Atmosphäre zweimal hintereinander lesen kann.« Welt am Sonntag

Frederick Forsyth

Des Teufels Alternative

Roman. Aus dem Englischen von Wulf Bergner.
512 Seiten. Geb.

»Von der sowjetischen Regierung wird es wohl keinen offiziellen Kommentar zu diesem Buch geben. Seine Leser im Westen dürfte der Roman in jedem Fall finden. Vielleicht leistet er sogar ein wenig Lebenshilfe, da die belletristischen Phantasie-Bomben nur so auf uns herunterfallen.« Süddeutsche Zeitung

»Forsyth scheint sämtliche Hintertreppen zu den Mächtigen, jede Hafenkneipe in Piräus, die fortschrittlichen Arsenale des internationalen Untergrundkampfes zu kennen. Die Trickkiste seiner handwerklichen Perfektion ist schier unerschöpflich, das wohlige Gruseln des Lesers fast endlos.« Neue Zürcher Zeitung

Das vierte Protokoll

Roman. Aus dem Englischen von Rolf und Hedda Soellner.
500 Seiten. Geb.
(Auch in der Serie Piper 5506 lieferbar)

»Das vierte Protokoll« ist das geheime Zusatzabkommen, das die Atommächte im Jahr 1968 zum Atomwaffensperrvertrag unterzeichneten. Doch was damals noch im Bereich des Utopischen schien, wird in Forsyths 1987 spielendem Spionagethriller zum unberechenbaren Alptraum.

»Die unglaublichsten Geschichten passieren zumeist in der Wirklichkeit … Wenn Politiker der Gegenwart von einem literarischen Profi der Bestseller-Garnitur in einen Polit-Krimi eingewoben werden, entsteht ein Buch wie dieses hier … Die Spannung wächst mit jeder Seite, und in der zweiten Hälfte des Buches fällt es immer schwerer, auch nur Lesepausen einzulegen.« Rheinische Post

Piper 9/3c